대제사
大祭祀

대제사

초판 1쇄 인쇄 2014년 3월 25일
초판 1쇄 발행 2014년 3월 30일

지은이 | 용화진인
펴낸이 | 金 泰 奉
펴낸곳 | 한솜미디어
등 록 | 제5-213호

편 집 | 김수정, 박창서
마케팅 | 김명준
홍 보 | 김태일

주 소 | (우143-200) 서울시 광진구 구의동 243-22
전 화 | (02)454-0492(代)
팩 스 | (02)454-0493
이메일 hansom@hansom.co.kr
홈페이지 www.hansom.co.kr

ISBN 978-89-5959-387-3 (03150)

평생 한 번만 지내는 제사

대제사
大祭祀

용화진인 지음

| 책을 엮으면서 |

제사문화 대혁명을 주도하는 자미국 제사천궁!

종교, 제사, 차례, 산소, 납골, 성묘문화에서 벗어나 자미국 제사천궁에 들어와서 하늘과 함께해야 인생사의 모든 고난과 아픔, 슬픔에서 자유로워진다.

이것이 귀신세계, 종교세계의 굴레에서 벗어나는 제사혁명이다. 잘못된 풍습과 전통문화에서 하루빨리 벗어나서 하늘과 함께하며 살아가야 한다.

여러분의 현생을 보호해 주시고 사후세계를 보장해 주시며 살려주시는 분이 절대 능력자이신 하늘이시기 때문이다. 하늘을 만나지 못하는 이상 인생의 아픔과 슬픔, 고통과 불행은 끝나지 않기 때문이다.

자미국 제사천궁에서 전하는 하늘은 종교세상을 통해서 알려진 적이 없는 태초의 하늘이시기 때문에 종교와 혼동하면 안 된다. 여러분의 현생과 사후세계를 끝까지 책임져 주시고 사랑해 주시는 최고의 천지대능력자이시다.

하늘을 만나지 못하는 인류는 불행할 수밖에 없다. 현생은 부귀영화 누리며 잘살고 있을지라도 하늘과 함께하지 못하면 사후세계를 보장받을 수 없다.

자미국 제사천궁은 종교처럼 교리나 이론을 믿고 따르는 곳이 아니라 하늘과 땅의 말씀대로 행하는 곳이다.

여러분은 돌아가신 자신의 부모조상님들을 돌봐드릴 그 어떤 능력도 없으면서 제사, 차례, 벌초, 성묘를 한다는 명목으로 효도하는 척하고 있는 것이다. 이것이 오히려 돌아가신 분들에게는 독이 되는 것이다.

한 살짜리 아이 하나 돌보고 키우는 데도 정신이 없고 집안이 온통 난장판인데 돌아가시어서 눈에 보이지도 않는 수많은 부모조상님들의 마음을 여러분이 도대체 어떻게 돌봐드린다고 하는 것인지 모르겠다. 매년 제사, 차례, 벌초, 성묘하는 것이 돌봐드린다는 뜻인가?

말도 통하지 않고 어떻게 해드리는 것이 잘하는 것인지도 모르면서 부모조상님 위한답시고 제사와 차례에 매달려 있는데 이제는 제사문화 자체를 바꾸어야 한다. 인간들이 아무리 효자효녀라 할지라도 조상님들을 위로하고 돌봐드릴 능력이 없다. 만약 있다면 생전에 잠시 몇 십 년뿐이다.

아무리 사랑하는 부모조상님, 배우자, 자녀, 형제라 할지라도 끝도 없는 수억만 조년의 사후세계를 여러분은 책임져 줄 수 없다는 점을 알아야 한다.

다만 여러분이 할 수 있는 일은 여러분의 부모조상님을 이 땅으로 보내주신 영의 부모님이 계시는데 대제사를 올려서 이분들을 만나게 해드리는 것이 조상님과 여러분 모두가 편안하고 잘되는 길이다.

영의 부모님을 만나야 이 땅에 오기 전 영들의 고향인 무릉도원 천상세계로 돌아가시게 된다. 말이 통하는 영의 부모님께 맡겨야지 여러분이 부모조상님을 모신다고 매년 제사, 차례, 벌초, 성묘해봐야 서로가 고통과 불행뿐이다.

육신이 살아 있을 때는 이 땅에 머물지만 죽으면 영들의 고향인 천상 자미천궁으로 하루라도 빨리 올라가야 부모조상님들이 고생하지 않는다.

조상님들이 사후세계에서 힘들게 고생하면 여러분도 현생에서 똑같이 고생하게 되어 있기 때문에 여러분이 편안하려면 조상님부터 편안하게 해드려야 한다.

지금 여러분이 행하고 있는 굿, 천도재, 미사, 예배, 도통, 제사, 차례, 산소, 납골, 벌초, 성묘는 하늘을 만날 수 있는 자미국 제사천궁이 생기기 전까지 부모조상님들이 오랜 세월 의지하며 하늘을 기다릴 수 있는 유일한 수단이었다.

하지만 이제 하늘을 만나서 천상 자미천궁으로 올라갈 수 있는 하늘의 문이 열려 있으니 이 모든 번거로운 절차를 전혀 하지 않아도 살아가는 데 지장이 없다. 즉 대제사를 지내드리면 조상님들의 풍파가 전혀 일어나지 않고, 조상님들이 애타게 기다리던 천상으로 가실 수 있다.

대제사를 지내드리면 여러분이나 부모조상님들이 종교세계에 들어가서 굿, 천도재, 미사, 예배를 하지 않아도 되고 제사, 차례를 지내지 않아도 되며 산소와 납골 같은 것도 모두 무용지물이 되어 소용없게 된다.

종교와 조상님의 굴레에서 완전히 벗어나게 해주는 대혁명이고, 대제사는 제사와 차례 받는 당대조상님은 물론 직계 선대 시조조상님까지도 천상 자미천궁으로 올라가서 신선선녀의 모습으로 다시 태어나기 때문에 평생 동안 제사와 차례를 지내지 않아도 무방하다.

제사 대혁명이 일어나고 있다.

말도 통하지 않고 있는지 없는지조차도 모르는 부모조상님들 혼령들과 더 이상 힘들게 살지 말고 과감하게 하늘께 맡겨야 서로가 행복해지는 길이다.

부모조상님들은 이 땅에 있으면 갓난아기와 같기 때문에 효성이 지극한 자손이라도 그 뜻을 다 받들 수가 없다. 천상 자미천궁에 다시 태어나면 어른인 신선선녀가 되어 스스로 살아갈 수 있지만 지상에서는 갓난아기이기에 울고 보채는 수많은 조상님들을 여러분이 잘 돌봐드릴 수가 없다.

대화가 통하지 않는 부모조상님 섬기는 어려운 길을 택하지 말고 자미국 제사천궁에서 대제사를 행하여 모든 근심과 걱정을 떨쳐버리고 홀가분하게 살아가야 한다. 대제사를 한 번만 지내면 평생 동안 제사와 차례를 모시지 않아도 되며 산소나 납골은 모두 화장하여 없애도 좋다.

대제사를 지내면 혼령들은 여러분 몸 안에서 천상으로 떠나기 때문에 산소나 납골에 미련을 갖지 않는다. 이를 없애지 않으면 잡귀신들이 빈 산소이기에 자리를 잡을 수 있다.

그러므로 대제사를 모시고 나서 성묘를 하면 남의 조상귀신들이 받게 되므로 산소나 납골을 없애야 한다. 고래 등 같은 천상의 황금궁진에서 신신과 신녀로 다시 태어나 마음 편히 살아가게 해드려야지, 차고 어두컴컴한 한 평 땅속에서 살게 해드려선 효자효녀의 도리가 아니다.

대제사가 여러분과 조상님들에게 기쁨과 행복의 문을 활짝 열어주는 하늘의 열쇠가 되어줄 것이다. 천상궁전에 올라가서 정말 신선선녀로 다시 태어나는 것이 현실로 실현 가능한 일인가 하고 의문을 제기할 사람들도 상당히 많을 것이고 제사와 차례 지내지 않으면 오히려 불효하는 것 아니냐고 마음 내켜하지 않을 사람들도 있으리라.

그러나 수많은 사람들이 대제사를 지내고 나서 제사와 차례를 지내지 않아도 탈이 없고, 인생의 삶 자체가 너무나 편안해졌다고 말한다. 이것은 조상님들이 이승과 허공중천 구천세계 떠나서 천상 자미천궁으로 오르셨다는 증거이다.

대제사를 올려서 여러분과 돌아가신 부모조상님들 모두가 무탈하게 편안하고 행복해지는 길, 이것이 하늘과 땅이 원하고 바라는 일이시다.

각자가 제사, 차례를 올려서 부모조상님들을 위하고 섬긴다는 자체가 하늘의 역할을 하겠다는 뜻이다. 조상님은 영의 부모님이 돌봐주셔야 하는 것이지 여러분이 돌볼 수 없다.

부모가 돌아가시기 전에도 노망들면 부양하기 싫어 자식들 간에도 서로 안 모시려고 이 핑계 저 핑계 대면서 양로원에 보내는데 돌아가시어 눈에 보이지도 않는 부모조상님들을 어찌 제사나 차례로 모시겠다는 것인가?

효도와 착함을 가장한 위선자들의 모습이다.

제사와 차례를 지내는 것은 부모를 기리는 진실한 마음보다 음덕이라도 받겠다는 더러운 욕심들이다. 돌아가신 부모조상님들을 보살펴주실 분은 하늘과 세 분의 영적 부모님들이나 할 수 있는 영역이지 인간들은 할 수가 없다.

여러분이 효도한답시고 부모조상님들을 돌봐드린다는 것도 하늘의 역할을 하겠다는 뜻이 된다. 그러니 제사와 차례를 행하는 자체가 잘난 척, 착한 척하는 위선자인 것이고, 더 좋은 편안한 천상세계로 올라가지 못하게 잘못된 풍습과 고정관념으로 부모조상님의 사후세계를 발목 잡고 있는 것이다.

이것이 진짜 불효자이다.

이제까지는 이런 사후세계 법도가 있는 줄 몰라서 기존의 세상 이차에 따랐다면 이제는 자미국의 새로운 법도에 따라서 천상세계로 입천하는 대제사를 행하면 산 자와 죽은 자 모두가 편안하고 행복해지는데도 고정관념을 버리지 못하여 대제사를 지내지 않는 것은 진짜 불효자가 되는 것이다.

하늘의 마음도 모르고, 돌아가신 자기 부모조상님의 마음도 모르면서 종교를 믿고 제사와 차례를 지낸다는 것은 허례허식이고 무지이며 소용없는 일이다.

진짜 조상님을 통해서 복을 받으려면 복을 받아올 수 있도록 천상세계로 올려 보내드려서 하늘을 만나게 해드려야지 무덤 속에 가두어놓고 무슨 하늘의 복, 조상님의 복을 받을 수 있다고 생각들을 하느냐 하십니다.

1년에 몇 번 제사와 차례를 받고서 부모조상님들이 과연 기뻐하시고 행복해하실까? 부모조상님들이 가장 기뻐하실 일은 하늘을 만나서 천상세계 자미천궁으로 올라가서 영생을 누릴 수 있는 신선과 선녀로 다시 태어나는 길 하나뿐이다.

하늘을 만나서 이런 높은 뜻을 이루고자 이 땅에 생겨난 것이 종교세계인데 지금까지 아무도 이루어내지 못하였다. 이 뜻을 유일하게 이룰 수 있는 곳이다.

이제는 종교이론과 잘못된 풍습으로 수천 년 동안 전해지는 종교와 전통적인 제사에 대한 고정관념을 송두리째 뽑아버리고 살아가는 자가 인생이 편안하고 더 잘 풀린다.

차 례

책을 엮으면서 / 4

제1부 천상에 오르는 대제사

대제사를 처음이자 마지막으로 / 16

인류의 원죄와 사탄마귀 / 20

제사와 절에 대한 비밀 / 26

장례식 끝나면 바로 대제사 / 30

이상향의 무릉도원 세계 / 38

걸어 다니는 무덤들 / 44

평생 한 번만 올릴 수 있는 대제사 / 48

천계로 올라가신 조상님들이 복을 받아준다 / 52

조상님들을 팔아먹었다 / 56

귀신 불러들이는 제사와 차례 / 60

성묘의 유래 / 66

제사의 유래 / 70

설날 제사의 유래 / 77

하늘만 숭배하였다면 민족의 운명은? / 81

벌받을까 봐 두려워하는 사람들 / 85

평생 한 번만 지내는 제사

하늘의 아픈 마음을 누가 알아주랴 / 89

하늘께서 허락해 주신 유일한 의식 / 94

헌금, 시주, 성금에 대한 하늘의 진실 / 98

생일과 제사에 대한 진실 / 104

영이란 바로 자신들의 마음이다 / 108

자미국 사람이 되어야 하는 이유 / 112

사업하려면 하늘과 땅의 도움을 받아야 / 114

하늘의 천인이 되어야 하는 이유 / 118

주문수행으로 도통은 불가능 / 122

대제사에도 등급이 있다 / 126

대제사를 올려드리면 산소는 빈집 / 130

영들이 말하는 엄청난 진실에 경악 / 134

자신의 잃어버린 영들을 찾아라 / 138

큰일을 하려면 하늘의 마음을 얻어야 / 142

죽은 자의 기운을 받는 종교세계 / 148

수명 장수하는 자미국 시대가 열린다 / 152

제사·차례·굿·천도재를 행하면 / 158

차 례

제2부 대단하신 인류의 구심점 하늘

육의 부모와 영의 부모 / 166
위대한 하늘의 진실 / 172
왜, 하늘을 구심점으로 옹립해야 하나? / 176
하늘의 원과 한을 풀어드려야 / 180
남의 나라 조상귀신들을 섬기고 / 184
아픔과 슬픔의 진실 / 188
종교를 믿는 죄가 얼마나 크면 / 192
자미국과 종교 중 어느 곳을 선택할 것인가? / 196
하늘과 영의 부모님이 주신 선물 / 202
너무나도 존귀하시고 대단하신 하늘 /208
영적 부모님들이 자미국으로 / 212

제3부 다 함께 잘되는 길

天心歌 / 218
나라의 국운을 여는 길 / 219
민족의 정신적 구심점 옹립 / 224
의원내각제적 입헌군주제 / 229

신의 터 청와대에 대한 진실 / 233
하늘의 마음을 얻는 자가 세상을 얻는다 / 237
영과 육이 편해야 천만사통 / 241
천상의 고급신명과 하나되는 길 / 245
몸 안의 신이나 영들의 외침 / 249
국민들로부터 자랑스럽게 참배 받아야 / 253
상하신분이 정해지기에 내세사를 서둘러야 / 258
천제(기업 부흥 번창제) / 264
이름에 대한 태초의 비밀 / 268
용한 신명제자를 찾을 사람들 / 272
용화진인(龍華眞人)이란? / 280

책을 맺으면서 / 290

대제사가 꼭 필요한 사람들 / 294
기타 상담 대상 / 295

第1부
천상에 오르는 대제사

대제사를 처음이자 마지막으로

육의 부모는 아버지와 어머니이고, 이분들이 돌아가시면 육이 없는 조상님이란 신분으로 바뀐다. 이때부터 조상님의 부모는 살아생전 혈육인 조부모님이 아니라 조상님을 이 땅으로 보내주신 하늘의 세 분 영적 부모님들이시다.

물론 여러분의 몸 안에 있는 마음이란 영들 또한 본인들의 것이 아니라 하늘의 것이다. 그리고 자녀들은 육신만 여러분의 자식들이고, 자식의 몸 안에 있는 영들 역시 본인의 자식이 아닌 하늘의 세 분 자식들이다.

여러분의 몸 안에 있는 영들의 부모님은 신명님, 하나님, 미륵님이시고, 태초의 하늘이신 태상천존 자미천황님과 태상천존 자미황후님은 할아버지, 할머니가 되신다고 세 분들이 하강하시어 밝혀주시었다.

그러니까 육신만 부모자식 관계가 성립하는 것이지 몸 안에 있는 영혼들까지 부모자식 관계가 되는 것은 아니라는 말이다. 그러므로 이미 돌아가신 부모님들은 죽음으로서 혈연관계가 끊겨서 더 이상 여러분의 부모님이 아니시기에 제사와 차례를 모신다는 이유로 붙잡고 있으면 안 된다.

매정한 표현 같지만 부모님이 돌아가시면 여러분의 부모로서 존재가치가 끝난 것이고, 육신을 낳아준 부모님의 은공을 보답하고 갚으려면 조상님이 되신 부모님에게 대제사를 올려서 하루라도 빨리 영의 부모님을 만나게 해드리는 길이다. 제사와 차례 모신다고 부모님이 편안한 것이 아니다.

그러므로 부모조상님에게 제사와 차례를 지내드리면서 보살펴드린다는 것은 불가능한 일이다. 단, 육신을 낳아주신 부모님에게 은혜를 보답하는 길은 영의 부모님을 만나게 해드려서 영들의 고향인 천상으로 올라가시게끔 대제사를 올려드리는 것이 가장 효도하는 지름길이다.

돌아가신 부모조상님과 각자의 몸 안에 있는 영들의 소원을 이루어주는 것이 각자 인생이 편안하고 행복해지는 열쇠이지 제사와 차례, 종교의식과 기도를 통해서는 육이나 영들 모두가 아무런 뜻도 이룰 수 없다.

그러므로 이제 대제사를 처음이자 마지막으로 올려서 제사와 차례를 내모시고, 수천 년 뿌리내린 종교의 굴레에서도 벗어나 마음 편히 살아가는 것이 하늘과 땅의 뜻이다. 마음이 허전하면 자미국을 통해서 하늘과 함께하면 된다.

수천 년 동안 뿌리 깊게 전통적으로 이어져 내려온 제사와 차례를 내모시는 것이 어찌 보면 부모조상님께 불효하는 것처럼 보일 수도 있지만 진정으로 하늘과 조상님 모두가 가장 좋아하시고 반기는 일이다.

오랜 전통풍습 때문에 말도 안 통하고 춥고 배고픈 답답한 조상님이란 신분으로 무덤 속과 허공중천 구천세계에서 수천 년을 살아가게 해드리는 것이 과연 효도인가?

아니면 꽃피고 새 우는 무릉도원 천상 자미천궁으로 보내드려서 신선과 선녀로 다시 태어나서 근심과 걱정, 이승의 원과 한을 풀고 마음 편히 살아가게 해드리는 것이 진정한 효도인지 아닌지 각자가 판단할 수 있을 것이다.

다른 사람들은 책을 읽고 자미국에 들어와서 대제사를 올려 천상 자미천궁에서 20대 초반의 젊은 신선과 선녀로 태어나서 기쁨과 행복 누리며 하늘로부터 수많은 복을 타서 자손들에게 갖다 주는데 여러분의 부모조상님은 전통풍습의 고정관념에 갇혀 제사와 차례를 지내면서 조상님들을 고통과 불행 속에 언제까지 머물게 할 것인가?

80~90세에 꼬부랑 할아버지 할머니로 세상을 떠났다 할지라도 천상 자미천궁에 올라가면 20대 초반의 아름다운 신선과 선녀로 다시 태어나게 되니 조상님들에게 최고의 아름다운 천지개벽 아니던가?

부모조상님들은 육신을 버리고 죽는 순간 자식들과 인연이 단절되고 영으로만 존재하시기에 하루라도 빨리 영의 부모님을 만나게 해드려야 사후세계가 보장되어 편안하다. 이것이 기독교와 천주교에서 구원을 통해 영원한 생명을 갖게 해준다고 수많은 신도들을 끌어모은 이유이다.

하지만 종교세계를 통해서는 이런 뜻을 이룰 수 없음이 천상에서 자미국으로 하강 강림하신 신명님, 하나님, 미륵님을 통하여 적나라하게 밝혀졌다.

우리 인류의 영적 부모님들이신 이분들의 인도 없이는 천상 자미천궁으로 오를 수가 없다고 하시었다. 다시 말하면 종교적 숭배자, 종교 창시자, 종교 지도자의 능력으로는 절대 불가능한 영역이라는 뜻이다.

그런데 천상에서 대단한 능력을 갖고 오신 신명님, 하나님, 미륵님께서는 종교세계로는 절대로 가시지 않고 자미국에서만 인류를 구원하시겠다고 천명하시었기에 오랜 역사와 전통만 믿고 종교세계에 머물고 있으면 영원히 구원을 받지 못해서 천상 자미천궁으로 올라갈 수 없다.

그러므로 종교세계에 깊게 빠져 있는 이 나라 국민들은 하루빨리 종교의 굴레에서 벗어나야 하늘과 영적 부모님이 내리시는 보호와 사랑을 받고 살아갈 수 있다.

제사와 차례에 연연하여 정기적으로 지내면 동네방네 귀신들을 모두 불러들이는 역할이 되기 때문에 가정에 우환과 질병이 더 많이 발생할 수 있다.

대제사를 평생 한 번 모시고 하늘의 보호와 사랑을 받고 살아가면 조상님으로 인해 발생했던 풍파가 모두 소멸되는 이적과 기적이 일어난다. 하늘과 함께하면 인생사에 일어나는 80% 정도는 불상사가 없어질 것이다.

인류에게 기쁨과 행복을 보장해 주고 편안하게 해주시는 분은 종교 숭배자도 아니고 돌아가신 부모조상님도 아닌 위대하신 태초의 하늘과 영적 부모님들이신 신명님, 하나님, 미륵님이시니 어서 정신들 차리고 서둘러서 영의 부모님들을 만나야 한다.

필사가 하늘세계, 사후세계, 신명세계, 영혼세계, 인간세계의 진실에 대하여 전 세계 인류 중에서 최고로 많이 알게 된 것은 자미국을 세우시어 위대하신 태초 하늘이 존재하심을 만 세상에 널리 알리시기 위하여 천상에서 하강강림하신 신명님, 하나님, 미륵님과 자미인황님께서 수십 년 동안 직접 또는 간접적으로 필자에게 매일 가르쳐주시었기 때문이다.

인류의 원죄와 사탄마귀

아담과 최초의 여자 이브 탄생.

창세기에 따르면 하나님은 아담에게 이 동산을 일구고 지킬 것을 명했다. 들짐승 중에 가장 간교한 것은 뱀이었다. 어느 날 뱀은 이브에게 다가가서 이렇게 물었다.

"하나님이 진정으로 동산에 있는 모든 나무의 열매를 먹지 말라 하셨습니까?"

이브가 대답했다.

"아니오. 이 동산에서 나는 모든 나무의 열매는 먹을 수 있습니다. 다만 동산 한가운데에 있는 나무의 선악과 열매는 먹지도 말고 만지지도 말라, 그렇지 않으면 죽을 것이라고 하나님께서 말씀하셨습니다."

"그렇지가 않습니다. 그것을 먹으면 눈이 밝아지고 하나님(신)처럼 능력자가 되어 선악을 알게 될 줄을 하나님이 아셔서 그런 것입니다."

뱀은 교묘하게 이브를 유혹했다.

실제로 그 열매를 보니 먹음직스럽기도 하고 지혜롭게 할 만큼 탐스럽기도 해서 이브는 엉겁결에 이 '금단(禁斷)의 열매'를 입에 넣고 말았다. 그러고는 아담에게도 건네주었다.

하나님은 왜 그 과일을 먹었느냐고 묻는다.

아담은 이브가 주었다고 변명하고, 이브는 뱀이 유혹했다고 변명했다.

2014년 3월 11일 사감이 인류 최초로 하나님께서 가르쳐주신 말씀을 받아서 전해 주었다.

인류의 원죄를 지은 자가 아담과 이브라고 말이다.

아담과 이브는 사탄의 말을 듣고 따먹지 말라는 선악과를 따먹었다. 하나님의 명령을 어기고 하나님(신)처럼 능력자가 되기 위해서 선악과를 따먹은 아담과 이브가 바로 인류의 원죄자이며, 이들이 사탄과 마귀였다는 진실을 밝히셨다.

하나님의 보좌(능력)를 탐한 아담과 이브는 지금 현재까지도 자신의 잘못을 인정하지 않고 뱀이 유혹했다고 변명하고 있다며 가르쳐주시었다.

하나님(신)을 능가하는 능력자가 되기 위해서 선악과를 따먹은 아담과 이브(하와)가 하나님의 가슴을 후벼 판 원죄자라고 처음으로 밝혀주시었다.

예수와 성모는 작은 죄인이고 인류의 큰 죄인은 아담과 이브라고 하시니 처음 들어보는 말씀이다.

기독교, 천주교를 믿는 것은 하나님의 가슴에 대못을 박고 가슴을 더 후벼 파는 죄인이 되기에 믿으면 믿을수록 교인들은 고통스런 인생을 살게 되는 것이라고 하셨다.

하나님을 믿어 능력을 받고자, 무속을 통해서 신이 되고자, 도통해서 하늘이 되고자 하는 사람들이 무수히 많은데 이들의 공통점은 인생이 모두 몰락한다는 점이다.

하나님, 신, 하늘의 영역을 침범하는 엄청난 원죄를 짓게 되는 것이었다. 어떤 능력을 얻고자 기도를 하고, 도통주문을 하고, 신을 받는 것은 신의 보좌를 탐내는 엄청난 죄를 짓는 것이기 때문에 본인들은 물로 자손 대대로 하나님, 신, 하늘의 저주가 내려가서 가문이 몰락하게 된다고 하신다.

본인들이 죽는다고 끝나는 것이 아니라 자손 대대로 원죄가 내려간다는 엄청난 말씀을 하시었다. 이런 진실을 모르고 천국 간다고 열심히 종교를 믿는 사람들은 이제 허탈해서 어찌 감당을 해야 할지 난감할 것이다.

왜 그토록 종교를 믿지 말라고 하시었는지 이제는 필자도 조금은 이해가 된다. 집안 자손 대대로 망하는 지름길이 종교 열심히 믿는 길이었다니 이 일을 어찌 할 것인가?

아담과 이브의 후손들은 지금이라도 보좌를 탐냈던 원죄를 빌어야 하거늘 구원과 영생을 외치고, 더 많은 사람들에게 죄인이 되는 길로 열심히 포교하며 전도하고 있으니 기가 막히고 가슴 아픈 일이다.

일주일 내내 온갖 못된 짓을 다하고 살다가 하루 교회나 성당에 나가서 시험에 들게 하지 마시라고 기도하고, 죄를 용서해 달라고 회개하는 척 빌고 있으니 이 원죄를 어찌 사면받으려 하는지 모르겠다.

천국에 들어가는 길은 열심히 교회나 성당에 다니는 것이 아니라 예수와 성모 믿으면 천국 간다고 달콤한 말로 아무리 교인들이 전도하여도 그들의 현혹과 유혹에 넘어가지 않고 끝까지 버티는 길이었다고 말씀하시었다.

교회와 성당에 나가는 것이 죄가 더 무거워지는 길인 줄도 모르고 죽어서 천국 간다고 하니까 유혹에 넘어간 것이다. 이브가 뱀의 유혹에 넘어가서 신처럼 능력자가 된다니까 선악과를 따 먹은 것처럼 말이다.

이제 교회나 성당, 절, 도교, 무속에 다니고 있는 사람들은 이 글을 읽고 어찌 해야 할지 판단은 각자의 자유이다. 살아서 자신들이 종교를 믿어 하나님, 신, 하늘의 가슴을 후벼 판 죄를 빌지 않으면 여러분의 자식들이 대대로 벌을 받아 산 지옥세계에서 살아가게 된다는 점을 알아야 한다.

인간이 감히 넘보아서는 안 되는 하늘, 하나님, 신의 영역을 침범했으니 각자가 뿌리고 행한 대로 본인들은 물론 후손대대로 거두게 될 것이라 하신다.

목에 칼이 들어와도 어떤 종교든지 믿으면 안 되는 것인 줄 인류는 몰랐을 것이다. 멋모르고 종교를 믿었으며 이제 책을 통해서 진실을 알았으니 자미국에 들어와서 하늘, 하나님, 신께 지은 자신들의 원죄를 빌어야 한다.

사탄과 마귀는 신의 명령을 거역하고 신처럼 되고자 선악과를 따먹은 인류의 원조인 아담과 이브였다고 밝히시니 성경을 믿은 인류의 죄가 너무나도 크다.

살아서 자신들의 원죄를 빌고 죽을 수 있을지는 각자의 선택에 달렸다. 원죄를 빌지 않은 인간과 조상들은 천국이든 극락이든 선성이든 절대로 올라살 수가 없다고 하신다.

종교를 믿으면 믿을수록 뒤집어지는 이유를 하나님께서 인간 육신 사감을 통해서 확실하게 밝혀주신 것이다. 하늘, 하나님, 신의 능력을 받아 보좌를 탐하고 가슴에 대못을 박고 후벼 판 죄를 짓는 것이 종교였다고 하니 놀라운 일이다.

종교 숭배자, 종교 창시자, 종교 지도자와 이들의 말을 믿고 따르는 교인들이 왜 벌을 받는 것인지 이제 확실히 밝혀졌다.

자미국에서 의식 행할 때마다 천상에서 오신 분이 아담과 이브를 X팔X놈이라고 수도 없이 욕을 하시었는데 그 진실을 오늘에서야 확실히 알게 되었다.

자신이 하나님에게 지은 원죄를 아직까지도 인정하지 않으며 빌고 있지 않는다고 욕설을 퍼부으신 것이었다.

사탄과 마귀인 아담과 이브가 지은 원죄의 기운이 인류 모두에게 뿌려져 있기 때문에 그들을 향하여 육두문자 욕을 하는 것이라 하시었다.

인류 모두에게 아담과 이브의 원죄 기운이 퍼져 있어서 잘못을 빌 줄도 모르고, 나 잘났다며 고개 빳빳이 쳐들고 다니고, 진짜 하늘이나 신 앞에도 굴복할 줄 모르는 것이라 하신다.

아담과 이브가 지은 원죄의 죄를 빌지 않는 인류는 고통의 지옥세계에서 벗어날 수 없고, 구원 또한 받을 수 없다고 하신다. 인류 최초로 밝혀지는 엄청난 진실이라서 어리둥절하여 독자들이 쉽게 받아들일지는 모르겠다.

필자 역시 난생처음 들어보는 엄청난 말씀이다.

그래도 진짜 구원받을 사람들은 이제라도 인정하며 받아들일 것이고, 아닌 사람들은 뭐가 뭔지 잘 모르겠다고 대수롭지 않게 생각하고 넘어갈 것이다.

그러나 유일한 죄 사면권자는 종교에서 전하는 하늘이 아니라 자미국에서 전하는 하늘뿐이시고, 원죄를 가르쳐주어도 잘 모르겠다고 빌지 않는 독자들은 하늘에 지은 원죄가 본인은 물론 자식들 대대로 내려가서 인생이 모두 지옥세계로 변한다는 진실은 알고 살아가야 할 것이다.

그래야 나중에라도 갑자기 청천벽력 같은 날벼락의 저주가 떨어지면 불행이 왜 자신의 가정으로 일어났는지 알고서 늦게라고 찾아와서 죄를 빌 것이 아닌가?

각자가 살아서 행한 모든 것이 살아서나 죽어서나 뿌리고 행한 대로 거둘 것이라 하시니 참으로 무섭고도 무섭다. 죄를 지어놓고도 잘못 한 줄도 모르고 빌지 않는 것은 본인과 가족 모두의 몰락을 의미하는 것이다.

세상을 살아가는 대다수 사람들이 하늘과 신에게 지은 죄가 얼마나 무서운지 실감을 못하고 살아가면서 큰 불행이 일어나도 남탓하기만 바쁘고 재수가 없어서, 사탄마귀와 악귀잡귀 귀신들이 장난쳐서 그랬다고 넘기고 있다.

인간세상 살아가면서 먹고 살기 위해서 지은 죄는 찻잔 속에 아주 작은 죄이고, 여러분이 종교를 믿어 하늘과 신에게 지은 원죄는 지구 땅덩어리 전체에 해당될 정도의 큰 죄이다.

그래서 100명 죽인 살인자는 용서받을 수 있어도 종교 숭배자, 종교 창시자, 종교 지도자들은 중벌로 다스리신다고 하신다. 그러니 100명 죽인 살인자보다 더 무서운 이 죄인들의 말을 믿고 따른 여러분의 인생은 어떻겠는가?

말세에 하늘이 심판하실 때 종교인들부터 왜 심판하신다는 것인지 그 의미를 이젠 조금 알게 되었을 것이다.

이렇게 적나라하게 원죄의 진실을 인류 최초로 밝히는 곳은 자미국 하나뿐일 것이다. 이런 진실을 알고 집에서 나름대로 원죄를 빌려고 하는 사람들이 있을 것인데 소용없는 일이다. 자미국에 들어와서 하늘께 대제사를 올려서 진심으로 빌지 않으면 절대로 받아주시지 않고 원죄는 자손 대대로 내려가서 어느 시점엔가 가문이 몰락할 것이다.

제사와 절에 대한 비밀

제사와 절에 대한 비밀을 알면 소름이 끼친다.

물론 공자의 사상이 유교를 통해서 이 땅에 들어와 잘 모르고 제사를 지내왔다고 모두가 변명할 것이다.

돌아가신 부모조상님 전에 살아생전 못다 한 효도의 덕목인 줄 알고 모두가 행하고 전통적으로 내려오는 미풍양속이라 생각하고 있었을 것이다.

제사의 의미는 하늘에 원죄를 용서하여 달라고 비는 의식인데 각자의 부모조상님을 하늘로 섬기면서 원죄를 빌기는커녕 복을 달라고 제사를 지내고 있다.

진짜 하늘이나 신께 굴복하며 죄를 빌어야 하는데 돌아가신 부모조상님을 하늘이나 신으로 생각하고 죄를 빌고 있으니 하늘과 땅이 뒤집힐 일이다.

참으로 통탄할 일이다. 효행의 근본도리인 줄 알고 제사문화를 그대로 받아들인 공자의 유교 사상이 이렇게 무서운 줄 몰랐을 것이다. 즉 부모조상님 전에 지내는 제사와 차례는 하늘이나 신께 역천하는 죄를 짓는 행위였던 것이다.

그러나 이 나라에서 어느 누구도 이런 엄청난 진실을 밝혀낸 지도자가 없었다. 민족의 최대 명절인 설날과 추석 때 차례 지내는 것이 모두가 근본도리를 다하는 효도 행위인 줄 알았지 하늘이나 신께 죄를 짓는 것인 줄은 몰랐다.

사람이 죽으면 하얀 수의를 입혀서 매장 또는 화장하는 것은 생전에 죄를 많이 지은 죄인이기 때문에 깨끗한 하얀 옷을 입혀 죄가 없다고 가려서 신에게 구원받게 하고자 함이었는데 사람들은 이런 죄인에게 부모님이란 이유로 절을 하고 오히려 좋은 세계로 올라가시고 복 많이 내려 달라고 한다.

제사는 하늘께나 하는 것이지 돌아가신 부모조상님께 하는 것이 아니다. 절에서 부처님 전에 108배, 3천 배, 1만 배 절하는 것도 잘못된 것이며 절대자 하늘이나 신께만 하는 것이고, 형상에 무릎 꿇고 절한다는 것은 굴복을 의미한다.

108배, 3천 배, 1만 배 절했다고 주위 사람들에게 자랑하는 사람들을 많이 보았으리라. 그렇게 절 많이 하는 횟수만큼 인생이 뒤집어졌을 것이다.

기독교의 10계명과 불교의 598개 계율은 하늘과 신의 가슴을 후벼 파고 가슴에 대못을 박아 열받게 한 종교인들이 철저히 지켜야 할 금칙 사항인 것이다.

기독교의 10계명과 불교의 598개 계율을 모두 지키고 살려면 인간이기를 포기해야 한다. 계명과 계율을 그대로 지키고 사는 종교인들이 몇이나 될까? 그런데 왜 그런 계명과 계율을 지키라고 하는 것일까?

금주, 금욕, 금연하는 것이 미덕인 줄 알고 있다. 물론 아무리 좋은 것도 지나치면 해로운 것은 맞는 말이다.

사람이 살아가는 데 가장 참기 힘든 것은 배고픔이고 그 다음이 성욕일 것인데 이것을 참는 것이 종교 지도자와 수행자가 지켜야 할 덕목이라 가르치며 따르라 한다.

하늘과 신의 원뜻이 아닌 종교세계를 펼치는 죄인들에게 살생한다고 육류도 못 먹게 하고, 술 · 담배 · 여자를 가까이 하지 말라는 계명과 계율은 하늘과 신을 가장 열받게 하여 아프게 한 죄인들에게 내려진 천벌과 신벌이다.

하늘과 신에게 엄청난 죄를 지어 인간의 삶을 포기한 죄인들이기에 인간에게만 내려주신 모든 기쁨과 행복, 쾌락을 누리면 안 되는 것이었다.

하늘과 신에게 지은 죄가 얼마나 죄가 크면 이 모두를 지키고 평생토록 그렇게 살라고 하시었을까?

특히 신부, 수녀, 승려들은 결혼하면 안 된다고 하여 평생을 독신으로 살아가는 사람들이 많다.

그러면 수시로 술 먹고 담배피우며 합궁하고 쾌락을 누리는 일반인들은 모두가 성스럽지 못하고 추악하며 불결한 더러운 존재들이고, 계명과 계율에 따라 금욕하며 지내는 신부 · 수녀 · 승려들은 깨끗하고 정갈한 사람들인가? 마음이 깨끗할지는 몰라도 가장 독하고 죄가 무거운 것이 종교인들이다.

하늘과 신의 영역을 침범한 죄인(종교인)들에게 내려진 천벌과 신벌이다.

불상 앞에 절을 많이 하는 것이 잘하는 것인 줄 알고 수시로 많은 절을 하는데 그만큼 죄가 크고도 많다는 뜻이다.

절을 많이 하는 만큼 하늘과 신에게 죄를 지은 역천자(석가모니부처)의 기운이 들어오기 때문에 여러분의 인생도 더 힘들어지는 것이다.

진짜 하늘이나 신께만 절을 해야지 가짜 하늘이나 신에게 절을 하면 그들의 종이나 노예가 된다. 그러나 사람들은 어디가 진짜 하늘과 신인지 구분할 수가 없다.

이 세상에 모든 종교에서 전하는 하늘이나 신은 가짜라고 수없이 밝히셨으니 당연히 자미국에 들어와야만 진짜 하늘과 신에게 절을 올릴 수 있다.

그래서 함부로 아무 곳에나 가서 절을 하면 안 된다. 절하는 순간 굴복을 의미하기 때문에 그들의 나쁜 기운(귀신)이 각자의 몸으로 들어오게 된다.

여러분의 인생이 잘 되게 살려주시는 기운은 진짜 하늘과 신의 기운이지 종교 숭배자의 기운이 아니다.

너무나 대단한 진실을 많이 가르쳐주시어서 필자가 전하는데도 한계가 있다. 죄업 덩어리가 우리 인류인데 그동안 이런 진실을 가르쳐주는 곳이 없어서 몰랐을 것이다.

제사와 절하는 것이 얼마나 잘못된 것인지 처음 들어봐서 언제 수긍하고 받아들일지는 모르지만 하루라도 빨리 받아들이는 것이 여러분과 가족에게 큰 도움이 될 것이다.

하늘의 진실과 하늘의 말씀은 지구촌에서 자미국 이외에는 그 어느 곳에서도 들을 수가 없다. 즉 이 세상의 모든 종교가 진짜 하늘의 뜻이 아닌 가짜이다. 수천 년의 역사를 가진 천주교 교황청을 비롯해서 국내외의 거대한 사찰과 교회, 도교, 무속이 모두 죄인들을 양산하는 곳이다.

하늘께 처음이자 마지막으로 올리는 대제사는 조상님의 원죄를 용서 빌어 사면받아서 천상 자미천궁으로 입천시켜 보내드리고, 여러분 가정에 숨어들어와 있는 모든 사탄마귀, 악귀잡귀들을 내몰고 척결하는 어마어마한 의식이기에 일반적으로 지내는 제사나 굿, 천도재의 개념과는 판이하게 다르다.

장례식 끝나면 바로 대제사

한 번 죽으면 다시는 돌아올 수 없는 길.

자고 나면 떠나는 사람들이 매일 700여 명이나 되는데 모두가 예외인 양 남의 일처럼 생각하며 살아가고 있다.

이들 중에는 천수를 누리고 노화되어 죽는 사람들도 있지만 그렇지 않은 사람들이 예상외로 많다. 아직은 죽어야 할 나이가 아닌데도 질병, 자살, 사건사고로 갑자기 죽어서 남은 가족들을 끝없이 슬프게 만든다.

저승길은 앞뒤 없는 전차와 같다. 즉 죽음의 길에는 나이가 많고 적음에 관계가 없다. 이 세상에 올 때는 차례대로 순서대로 태어났지만 죽을 때는 어린 아기나 노인이나 순서를 가리지 않는 것이 죽음이다.

이 역시 자신들과 조상님들이 전생과 현생에서 쌓은 죄의 대가로 인해서 발생하지만 사람들은 이런 진실 자체를 인정하기 싫어한다. 일찍 죽든 늦게 죽든 인류 모두가 죽게 되어 있고 다만 언제 죽을 것인가 날짜 차이만 있을 뿐이다.

수명이 길면 100년을 살고 짧으면 태어나는 날 바로 죽기도 하지만 아무리 인생이 길어봐야 100년을 넘길 수 없다는 진리 앞에서도 죽음 이후의 사후세계가 보이지 않고 들리지 않기에 반신반의하면서 대책 없이 죽음을 맞이하고 있다.

그러나 엄연히 하늘세계, 사후세계는 실제로 존재하기에 살아서 미리 준비를 해놓고 세상을 떠나야 한다. 그렇지 않으면 상상을 초월하는 무한대의 사후세상을 지옥세계, 축생계, 아귀계, 아수라계 같은 곳에서 고통받으며 살아가야 한다.

죽을 때 인간 영혼(정신)까지 함께 죽는다면 말 그대로 죽으면 그만이다. 하지만 인간 육신은 죽어도 영혼들은 죽지 않고 가족들의 몸으로 수없이 들어가기에 가족들에게 우환과 질병, 사건사고가 생긴다.

육신의 사후 가족들을 편안히 지내게 해주려면 자신의 죽음을 살아서 미리 준비해야 한다.

어차피 언젠가는 모두가 가야 할 길이 죽음의 길인데도 사후세계 진실을 몰라 살아생전 제대로 대비하지도 못한 채 죽고 나서 후회하는데 다 부질없고 소용없는 일이다. 살아생전 자신들의 죽음을 준비해 놓지 않고 가족들에게 자신의 사후를 맡긴다는 것은 너무나 어리석고 위험한 일이다.

자신의 죽음 이후의 세계는 가족들이 아무리 잘해 주어도 마음에 들지 않을 것이다.

이제까지 세상에 알려져 있던 죽음의 길.

장례식은 종교의식과 전통장례 둘 중에 하나로 치르고, 화장과 매장을 선택해야 하는데 시대 흐름에 따라서 국민정신이 바뀌어 70% 이상이 화장하여 유분을 납골묘에 안치하거나 바다, 강, 산에 뿌리는 산골 그리고 최근에는 나무 밑에 유분을 묻는 수목장을 선호하는 사람들이 많다.

선산이 있고 명당론을 신봉하는 소수의 사람들과 뼈대 있는 가문이나 명당자리를 찾아서 호화 산소에 안치하는데 최근에는 규제가 많아서 호화산소를 만들기조차 어렵다.

장례 지내고 삼우제, 지노귀굿, 천도재, 49재, 100일제, 1년째는 대상, 3년째 소상, 시제를 지내던 것이 과거 풍습인데 지금은 모든 절차를 생략하고 간소하게 지내고 있다.

시대가 바뀌어서 제사와 차례, 장묘문화도 많이 바뀌어가고 있는데 앞으로는 자미국을 통하여 더 간소화 될 것이다.

자미국이 추구하는 새로운 장례문화.

장례는 반드시 무종교의식으로 매장이 아닌 화장하여 산골한 뒤에 삼우제, 지노귀굿, 천도재, 49재, 100일제, 대상, 소상 모두 생략하고 바로 천상 자미천궁으로 올라가는 대제사(입천제)를 행해야 한다.

대제사(입천제)의식을 행하면 제사, 차례를 평생 지내지 않아도 되고 납골당이나 묏자리에 매장하지 않아도 되니 성묘할 필요가 없는 초현대식 의식이다.

납골이나 묏자리가 없어서 허전하다고 생각되면 집 안 베란다나 거실 한쪽에 위패를 넣을 수 있는 자개장을 구입해서 안치하면 된다. 위패는 높이를 30cm, 45cm, 60cm, 75cm, 90cm 크기 정도로 주문 제작하면 된다.

앞으로의 새로운 시대는 납골과 매장문화 역시 사라질 것으로 예상되고 필자가 제안한 새로운 방법으로 수많은 사람들이 따르게 될 것이다.

다른 나라는 이미 산소나 납골 대신에 집 안에 위패를 안치하는 문화가 오래전부터 정착되어 있다. 매장문화는 명당자리에 시신을 매장하면 자손들이 복을 받는다는 풍습 때문에 유독 한국에서만 유행하고 있다.

잘못된 명당 발복 이론 때문에 오랫동안 매장을 고집하였으나 지금은 70% 이상이 화장을 선호하고 있다. 명당은 땅에 있는 것이 아니라 천상세계에 있는 자미천궁이니 대제사를 올려 조상님들을 천상으로 보내고 집 안에 위패만 안치하면 조상님과 자손들 모두가 아주 편안하고 잘될 것이다.

조상님들이 편안하고 자손들이 무탈하게 살아가려면 이 방법이 최고로 좋을 것이다.

명당자리인 줄 알고 매장하였다가 오히려 안 좋은 일들이 일어나서 가문이 몰락하는 경우가 비일비재하다.

이장하려고 개장하여 보니 수렴이 들어 물속에 유골이 있는 산소가 대부분이다. 땅속이 습하고 냉해서 20년이 지났는데도 시신이 썩지 않고 그대로 있다.

황천살(서쪽에서 부는 바람)을 맞아 광중에 유골이 새까맣게 변해 있고, 충렴인 뱀 · 개구리 · 조개 · 지렁이 · 두더지 · 쥐가 들어 있고, 목렴인 나무뿌리가 시신을 감싸고 있는 산소가 아주 많다.

도시혈에 매장하여 시신이 온데간데없이 사라지는 등 땅속에 이변이 일어나서 자손들의 인생이 뒤집어지는 사례가 수없이 많기에 땅에 매장한 산소는 모두 화장해서 산이나 강, 바다에 뿌리는 산골이 제일 좋다.

납골당에 안치하는 것은 바람직하지 않고, 천상명당 자미천궁으로 보내는 대제사(입천제)가 가장 좋으며 장례 치르고 3일 이후부터 의식이 가능하다.

조상님들이 이 세상에 태어나기 전에 천상 자미천궁에서 있었기에 고향으로 다시 돌아가면 인간세상의 산소, 납골, 제사, 차례, 성묘 같은 것을 모두 생략해도 된다.

80~90세에 죽은 조상들도 천상 자미천궁으로 올라가면 20대 초반의 신선이나 아름다운 선녀로 새로이 태어나기 때문에 근심과 걱정을 벗고 꽃피고 새 우는 무릉도원의 세상에서 영생을 누리며 살아가는 특권을 누리게 된다.

인생살이는 천상의 영들이 이 세상에 잠시 소풍 다녀간 것이다. 조상님들이 천상 자미천궁에 다시 태어남으로써 질병의 고통, 죄업의 고통에서 벗어나고 자손들의 몸으로 들어가서 살 필요가 없기에 산 자손들이 조상님들의 질병과 죄업으로 인한 고통들이 말끔히 사라지는 이적과 기적이 일어난다.

그러므로 인간 육신들이 질병의 고통에서 벗어나 건강하게 살아가게 된다. 또한 조상님들로 인한 우환과 사건사고 같은 것들이 일어나지 않는다.

그래서 하늘이 인류에게 내려주시는 가장 큰 선물이 대제사(입천제)이다. 부모님의 죽음에 대한 슬픔이 아무리 크다 해도 산 가족들이 위로해 주는데 한계가 있기 때문에 하루라도 빨리 천상 자미천궁으로 편히 돌아가게 보내드리는 것이 산 자나 죽은 자 모두에게 가장 바람직한 일이다.

죽은 사람들은 가족들과 대화가 통하지 않기 때문에 일방적인 위로가 되어서 진정으로 죽은 자가 원하고 바라는 것을 가족들이 이루어줄 수 없다.

슬퍼만 하지 말고 하루라도 빨리 죽은 자가 편안히 쉴 수 있는 천상 자미천궁으로 오르게 대제사를 지내서 보내드려야지 슬프다고 망자를 끌어안고 있으면 가정에 알 수 없는 우환과 사건사고가 줄줄이 터지며 죽은 자가 앓던 질병을 가족들이 대물림받아서 더 많은 고통 속에 살아간다.

책을 읽었더라도 자미국에 들어오는 것이 쉽지는 않다.

죽은 자가 먼저 하늘과 땅의 심판을 받아 선택받은 뒤에라야 자손과 함께 자미국에 들어와 대제사(입천제)를 올릴 수 있다.

그래서 돌아가신 망자가 하늘과 땅의 심판을 받고, 선택받아야 하기 때문에 아무나 자미국에 들어와서 대제사(입천제)를 올릴 수 없다.

천상 자미천궁에 오르지 못할 망자들은 그의 자손들이 이 책을 읽어보아도 무슨 말인지 이해도 가지 않고 전혀 공감하지 못하기에 자미국에 들어올 수 없다.

그러므로 자미국에 들어올 수 있는 자손이나 망자들은 하늘과 땅의 1차 심판에서 통과하여 뽑힌 행운아들이다.

자미국에 들어와서 대제사를 올리면 자손과 조상님이 함께 자미국의 백성으로 재탄생하는데 이들이 바로 하늘의 백성들인 것이다. 조상님들은 천상 자미천궁에 올라가서 하늘의 백성인 천손(신선선녀)이란 신분이 되고 자손들은 자미국의 정식백성이 되는 특권을 누린다.

이 세상에 인류가 태어난 이후 최초의 경사스런 일이다.

조상님들이 진짜로 천상 자미천궁으로 구원받을 수 있게 해주는 자미국이 이 세상에 나타나도 종교에 빠지면 자미국을 사이비라고 부정해서 들어올 수 없기에 세상의 나쁜 짓은 다해도 용서해 줄 수 있지만 종교만은 믿지 말라고 하늘께서 말씀하셨다.

조상님들이 1차로 선택받는 길.

태초의 하늘과 천상의 높고 높은 신명님, 기독교 천주교의 하나님, 불교의 미륵님, 천지신명님, 태초의 인간 자미인황님의 핏줄이거나 이분들께 인도받은 인간과 조상님들이 책을 읽고 자미국에 들어올 수 있다.

이렇게 대단하신 분들은 종교세계 안에서 심판과 구원의 천상지상 공무를 집행하시지 않고 오직 자미국을 통해서만 행하신다고 직접 말씀하셨다.

인정하기 싫겠지만 수천 년의 역사를 자랑하는 전 세계의 불교, 기독교, 천주교, 힌두교, 이슬람교, 도교, 무속, 유교 등 모든 종교는 하늘과 땅의 천지능력이 실시간으로 내리는 자미국을 능가할 수 없다.

이 세상의 모든 종교는 자미국을 만나기 위해서 잠시 만들어진 것에 불과하고 자미국이 이 땅에 세워진 이상 지구상에 모든 종교세계 교리와 이론은 더 이상 필요가 없어졌다.

하늘과 직접 통신하고 하늘과 땅의 명을 받을 수 있는 전 세계 유일한 자미국이기 때문이다.

자미국이란 말은 대부분 처음 들어보는 아주 생소한 말이지만 그 역사는 태초에 인류가 지구에 탄생한 시점부터 천상에서 계획되어 있었던 곳이기에 장구한 역사이다.

인간 육신으로 들어와 있는 수많은 조상님들이 종교세계를 통하여 애타게 기다리며 찾던 진짜 하늘세계인데 진실을 몰라보고 사이비라 매도하고 있었다.

산 자나 죽은 자들 모두가 함께 찾아와야 할 가장 영광스러운 곳이 대단한 자미국인 줄 몰라보니 이 역시 자신과 조상님들의 정해진 운명이다.

자미국에서 대제사를 올려 천상 자미천궁으로 올라가는 조상님들이 가장 출세하고 성공한 것이다.

살아서 왕이나 대통령을 했다가 죽었을지라도 천상세계 법도에는 생전의 권력이 하나도 통하지 않는다. 육신이 죽었으니 귀신일 뿐이고 하늘을 몰라보니 귀신이고, 하늘의 존재를 찾지 않으니 사탄마귀인 것이다.

하늘은 각자 몸 안에 있는 영혼과 조상님들을 이 땅으로 보내주신 분이시기 때문인데 하늘이 인간과 조상님의 눈과 귀에 보이지 않고, 들리지 않는다고 몰라보고 찾지 않았으니 천륜을 거스른 역천자라고 하는 것이다.

인간세상에서 나쁜 짓을 하는 귀신들만이 악이 아니라 부모를 몰라보고 찾지 않는 자가 악이다. 얼마나 정신이 세뇌되어 더러워졌으면 자신들을 이 땅으로 보내주신 하늘을 몰라보고 찾지 않고 있겠는가?

이 땅에서는 최고로 대단한 곳이 자미국이고 천상세계에서 최고로 대단한 곳이 자미천궁이기에 인간과 조상님들은 더 이상 종교세계 안에서 하늘 찾아 방황하지 말고 대제사를 올려 천상 자미천궁으로 빨리 보내드려야 자신과 가정을 우환과 고통, 불행으로부터 지킬 수 있다.

가장 좋은 방법은 장례식 치르고 가장 빠른 시일 내에 자미국으로 방문하여 대제사(입천제)를 행하는 것이 자신들이 가진 재물과 권력, 명예, 건강, 가정의 행복을 지키는 길이다.

자미국에 들어오려면 기존에 종교세계 다니면서 받아들인 종교교리와 이론을 모두 버려야 한다.

이제까지 알려진 종교세계 교리와 이론은 천만년을 믿고 다녀도 영들의 고향인 천상 자미천궁으로는 절대 오르지 못하고 허공중천 구천세계를 추위와 배고픔으로 영원히 떠돌아다닐 뿐이다.

이상향의 무릉도원 세계

수많은 인류가 종교세계 안에서 알려지고 있는 이상향의 무릉도원 세계에서 살아서나 죽어서나 살아가기를 원하고 있는데 실상은 그곳이 어디인지 몰라서 상상 속으로만 그려보고 가상세계 아닐까 생각하고 있다.

물론 무릉도원 세계는 인간세상에 실존하는 세계가 아니라 영적세계로 존재하는 세상이다. 경치가 아주 빼어나고 아름다운 곳을 무릉도원이라고 많이들 비유한다.

장엄하고도 아름다운 산수풍경에 도취되어 넋을 놓고 세월 가는 줄 몰라보며 근심과 걱정 없이 태평스럽게 살아갈 수 있는 꿈의 세상을 말한다.

질병의 고통, 슬픔의 눈물 없이 영원히 늙지 않고 젊은 육신을 갖고 살 수 있는 세상을 무릉도원, 선경세상, 지상낙원, 천국세계, 이상향, 유토피아 세계라고 표현한다.

그러나 인류는 아직 이런 꿈을 이루지 못하고 인간 100세라는 한계수명의 굴레에 갇혀서 살아가면서 생로병사를 벗어나지 못한 채 세상을 떠나서 한 줌의 재가 되고 있다.

모두가 그리워하는 무릉도원 세상은 어디에 있고 어떻게 찾아가는 것일까 하면서 많은 의문을 갖고 살아간다. 필자의 마음으로 가르쳐주시는 메시지는 이렇다.

무릉도원 세계는 멀리 있는 것이 아니라 아주 가까이 있고, 찾는 것은 그리 어렵지 않다고 하시면서 그 방법을 자세히 가르쳐주시고 계신다.

무릉도원 세계는 마음의 세계 안에 있다고 하신다. 얼핏 이해가 안 되는 부분이기도 한데 마음이 태평스럽고 고요하며 성냄, 분노, 아픔, 슬픔, 고통, 근심, 걱정, 질병 없이 기쁨과 즐거움만 있는 마음의 상태가 무릉도원 세계이다.

말로는 쉬운 것 같으나 이 모두를 이루기는 거의 불가능하다. 무릉도원 세상이 되려면 인간의 노력만으로 되는 것이 아니라 인류의 생로병사를 주관하시는 영의 부모님이신 신명님, 하나님, 미륵님과 함께 해야 한다.

갓난아기는 부모를 떠나서는 살아갈 수 없듯이 우리 인류는 나약하고 부족한 미완성이다 보니 완성자 부모님이신 신명님, 하나님, 미륵님의 절대적인 보살핌과 도움이 필요하고 각자 영의 부모님이신 이분들을 만나야 무릉도원 세상이 열린다.

영의 부모님이 갖고 계신 대단한 천지원력으로 우리 인류가 원하고 바라는 세상에서 기쁨과 행복을 누리며 살아갈 수 있는 것이지 인간 자체만으로는 불가능하다.

인류에게 있어서는 세 분들의 부모님이 무릉도원 세상을 열어주는 당사자들이시다. 이분들은 우리 인간들에 비해 불가능이 거의 없으신 절대적인 능력자들이시기 때문이다.

영의 부모님을 만나서 살아생전 무릉도원 세상을 살아가지 못하면 죽어서도 무릉도원 세상에서 살 수 없다고 말씀하시었다. 필자를 통해서 이분들을 우선 찾아서 부모자식 간의 인연을 다시 맺어야만 한다.

이 땅에서 육신이 죽은 다음에는 무릉도원 천상 자미천궁으로 데려가시어 고통과 죽음이 없는 신선과 선녀로 다시 태어나게 해주시어 영생을 누리게 하신다. 인류가 종교를 열심히 믿는 것은 자기의 영적 부모님을 만나서 자신의 사후세계를 아름답게 만들기 위해서이다.

하지만 종교세계를 통해서는 아직 이 뜻을 이룬 자들은 없는데 그 이유는 세 분들이 종교로는 가시지 않는다고 하시었기 때문이다. 너무나 더러운 인간 욕심으로 가득차고 시궁창 썩는 냄새가 진동하여 가지 않는다고 하신다. 그래서 종교를 믿으면 구원을 받지 못한다는 것이다.

각자의 마음속에 꽃피고 새 우는 아름다운 무릉도원 세계를 건설하여야 죽어서도 무릉도원 세계에서 살아갈 수 있다. 마음속에 무릉도원을 건설하려면 자기 영의 부모님을 하루빨리 자미국을 통해서 찾아야 한다.

육신을 잃어버린 부모조상님들이 무릉도원 세상에서 살아가려면 천상 자미천궁으로 입천할 수 있는 대제사를 하늘께 올리는 것이고, 육신이 살아 있는 여러분이 무릉도원 세상에서 살아가려면 영의 부모님이 누구이신지 밝히는 천인합체의식을 행해서 천인으로 다시 태어나면 된다.

알고 나면 그리 어려운 일도 아니지만 대제사나 천인합체의식을 행하기 전까지는 반신반의하게 된다.

정말 그런 세상이 각자의 마음 안에서 열리는 것이냐고 할 것이다. 그러나 분명히 말하지만 여러분 영의 부모님은 절대로 거짓말을 하지 않으신다.

왜냐하면 이분들은 여러분에게 현혹, 회유, 협박, 강요할 필요성이 하나도 없으시기 때문이다. 구원을 바라는 아쉬운 쪽은 나약하고 부족한 인간들이지 이분들이 아니시다. 금전 또한 필요없기에 돈에 연연하지도 않으시므로 여러분에게 달콤한 말로 현혹하실 하등의 이유가 없으시다.

의식을 행하기 위해서 금전을 받는 것은 여러분 마음의 진실성과 마음의 크기, 마음의 정성을 보기 위해서 받는 것이고, 자미국을 운영하기 위해서 인간인 필자가 받는 것이지 영의 부모님들이 받아가시는 것은 아니다.

돈이 안 들어가면 너도나도 모두가 대제사와 천인합체를 하려고 인산인해로 몰려올 것인데, 정해진 얼마 정도의 금전이 들어간다고 하면 여러분은 본색을 드러내게 되어 있다. 돈이 얼마가 들어가도 믿고 하겠다는 그 마음을 보시는 것이다.

돈 앞에서는 여러분 마음의 진실성이 어떤지 자세하게 드러난다고 하시며 그 마음을 보신다고 하신다. 일정액 이상의 돈이 들어가도 행하겠다는 자가 진짜 이분들이 원하시고 찾고 있던 자손이라고 하신다.

착함과 거짓으로 위장한 여러분의 속마음이 돈 앞에서는 적나라하게 다 나타난다고 하시었다.

대제사와 천인합체의식은 세상 돈으로 환산조차 할 수 없는 어마어마한 값어치인데 인간들 눈높이 수준에서 최소한의 금전을 받고 해주는 것이지만 그렇다고 아무나 쉽게 행할 수 있는 액수는 아니다.

대제사 올리는 하나의 값어치는 천경을 넘고 만해도 넘어서 상상이 안 될 정도의 엄청난 값어치를 지니고 있는 인류 최초의 엄청난 대제사이다. 1만 조 원이 1경이고, 1만경이 1해이니 어찌 금액으로 환산이 가능하겠는가?

대제사를 행하면 이미 돌아가시어 제사 받는 여러분의 직계 배우자, 자녀, 형제, 부모, 조부모, 증조부모, 고조부모, 현조부모… 시조조상님에 이르기까지 모두 천상 자미천궁으로 입천하여 신선과 선녀로 다시 태어난다.

예를 든다면 여러분 조상님들이 천상 자미천궁에 올라가서 신선 선녀로 다시 태어나 살아가는데 조상님 1인당 1개월에 1만 원 정도의 돈이 필요하다고 최소한으로 가정했을 때의 생활비를 계산으로 뽑아보았다.

월 1만 원 X1년=120,000원

연 120,000원X1억 년=12조 원

1억 년 12조 원X1조 년=1,200,000경 원

조상님 1인당 최하 1조 년을 산다고 가정했을 때 120만경 원의 돈이 들어가는데 여기다가 1경년을 곱하고 나서 다시 천상 자미천궁으로 입천한 조상님 숫자를 곱하면 상상을 초월한 금액이라서 계산을 할 수 없다.

천상 자미천궁에도 영들의 수명이 있는데 대략적으로 최하 1경년(1만조 년)에서 최장 3경(3만조 년) 년이다.

이 많은 장구한 세월 동안 높고 높으신 태초의 하늘 태상천존 자미천황님께서 조상님들을 신선과 선녀로 재탄생시켜서 보살펴주시는 큰 은혜를 내리신다. 하늘께서는 일체의 돈을 받지 않고 조건없이 보살펴주시는 것이다.

이 땅에서 자미국을 창시한 하늘의 대행자 인황(필자)이 원하고 바라니까 대제사를 올리면 그냥 천상 자미천궁으로 입천을 받아주시는 것이라고 하시니 정말 대단하신 하늘 아니신가?

귀찮아하실 만도한데 전혀 내색을 하지 않으시고 대제사를 통해서 천상입천을 윤허해 주시는 것이다.

필자가 하늘의 대행자 인황이란 신분이기에 자미국에서 대제사(입천제)를 지내면 위대하신 하늘께서는 조상님영가들을 그냥 받아주시고, 우리의 상상을 초월하는 엄청난 세월 동안 입혀주시고 먹여주시는 태산같은 사랑을 내려주시니 자미국 필자를 만나서 대제사를 올리는 인간, 영, 조상님들은 행운아 중에서도 가장 큰 행운아이다.

자미국에서 평생 한 번만 지내는 대제사(입천제)가 가능한 것은 인류의 영적 부모님이신 신명님, 하나님, 미륵님이 하강 강림하시어서 대제사 때 필자와 함께 해주시기 때문이다.

이분들이 조상님들을 천상 자미천궁으로 인도해 주시기에 신선선녀로 다시 태어날 수 있는 것이니 대제사를 올리는 모두는 살아서든 죽어서든 수백억 년 동안 이분들과 자미국에 감사해도 모자란다고 하신다.

조상님들이 무릉도원 세상에서 근심과 걱정 없이 신선선녀로 살아가야 여러분의 인생도 기쁘고 즐겁다. 또한 여러분의 몸 안에 있는 영들도 육신이 살아 있을 때 천상 자미천궁으로 올라갈 수 있는 입천예약(천인합체의식)을 해놓고 살아야 갑자기 죽어서 세상을 떠나도 걱정하지 않는다.

이상향의 무릉도원 세계는 자미국에서 여러분의 영적 부모님이신 신명님, 하나님, 미륵님을 찾아서 함께하면 열린다. 하늘세계와 사후세계가 너무나 방대해서 진실을 밝혀도 한도 끝도 없는 세계라서 다 설명할 수 없다.

걸어 다니는 무덤들

사람들 몸 안에는 조상님과 귀신들이 살고 있다.

육신을 잃어버린 영혼들은 갈 곳을 몰라서 허공중천 구천세계를 떠돌거나 사람의 몸 안에 머물기를 좋아한다. 이미 죽은 자들의 소원이 무엇인지 물어보니 단 하루만이라도 인간으로 살고 싶다는 것이다.

말할 수 있고 행동할 수 있는 사람이 다시 되고 싶은 것인데 죽으면 모든 것이 끝난다고 생각하던 사람들의 생각은 틀렸다. 사후(저승)세계가 실제로 존재하고 있을 줄은 몰랐기에 살아서의 생각이 잘못된 것을 뒤늦게 알게 된다.

그래서 귀신이 아닌 사람이 다시 한 번 되고 싶은 것인데 한 번 떠난 육신이 다시 살아날 수는 없다.

사람 몸 안에는 자기 본체인 깨끗한 마음(혼이나 정신)이 있어야 하는데 조상영가나 귀신들이 들어와 있으면 인생 살아가는 데 많은 우환과 질병, 고통과 불행이 일어나게 된다.

사람 몸 안에 자기 가족의 혼령만 들어와 있어도 알 수 없는 온갖 풍상들이 일어나는데 모르는 남의 조상귀신들과 종교귀신들이 들어와 있으면 그들이 살아생전 앓던 질병과 사건사고를 겪게 되기 때문에 아주 위험하다.

자고 나면 터지는 사건사고의 실체가 귀신들의 짓이지만 인간들은 알아볼 수가 없다. 각자 착한 척, 깨끗한 척하며 살아가지만 자신의 몸 안에는 알 수 없는 수많은 귀신들이 함께 살아가고 있으니 사람은 곧 걸어 다니는 무덤인 것이다.

귀신들이 무덤 안에 있다고 생각하고 사는 것이 인간들의 영적 수준이다. 인간의 마음(혼령)이 어떻게 땅속에 묻힐 수 있다고 생각하는지 도저히 이해 불가이다.

무덤 안에는 시신만 있을 뿐 혼령들은 인간, 산천, 종교, 사물 등에 붙어 있다. 그중에서도 인간들 몸에 귀신들이 가장 많이 빙의되어 살아가고 있다. 육신이 죽은 귀신들도 살아생전이 그리운 것이기 때문이다.

인간 육신 다음으로 가장 많은 귀신들이 모여 있는 곳은 교회, 성당, 절, 무속, 도교단체 등 종교세계이다.

그곳에서 구원해 준다고 알고 있기 때문에 전국의 모든 귀신들이 모여들어 우글거린다. 종교세계에 사람들이 많이 모이면 모인 숫자 곱하기 100배 혹은 1000배 정도의 귀신들이 모여들었다고 생각하면 된다.

어떤 사람들이 종교에 간다고 하면 동네방네 있는 귀신들이 모두 따라나선다. 그래서 종교를 열심히 믿으면 믿을수록 여러분의 육신은 종교귀신들이 놀이터가 되는 것이다. 각자 종교 다니기 전과 후에 변화된 자신의 모습을 자세히 살펴보면 어렵지 않게 달라진 모습을 발견할 것이다.

살아서 걸어 다니는 무덤이 인간 육신이다. 자기 조상님과 거리에서 따라 들어온 귀신, 종교세계에서 붙어온 귀신들과 살아가고 있는데 눈치를 채지 못하고 있다. 종교에 들어가면 복을 받아오는 것이 아니라 종교귀신들만 잔뜩 데리고 들어오기에 아주 위험천

만한 일이다.

혼령들은 자기 직계가족이나 연고자 또는 사이클이 맞는 상대방 몸 안에 들어가서 함께 살아간다. 그래서 이런 귀신들이 몸 안에 들어오면 산 사람들은 알 수 없는 우환이나 질병, 정신적 공황상태를 맞게 된다.

귀신들이 살아생전에 앓던 질병에 걸리는 경우가 가장 많고, 귀신이 비명횡사로 죽었으면 빙의된 사람들도 똑같이 비명횡사로 죽게 되어 있기에 그래서 사람들은 귀신들을 두려워하는 것이다.

산에 수많은 묘지들이 있다.

산소에는 시신만 있을 뿐 혼령들은 모두 자손들 몸이나 다른 곳에 들어가 있기에 산소 자체가 필요 없으므로 모두 화장해야 하는데 명당론이나 두 번 죽는다는 속설 때문에 화장을 꺼려하고 있는 것이다.

인간이면 인간답게 살아가야지 귀신처럼 살아가면 안 되고 인간세계와 사후 귀신세계는 엄연히 구분되어야 한다. 복 받는다고 종교적인 물건들을 몸이나 집안에 소장하고 있는 경우가 참으로 많은데 정반대의 현상이 나타난다.

오히려 귀신들을 더 많이 불러들이는 길잡이 역할하기에 모두 없애는 것이 좋다. 종교적인 물품들을 갖고 있다는 자체만으로도 하늘과 멀어지기 때문이다.

중요한 사실 하나는 귀신들이 구원받기 위해서 인간 몸으로 들어온다는 점이다.

자신의 핏줄인 조상님인 경우는 자손의 몸 안에 있어야 대제사 때 하늘로부터 구원받을 수 있기 때문이다.

여러분이 제사나 차례 지내는 것을 소중히 생각하고 부모조상님

전에 지극정성으로 효도한다고 생각한다.

왜? 제사나 차례에 연연하고 있는지 그 진실을 아는 사람들이 과연 몇이나 될까? 자기 몸 안에 제사와 차례받을 조상님들이 함께하고 있다는 뜻이다.

즉 조상님들이 무덤 속이 아니라 자손의 몸 안에 함께하고 있기 때문에 제사와 차례를 받으려고 한다.

그런데 정작 제사와 차례를 지내도 조폭귀신들이 모두 빼앗아 가기 때문에 부모조상님들은 제대로 받을 수가 없다.

그래서 대제사라는 것이 필요하다.

자손과 조상님들의 뜻을 함께 이루어줄 수 있는 전 세계 유일한 의식이 대제사(입천제)이다.

조상님들과 함께 살아가고 있으면서도 눈에 보이지 않으니까 없는 줄 알고 있다. 이제 여러분은 걸어 다니는 무덤의 신세에서 하루속히 벗어나 마음 편히 살아가야 한다.

어떤 사람을 만나면 재수 없다고 말하는 사람들을 가끔 볼 수가 있는데 그 몸 안에 별별 귀신들이 들어와 있고, 그 귀신들이 여러분 몸으로 옮겨 들어왔기 때문인 것이다.

귀신들이 들어와 있는지조차도 모르고 살아가는 것이 인간의 한계이고 자신들이 걸어 다니는 공동묘지인 줄도 모르고 살아가는데 대제사를 올려서 귀신청소부터 하고 살아야 한다.

오랜 풍습으로 전통처럼 이어져 내려온 뿌리 깊은 제사와 차례문화를 어떻게 할 것인지 본격적으로 이야기할 것이다.

평생 한 번만 올릴 수 있는 대제사

1년에 몇 번의 제사와 설날, 한식, 추석의 차례를 지내는 데 적게는 4~5회, 많게는 10회 정도를 지내고 3회의 성묘와 1회의 벌초까지 하면서 조상님들에 대한 정성이 지극하다.

조상님에 대한 자식 된 도리는 전 세계 민족 중에서 타의 추종을 불허할 정도로 대단하다. 자손으로서 당연한 도리이기는 하지만 현대사회를 살아가면서 번거롭기도 한 것이 제사와 차례, 성묘 문화이다.

하늘로 올라가기 전까지 조상님은 자손을 의지하고, 자손은 조상님을 섬기는 효도사상을 심어주기 위해서 전 세계에서 이 나라에만 제사와 차례문화를 남긴 것 같다.

일생에 단 한번 본인의 직계 당대부터 시조조상님들까지 모두의 혼령을 청배해서 지내는 합동제사가 있다.

대제사를 지낼 때 제물을 차리는 제단 크기가 폭 1.95m 길이 21m나 되고 12명의 인원이 제사를 지내기 위해서 함께한다. 실내 실평수만 327평이니 시원스럽게 넓고 제단 크기로만 본다면 국내에서 가장 큰 제단일 것이다.

온갖 산해진미와 만반진수 감로주를 올리는 진수성찬을 하늘과 조상님, 천지신명님, 나라조상님 전에 올리는 어마어마한 인류 최고의 제사이다.

대제사이기에 일평생 단 한 번만 올리는 것이고, 대제사를 올리면 이승과 진짜 이별을 하고 원래 이 땅에 오기 전의 고향인 꽃피고 새 우는 무릉도원 천상 자미천궁으로 올라가서 신선선녀의 아름다운 모습으로 다시 태어난다.

죽은 자들에게 가장 큰 소원인 천국세계, 극락세계보다 더 높고 좋은 꽃피고 새 우는 무릉도원 천상 자미천궁으로 올라가서 20대 전후의 가장 아름다운 신선선녀의 모습으로 환생하는 대제사(大祭祀)가 있으니 이를 입천제라 한다.

종교를 믿던 안 믿던 고정관념을 모두 버리고 일생에 단 한 번은 꼭 지내야 할 대제사이다. 대제사를 지내면 각자의 몸 안에 있었거나 허공중천을 떠돌아다니던 가족영가들이 모두 천상 자미천궁으로 올라가서 신선선녀로 다시 태어나기에 더 이상의 제사나 차례를 지내지 않아도 된다.

이렇게 일평생 단 한 번만 지낼 수 있는 대제사를 지내는 것이 각자의 조상님들을 구원하는 의식인데 인간으로 태어나서 가장 착하고 잘한 일이라고 하늘이 칭찬해 주신다.

대제사를 지내면 굿이나 천도재를 더 이상 하러 다닐 필요가 없어진다.

그동안 맺혔던 원과 한이 풀려지고 이승과의 아름다운 이별을 하는 순간이다. 오랜 세월 자손들의 몸 안에서 말이 통하지 않아서 몹시 힘들어했는데 천상 자미천궁에서 신선선녀로 다시 태어나 큰 소원을 이루게 되어 기뻐하신다.

하늘과 땅이 함께하는 대제사이기에 단 한 번만 지내면 두 번 다시 지내지 않아도 되는 의식이 인류 최초의 대제사이다.

자신의 직계 부모조상님들이 천상 자미천궁으로 모두 올라가서 살아생전의 근심과 걱정을 모두 잊고 신선선녀로 살아가니 조상님들 모두가 편안하고 행복해진다.

조상님의 원과 한이 풀어지니 자손들의 인생도 함께 편안해 짐을 체험할 것이다. 굿이나 천도재, 치성으로는 천만년을 지내도 천상 자미천궁으로 오를 수 없다.

이런 의식들을 하는 자체가 종교귀신(지옥)들에게 자신의 부모조상님들을 팔아먹는 행위이고, 종교귀신들의 종이나 노예로 만드는 것이기에 이로 인해서 굿이나 천도재, 치성을 올린 사람들의 인생으로 더 많은 고통과 불행이 일어나고 있다.

이런 의식을 행하면 여러분의 조상님들이 받는 것이 아니고, 종교인의 조상들과 그 터전의 악귀잡귀, 사탄마귀 귀신들이 모두 받아먹고 여러분의 조상님들은 찌꺼기 쪼가리 음식만 받아먹게 되어서 오히려 분통이 터져 미치는 줄 알았다며 그곳에서 빠져나온 조상님들이 경험담을 전해 주시었다.

여러분의 조상님들은 의식을 행한 이후부터 이들 종교귀신들의 앞잡이가 되어 앵벌이 역할을 시킨다고 한다. 조상님들을 현혹시키는 이런 가짜 의식을 행하는 자들을 하늘과 땅이 용납하지 않으신다고 하신다.

하늘과 인류의 영적 부모님이신 신명님, 하나님, 미륵님의 천지원력이 아니시면 이 세상의 종교의식으로는 절대로 여러분의 부모조상님들을 구할 수 없다고 하시었다.

독자 여러분과 조상님을 이 땅으로 보내주신 분이 태초 하늘과 신명님이신 천상선감님, 하나님이신 천상천감님, 미륵님이신 천상도감님이시기에 종교 교주들이나 스님, 보살, 무당, 법사, 도인, 도사, 목사, 신부의 능력으로는 절대로 구원이 될 수 없다고 수없이 밝히셨다.

필자는 스님, 보살, 무당, 법사, 도인, 도사, 목사, 신부, 점쟁이의 신분이 아니다.

태초 하늘의 화신이자 분신으로 하늘의 대행자이자 인류의 대표 인황 자체이지 종교 교주가 아니다. 또한 하늘과 땅이 함께하는 대단한 자미국 제사천궁은 그 자체이지 인간세상에서 말하는 종교가 아니다.

종교인들과 함께 구원의식을 행하는 순간 각자는 하늘과 세 분의 영적 부모님이신 신명님, 하나님, 미륵님의 구원에 대한 고유권한을 훔쳐가는 죄를 지어서 의식을 해주는 자나 해달라고 의뢰한 자나 모두가 벌을 받아 인생이 뒤집어진다.

씨는 뿌린 자만이 거둘 수 있다고 하였듯이 여러분과 조상님을 이 땅으로 보내주신 하늘과 영적 부모님들만이 거두어주실 수 있는 것이기에 이런 의식을 행하는 자체가 오히려 하늘과 땅에 죄를 짓는 일이 되어서 각자의 인생으로 재앙만 내려진다.

여러분과 조상님들을 이 땅으로 보내주신 분은 태초 하늘과 신명님이신 천상선감님, 하나님이신 천상천감님, 미륵님이신 천상도감님이시기에 필자(인황과 사감)를 통해서 이분들과 함께하지 않는 이 세상의 모든 구원의식은 가짜라며 절대로 속지 말라고 말씀하시었다.

천계로 올라가신 조상님들이 복을 받아준다

조상님들은 사후세계가 너무 고통스러우니까 어디라도 가서 구원받으려고 종교세계를 이곳저곳 찾아다니는데 독자 여러분이라도 정신 차리고 종교귀신들에게 자신의 부모조상님을 팔아먹는 불효자의 못된 역할을 더 이상은 절대로 하지 말아야 한다고 말씀하시었다.

이미 이들의 꼬임에 넘어가서 조상님들을 팔아먹는 굿, 천도재, 치성을 올린 사람들은 대제사를 올리면서 하늘과 땅, 세 분의 영적 부모님, 여러분의 조상님께 잘못을 인정하고 진정으로 죄를 용서 빌어야 한다.

종교적 의식을 행한 자체가 여러분의 부모, 형제, 배우자, 자녀, 조상님들을 죄인으로 만들어 종교귀신들에게 팔아먹어서 여러분도 죄인이 되어 인생살이가 더 힘들어졌다.

대제사를 올려서 태초의 하늘이 계시는 천상 자미천궁으로 올라가서 천손인 신선선녀로 다시 태어나 하늘께 이 땅에 살고 있는 여러분이 잘되기를 빌어서 복을 타오는 역할을 조상님들이 해주셔야 여러분 인생에 풍화환란이 일어나지 않는다.

천상 자미천궁으로 올라갈 조상님들도 신선선녀로 태어난다고 좋아만 할 것이 아니라 이 땅에 헤아릴 수 없이 많은 사탄마귀, 악귀잡귀, 종교귀신들로 시달림 받지 않도록 자손을 보호해 주시라고 하늘께 지극정성으로 빌어야 한다.

그리고 천상 자미천궁에는 이 세상에 없는 모든 금은보화와 천복만복이 가득이 쌓여 있기에 조상님들이 빌어서 복을 타다가 자손들에게 나누어주어야 한다.

조상님이 가장 많은 복을 타다가 줄 자손은 대제사를 올려주는 독자 여러분이다. 하늘과 영적 부모님들은 대제사를 올릴 때 하늘과 조상님 전에 일체의 바람이나 조건을 걸면 안 되고 순수하게 지내라고 수없이 신신당부하시었다.

왜냐하면 어떤 소원을 이루기 위해서 대제사를 지낼 경우 그것이 조상님의 게으름으로 이루어지지 않으면 조상님만 원망하는 것이 아니라 하늘까지 원망하여 큰 죄를 짓기 때문에 하지 말라고 하신 것이다.

하늘이 아닌 여러분의 조상님만 원망하는 것은 큰 죄가 안 된다고 하시었다. 하늘은 실시간으로 끝없이 복을 내려주시고 계시는데 여러분과 조상님들이 잘못하였거나 게을러서 복을 못 받을 뿐이라고 하신다.

그러니까 대제사를 지낸 후에 인생이 풀리지 않고 더 답답하여도 절대로 대제사를 지내주신 하늘과 영적 부모님 그리고 자미국과 필사(인항과 사감)를 탓하거나 원망하면 안 된다.

원망하고 불평불만 하는 순간 천상 자미천궁에 올라가서 신선선녀로 다시 태어난 조상님들은 가시방석에 올라앉게 되고 대제사 올린 것이 원인무효가 되어서 지옥세계나 인간세계로 퇴출되어 쫓겨나게 된다.

천상 자미천궁에 올라갔다가 쫓겨나는 경우는 천상법도를 준수하지 않고, 상하 신분을 몰라보고 하늘께 말대꾸하고 대적하며 항명하거나 불평불만을 일삼는 조상님들과 백성이 된 독자 여러분이 자미국에서 필자(인황과 사감)를 무시하고 부정하며 예의범절 안 지키고 대적하면 자미국 백성의 신분이 자동적으로 박탈되게 되어 있다.

조상님은 천상 자미천궁에서 자손은 자미국에서 신분이 박탈되는 불행한 사태가 일어난다. 태초 하늘과 신명님이신 천상선감님, 하나님이신 천상천감님, 미륵님이신 천상도감님이 인류 최초로 함께하시면서 행해 주는 대단한 대제사이다.

그러기에 의식 이후에 인생사에 자신이 바랐던 일들이 풀리지 않고 더 답답하고 힘들다며 말이나 마음, 생각으로 대제사 지낸 것을 후회하거나 불신하게 되면 인간으로 태어나서 용서받지 못할 가장 큰 죄를 짓는 일이 된다.

인간세상은 길어봐야 100년 미만의 찰나에 불과하고 천상 자미천궁은 끝없는 수억만 조년의 장구한 세월에 해당한다.

꽃피고 새 우는 근심걱정 없는 무릉도원 세계에서 신선선녀로 다시 태어나 영원히 기쁨과 행복을 누리며 살아갈 수 있도록 인간과 조상님들을 구해 주는 자미국.

부주의한 말이나 글, 마음, 생각으로 자미국을 부정하면 여러분과 조상님의 행복한 삶에 종지부를 찍고 인생으로 토네이도 같은 무서운 대재앙이 일어난다.

태초 하늘과 신명님이신 천상선감님, 하나님이신 천상천감님, 미륵님이신 천상도감님은 여러분이 마음속으로 생각으로 하는 것까지 모두 아시는 대단한 분들이시기에 위대하시면서도 정말 두려운 존재들이시다.

이 책을 읽고도 종교적인 이론으로 혹시 부정하며 욕하는 독자들이 있다면 벌이 실시간으로 내려가니 말이나 글로 비판하는 것을 조심해야 한다.

대단하신 태초 하늘과 신명님이신 천상선감님, 하나님이신 천상천감님, 미륵님이신 천상도감님, 그리고 자미국과 필자(인황)에게 자신이 생각한 이론과 다르다고 전화와 문자로 욕설하고, 인터넷에 사이비라 부정하고 욕하는 글을 올리는 자들이 있는데 이들은 자손 대대로 하늘과 땅이 벌을 내려 응징하시므로 운이 막혀 본인과 가정이 몰락할 수 있다.

이런 자들은 사건사고를 통하여 형벌이 가해져서 고통스럽게 살아가거나 주위로부터 고소고발 당한다. 가지고 있던 재산을 날리고 가족과 이혼하여 독신자로 살아간다.

또한 자손이 태어나면 자손 대대로 부모를 몰라보고 폭행하거나 존속 살해하는 불효자손이 태어나게 될 것이니 비방하는 일은 삼가야 한다.

자미국이 기존의 종교세계라면 그렇게 비방해도 아무 탈이 없을 것이지만 인류가 태어나고 태초로 천지대능력자들이신 하늘과 땅이 함께하시는 대단한 진짜 자미국이기에 실시간으로 응징의 벌이 내려가므로 절대로 입(말) 조심, 글 조심, 마음 조심, 생각 조심해야 헌디.

글의 내용이 자신의 이론이나 사상과 다르다면, 아~ 나와는 뜻이 안 맞는 곳이구나, 하고 지나치는 것이 상책일 것이다.

조상님들을 팔아먹었다

필자의 마음과 생각 그리고 말이나 글들은 신비하게도 현실에서 그대로 일어나는데 이 역시 하늘과 땅이 내리신 천지대원력 덕분이라 생각한다. 30여 권의 책 속에 상상을 초월한 수많은 천지조화를 부린 사례들이 수록되어 있다.

하늘께서 하신 말씀은 인류(전 세계의 산 자와 죽은 자 포함)의 소원은 하늘의 대행자이자 인류의 대표 인황을 통해서만 들어주신다고 하시었다.

필자가 원하는 것은 무엇이든지 다 들어주신다며 위풍당당하게 자미국을 세우라 하시면서 자신감을 심어주셨다. 필자가 원하고 바라는 대로 천지조화, 풍운조화, 날씨조화, 기후조화, 인생조화가 일어나게 천지원력을 내려주시었다.

나라 건국 이래 2013년 11월 6일 입동부터 2014년 2월 4일 입춘까지 겨울이 이렇게 짧게 추운 적은 없었을 것인데 이 모두 한반도가 아열대처럼 되었으면 좋겠다고 필자가 평소에 말한 것을 하늘과 땅이 이루어주시는 것 같다.

그래서 대단한 자미국이라 하는 것이다.

인류가 이 땅에 태어나고 최초로 하늘의 진실이 필자(인황과 사감)를 통해서 만 세상에 전해지고 있는 것이다. 책을 읽고 공감하여 자미국과 함께하는 독자들은 인간으로 태어나 가장 잘한 일이고 행운아 중에 행운아에 속한다.

살아서의 현생이나 죽어서의 장구한 사후세계를 기쁘고 행복하게 살아가려면 필자가 말하는 대로, 가르쳐준 대로 살아가는 것이 최선의 방법이다.

이 책을 읽는 독자들은 그동안에 세상 이론과 종교세계에서 가르쳐준 고정관념을 송두리째 모두 버리고 대제사를 지내면 인생 최고의 행운아로 다시 태어날 것이다.

조상님들이 구천세계에 머물러 있으면 하늘께서 내려주시는 복을 타 올 수 없으니 하루속히 대제사를 지내서 천상 자미천궁으로 보내드려야 할 것이다.

조상님들도 자손을 위해서 무언가 일을 해보고 싶어도 종교지옥세계의 귀신들에게 붙잡혀 있어서 어찌 힘써 볼 재주가 없다고 하신다.

종교귀신들이 여러분 조상님들의 일거수일투족을 실시간으로 모두 감시하고 있어서 탈출은 꿈에도 생각 못하고 계신다고 하였다. 종교에 들어갈 때는 마음대로 들어갔지만 나올 때는 마음대로 나올 수가 없는 곳이 종교세계이다.

발행한 책을 읽고 공감은 하지만 다니던 종교세계를 떠나면 그곳 승배자니 종교귀신들에게 벌을 받을까 봐 이러시도 저러지도 못하고 있다고 실토하였다. 인간 육신도 두려운데 그곳에 붙잡혀서 종과 노예로 살면서 앵벌이 역할을 하고 있는 조상님들이 더 겁먹고 있다.

이들 조상님을 종교지옥에서 구해내려면 인간 육신을 가진 여러분이 용기를 내어 대제사를 지내야 태초 하늘과 신명님이신 천상선감님, 하나님이신 천상천감님, 미륵님이신 천상도감님 그리고 태초 인간이시자 인류 대표이신 자미인황님께서 조상님들을 종교지옥세계에서 꺼내 오신다.

이분들이 아니시면 절대로 종교귀신들이 여러분의 조상님들을 순순히 내어주지 않는다.

여러분이 종교를 많이 다닌 만큼 조상님들은 더 힘들어질 수밖에 없다. 여러분이 종교를 다님으로써 종교지옥에 조상님들을 팔아먹었으니 여러분이 구해드려야 한다. 조상님들이 종교지옥의 고통에서 벗어나 천상 자미천궁으로 올라가서 이 땅에 살아 있는 여러분을 위해서 빌어야 한다.

자손을 잘되게 하려면 조상님들이 천상 자미천궁에 올라가서 복을 타오는 것이 가장 빠른 길이다. 더 이상 종교세계를 전전하면서 구원받으려 하거나 여러분이 복을 받으려는 생각은 아예 버려야 한다.

종교세계로는 태초 하늘과 신명님이신 천상선감님, 하나님이신 천상천감님, 미륵님이신 천상도감님이 함께하시지 않기 때문에 천상세계로 올라가는 구원도 없고 천복만복도 없다는 진실을 전하니 참고하기 바란다.

조상님들이 편하면 자손도 편하고, 조상님이 힘들면 자손도 힘들게 살아간다. 열매는 뿌리의 기운을 받고 살아가기 때문에 여러분은 조상님의 기운을 그대로 느끼며 살아갈 수밖에 없는데 이것을 풍수에서는 동기감음이라고 한다.

여러분과 조상님들이 천하명당 자리 찾으려고 혈안들인데 이 땅에 천상 자미천궁으로 올라갈 수 있는 하늘과 땅의 천지대원력이 무궁무진 내리는 대단한 자미국을 능가할 자리가 없고, 천상 자미천궁을 능가할 천상세계 역시 없다.

천당과 극락세계보다 더 높고 좋은 천상 자미천궁의 존재와 진실을 모르는 여러분과 여러분의 조상님들이 아직도 땅에 천하제일 명당자리를 찾아다니고 있지만 그런 자리는 없고 설사 있다고 하여도 천상 자미천궁을 능가할 수는 없으니 이제는 자미국을 인정하고 속히 들어와서 조상님 대제사를 모셔서 효도를 다하기 바란다.

여러분과 조상님들은 매년 정기적으로 몇 번씩 지내는 제사와 차례, 성묘에 더 이상 연연하지 말고 꽃피고 새 우는 무릉도원 천상 자미천궁으로 올라가서 상상세계로만 존재할 것이라 생각하였던 신선선녀로 환생하여야 조상님과 후손 모두가 편안하고 행복해진다.

자미국 제사천궁에서 인류 최초로 행하는 대제사(입천제)가 여러분과 조상님들의 운명을 송두리째 바꾸어줄 유일한 길이니 운세타령, 대운타령, 명당타령, 이름타령, 사주팔자타령들 그만하고 진짜 하늘이 계시는 천상세계로 조상님들이 올라가야 여러분도 잘되고 편안하다.

귀신 불러들이는 제사와 차례

제사를 각자의 가정에서 지내는 것은 주위에 온갖 귀신들을 불러들이는 역할을 하고, 가정에서 기도를 정기적으로 하는 것 역시도 하늘이나 신을 사칭한 귀신들을 불러들이기에 인생이 엉망진창으로 뒤집어진다. 기도와 제사, 차례 함부로 하는 것이 아니다. 귀신들만 더 많이 불러들인다.

이제 이 모두를 끝내고 홀가분하게 살아갈 때가 되었다. 진정으로 부모조상님께 효도를 하려면 자미국 제사천궁에 들어오는 길이 가장 유일하다.

살아서나 죽어서나 하늘이 내리시는 천복만복을 받을 수 있는 유일한 길은 멀리 있는 것이 아니라 자신의 부모조상님들에게 효도하는 대제사(입천제)와 자기 영의 부모님을 찾아주는 천인합체의식을 행하는 것이다.

대망을 가진 기업인, 정치인, 고위공직자들이 하늘의 문을 여는 것도 종교세계에서 권하는 천제가 아니라 대제사(입천제)와 천인합체의식이다. 하늘은 인간들의 더러운 욕심만을 채우기 위해서는 하늘의 문을 절대로 열어주시지 않으신다고 하시며 진정으로 하늘의 문을 열려거든 대제사(입천제)와 천인합체의식을 행해라고 하시었다.

인류가 탄생하고 하늘의 문을 열 수 있는 곳은 전 세계에서 자미국 하나뿐이라는 진실을 처음으로 전한다.

이 나라 국민들이 오랫동안 호화 산소 꾸미기, 제사, 차례, 성묘, 천도재, 굿에 의지하고, 종교세계를 통해서 도통, 구원, 영생을 이루고자 향했던 선천시대의 잘못된 관습을 벗어나 자미국에 들어와서 태초의 하늘과 인류의 영적 부모님이신 신명님, 하나님, 미륵님과 함께해서 자기 영의 부모님을 찾아주었다면 인생이 대개벽하였을 것이다.

이 나라가 약소국가의 서러움에서 벌써 벗어나 남북통일과 세계통일을 이루어내는 민족의 대업을 이루어서 세계의 운명을 좌지우지하는 세계 지도자 국가로 우뚝 섰을 것이다. 그러나 이제라도 늦지 않았으니 하루속히 위대하신 하늘의 뜻을 사명자들은 속히 받들어야 한다.

이제까지 유교를 통해서 이 땅에 뿌리내려 오랫동안 지내오던 제사와 차례의 모습이 잘못되었다 하신다.

그동안 우리 인간들이 풍습과 전통으로 알고서 오랫동안 행해왔던 부모조상님의 제사와 차례에 대한 고정관념이 산산이 부서지는 순간이다.

자미국 제사천궁을 통해서 하늘의 위대한 진실이 속속 밝혀지고 있으니 이 나라의 수천 년 된 오랜 전통 풍습이 송두리째 바뀔 경천동지할 일이다.

유교의 뿌리인 중국의 공자(孔子, 기원전 B.C 551 ~ BC 479. 2,493년 전 72세로 사망) 사상을 우리나라에 전한 것이 유교인데 이 역시 종교이니 중국에서 들어온 제사문화의 역사가 아주 오래 되었다.

하늘의 원뜻이 아닌 공자의 사상인 제사문화 역시 바꾸어야 할 시점에 다다랐다. 각자 부모조상님 전에 효도이자 전통풍습이라고 생각하며 오랜 세월 동안 지극정성으로 제사와 차례를 지내고 있다.

제사와 차례를 지내도 부모조상님들은 육신이 없어서 음식을 드실 수가 없다는 것쯤은 일반적으로 다 알고 있는 내용이지만 그래도 혼령이 드실 것이라 생각하고 정성을 다하여 제사와 차례를 지내고 있다.

그러나 제사와 차례보다 더 효도하고 더 중요한 일은 부모조상님을 이 땅으로 보내주신 영의 부모님을 만나게 해서 허공중천 구천세계가 아닌 꽃피고 새 우는 무릉도원 천상 자미천궁으로 마지막 대제사를 거행하여 보내드리는 것이다.

이 땅에 있어 봐야 육신이 살아 있는 자손들과는 단 한마디도 대화를 할 수 없기 때문에 답답하게 지내실 수밖에 없으니 수천 년 전해 내려온 종교의 고정관념을 버리고 하늘이 계시는 영들의 고향 천상 자미천궁으로 보내드리는 것이 자손 된 도리로서 가장 큰 효도를 다하는 길이다.

자신들의 욕심을 채우기 위하여 명당자리를 찾아다니고, 제사와 차례를 지내는 것은 잘못된 효도이니 이제 모두 과감하게 버려야 한다.

이 세상을 떠나가신 여러분의 부모조상님들을 이 땅으로 보내주신 세 분의 영적 부모님들을 자미국에서 만나 무릉도원 천상 자미천궁으로 올라가 진짜 하늘을 만나게 해서 신선선녀로 다시 태어나 원과 한을 풀고 영생 누리도록 해드리는 것이 가장 귀한 효도 선물이다.

이 세상에 처음 전해지는 태초의 하늘 말씀이라서 이 나라 국민들이 얼마나 받아들일지는 알 수 없으나 남들보다 하루라도 먼저 대제사를 지내드리는 것이 가장 큰 효도이다. 대제사를 지낼 때 그동안 말이 통하지 않아서 부모조상님들의 뜻과 심중을 헤아리지 못하였던 답답함을 속 시원히 풀어준다.

부모조상님의 혼령을 마지막으로 청배하여 자손들에게 그동안 전할 수 없었던 유지를 받들 수 있게 된다. 살아서의 대화 나누듯 부모조상님과 마지막 상봉시간을 가질 수 있도록 하늘께서 배려를 해주신다.

하늘의 허락이 있어야 대제사를 지낼 수 있고 자신의 부모조상님과 상봉하여 대화를 나눌 수 있기에 기존의 무속세계에서 조상 청배하는 것과는 차원 자체가 다르다. 무속세계에서 조상이라고 불러들이는 존재는 진짜 조상이 아니라 조상을 가장한 가짜 조상 귀신들이기 때문이다.

굿이나 천도재를 통해서 가짜 조상귀신을 불러들이면 집안이 온통 쑥대밭이 될 정도로 홀라당 뒤집혀버리므로 함부로 굿이나 천도재를 하지 말라고 전해 주시었다. 하늘의 윤허가 있으셔야만 여러분의 진짜 부모조상님을 만나서 상봉하는 행운을 얻게 된다고 하시었다.

하늘의 허락 없이는 부모조상님 혼령들이 함부로 오고갈 수도 없다고 하시었는데 종교인들이 이런 하늘의 법도를 모르고 부모조상님들의 혼령을 마구 청배하니 가짜 조상귀신들이 조상이라고 위장하였던 것이다.

이런 엄청난 사후세계의 진실을 이 세상 누가 알 수 있단 말인가? 오직 자미국에서만 인류 최초로 밝혀지는 위대한 진실이니 이런 내용이 맞는지 틀리는지 종교인과 무속인들에게 물어보는 것은 바보 같은 짓이다.

그들은 당연히 욕하고 사이비라 할 것이다. 종교인과 무속인들이 어찌 위대하신 하늘을 능가한다 말이던가? 물어보는 자체가 하늘을 불신하는 것이고 죄를 짓는 일이다. 그들에게 물어보는 어리석음을 범하지 말아야 할 것이다.

차라리 하늘의 진실을 이해 못하겠으면 대제사 지내지 않겠다고 하는 것이 더 낫고 그러면 죄는 짓지 않을 것이다.

제사를 지내는 사람들의 속마음을 살펴보면 공통적인 속성이 두 가지 있다.

한 가지는, 제사를 지내는 사람들이 겉으로는 조상님을 끔찍이 위하는 것 같지만 실상은 죽은 조상을 잘 모시면 자손들이 복을 받고, 반대로 잘 모시지 못하면 화를 입는다고 하므로 복 받고 화를 면하기 위한 수단으로 제사를 지낸다는 것이다.

다른 한 가지는, 제사를 지내는 것이 곧 효도라고 말하면서 자기가 마치 효자, 효녀인 것처럼 나서서 제사만큼은 철저히 지켜야 한다며 제사를 지내는 것이다.

이러한 행위는 가식적인 허례허식의 행위라고 볼 수밖에 없고, 진짜 효자효녀는 살아생전에 효도하는 사람이기 때문이다.

죽은 조상님에게 효도한다고 제사를 지내고 야단법석을 떠는 사람일수록 실상은 살아생전에 효도를 못했기 때문에 그렇게 위선을 떠는 것이다.

조상님에게 제사하는 사람들은 겉으로는 돌아가신 부모조상님을 공경하는 미풍양속으로 제사를 지낸다고 할지 모르지만 결국에는 죽은 조상님을 가장한 귀신에게 절하고 귀신을 섬기는 결과가 되는 것이다.

조상에 대한 전통적인 제사법은 우리나라 고유의 풍습이 아니라

조선 중기에 중국에서 유래한 유교적인 풍습을 받아들이고 따른 데서 온 것이다.

이렇게 유교적인 풍습을 따라 제사를 지내는 사람들의 신앙은 사람이 죽으면 귀신이 되어 떠돌아다니면서 자손들에게 복을 주기도 하고, 또한 은혜를 갚기도 하고, 또 복수하기도 하고 화를 입히기도 한다고 믿는 신앙이다. 따라서 이 조상신을 잘 모셔야 집안이 잘되고 형통한다고 믿었다.

위패를 소중히 사당에 모시고 시신을 모시는 묏자리에도 많은 신경을 쓰고 또 제사의식도 정성껏 잘 치러야 한다고 생각한 것이었다.

이러한 생각과 신앙 아래 조상제사 기일이나 명절 때에 돌아가신 혼백이 와서 음식을 잡수시라고 정성스럽게 제사상을 차려놓고 거기에 절을 삼배한다.

기독교에서는 사람이 죽으면 영혼은 낙원(천국)에 머무르고 불신자는 음부(지옥)에서 고통을 당한다고 전하는데 이는 천상법도를 모르고 하는 잘못된 말이다.

하늘의 허락 없이는 절대로 들어갈 수 없는 하늘세계이다.

천상과 지상의 법도가 거의 같다.

여러분이 남의 집에 주인 허락 없이 들어가면 주거침입죄로 경찰에 잡혀가야 하듯이 천상세계 또한 법도가 있기 때문에 영혼들이 하늘의 허락 없이 천상에 오르지 못한다.

성묘의 유래

성묘는 말 그대로 묘를 살핀다는 의미로 유래는 신라 말로 거슬러 올라간다. 신라 말 당시 승려이자 풍수지리학자였던 도선대사가 고려 태조 왕건의 아버지 왕융에게 어느 곳에 집을 지으면 장차 왕이 될 큰 인물이 나올 것이라고 예언했는데, 그 후 그곳에서 왕건이 태어났고 도선대사의 예언대로 고려왕조를 일으키게 되었다고 한다.

그때 이후로 풍수지리에 대한 관심이 높아지면서 도선의 풍수지리를 신주 모시듯 모시고 집집마다 명당자리에 조상묘를 쓰려고 애를 쓰게 되었다. 그래서 좋은 자리가 있으면 이미 묘가 들어서 있음에도 불구하고 근처에 다른 사람들이 묘를 쓰고 또 쓰는 투장이 성행하게 되었다.

이 때문에 후손들은 자손 된 도리로 자기 조상의 묘가 투장에서 무사한지 수시로 가서 살펴보며 묘를 수호해야 했다. 여기서 성묘가 유래했다고 전해 오며 오늘날에는 설날, 추석, 한식 때 성묘를 가는 것으로 굳혀졌다. 하지만 성묘는 설날이나 추석, 한식 이외에 어느 날이나 할 수 있다.

그러나 도선대사가 잡아준 왕융의 집터는 474년 만에 왕조가 태조 이성계에 의하여 멸문지화 당해서 왕건의 씨를 말렸으니 도선대사 역시 멀리 내다보지는 못했다. 풍수지리의 한계라고 해야 한다.

그런 면에서는 무학대사가 한 수 위라고 봐야 한다. 이씨 왕조는 문을 닫았으나 자손들이 번성하여 건재하고 있으니까 말이다. 그러나 이씨 왕조 역시 518년 만에 결국 끝났으니 풍수이론에 너무 빠져들면 안 된다.

한식(寒食)은 동지로부터 105일째 되는 날로 음력 2월 또는 3월에 들며, 양력은 4월 5~6일경이 된다.

때문에 오늘날의 식목일과도 겹치게 된다. 특히 이때쯤이면 농가에서는 본격적인 농사를 위해 논과 밭둑의 가래질을 시작한다는 청명이 든다. 청명은 한식 하루 전날이거나 때로는 한식과 같은 날이 된다.

예부터 한식은 비록 24절기에 들어 있지는 않으나 나라의 고유 명절인 설, 단오, 추석과 함께 4대 명절의 하나로 여겨 나라에서는 종묘와 각 능에 제사를 지냈을 뿐만 아니라 백성들도 조상에게 제사를 지냈다.

또한 이날 주과를 마련하여 성묘를 하거나, 산소가 헐었으면 봉분을 개보수하기도 하고 묘를 이장하였다.

한식은 음력 2월에 들 수도 있고, 3월에 들 수도 있다. 2월에 드는 해는 세월이 좋고 따뜻하다고 여기고, 3월에 한식이 있으면 묘를 손보지 않는다고 한다.

한식(寒食)은 글자 그대로 찬밥이란 뜻이다. 한마디로 이날은 찬밥을 먹는 날이다. 중국의 세시풍속을 기록한 《형초세시기》는 그 유래에 대한 사연을 이렇게 기록하였다.

"춘추시대 진나라 사람 개자추는 나라가 어려워지자 임금인 문공(재위기간 기원 전 B.C 636~628)과 함께 국외로 망명하여 방랑생활을 하던 중 굶어서 다 죽게 된 문공을 자신의 넓적다리 살을 베어 먹여

살렸다.

그러나 다시 나라를 찾아 왕위에 오른 문공이 자신을 살려준 개자추를 거들떠보지도 않자 개자추는 늙은 어머니를 모시고 노래를 지어 부르며 산속에 들어가 숨어버렸다.

뒤늦게 자신의 잘못을 뉘우친 문공은 산속에 숨은 개자추를 불러냈는데 끝내 나오지 않자 하는 수 없이 그를 나오게 하기 위해 산에 불을 질러버리니 개자추는 홀어머니와 함께 나무를 껴안고 죽었다.

이 사실을 안 문공은 개자추의 죽음을 애도하기 위해 그가 타 죽은 3월 5일엔 일체 불을 피우지 못하도록 하고 찬 음식을 먹도록 하였다"고 한다.

한편 이날 개자추가 억울하게 불에 타 죽었기 때문에 불 피우는 것을 꺼려 찬밥을 먹는 풍속이 생겼다고 한다.

이런 역사적인 사료가 말해 주듯 한식은 우리 고유의 명절이 아니라 중국의 풍습인데 왜 받아들여서 한식을 지내는지 그 연유를 모르겠다.

당시는 중국의 문화적 속국이었으니 대국의 뜻을 받아들이는 것이 잘하는 것인 줄 알았을 것이다. 한식은 개자추를 기리는 날이니 우리 민족이 개자추의 원한을 달래주기 위해 한식을 지내는 것은 옳지 않은 일이다.

제사를 지내는 것도 공자의 유교사상을 받아서 지내고 있으니 중국의 문화를 계승 발전시키고 있는 것이다. 이제는 잘못된 풍습의 굴레에서 벗어나야 한다.

석가=〉불교, 원불교

예수=〉기독교, 천주교

공자=〉유교(제사문화)

노자=〉도교

상제=〉도교(증산도, 대순진리회, 태극도 등등)

잡신=〉무교

왜 한식에 무덤을 고치고 옮기는 일을 했을까?

지상에 있는 신들이 모두 하늘로 올라가 일을 보지 않는다고 여겼다. 때문에 이 기간에는 어떤 일을 해도 부정을 타거나 동티가 나지 않는다고 한다.

그래서 평소에는 꺼림칙해 하기 어려운 일들, 즉 집을 고치거나 짓거나 이사를 하거나 혹은 묘에 잔디를 깔거나 옮기는 일들을 모두 이날 행한다.

공달인 윤달에 수의를 짓거나 묘를 이장하는 것도 마찬가지이다. 한마디로 윤달은 남는 달이어서 신들도 쉬기 때문에 간섭을 하지 않는다고 여겼던 것이다.

이런 문화적 풍습은 나약하고 부족한 인간들이 정신적으로 신들에게 의지하고자 한 행위이다.

하지만 하늘과 땅이 함께하시는 자미국 제사천궁이 개국하여 이 땅에 세워진 이상 이제부터는 자미국의 백성이 되면 이런 풍습은 무시하고 살아도 아무런 탈이 나지 않는다.

하늘과 조상님에게 올리는 제사와 차례를 전문으로 하는 자미국 제사천궁이 여러분의 인생을 편안하게 해줄 것이다.

제사의 유래

제사장(통치자)이 국가의 안녕과 번영을 위하여 정성들여 하늘과 천지신명님 전에 천제를 올리던 것이 제사의식인데 훗날 조상신에게도 적용한 것이 지금의 제사문화가 되었다.

이 나라가 조상제사가 아닌 하늘에 천제를 정성들여 계속 올려왔다면 나라의 역사가 바뀌었을 것이고, 지금의 거대한 중국 땅이 우리나라 영토가 되어 있을 것이다.

지금도 마찬가지이다.

잃어버린 거대한 대륙을 되찾을 수 있는 길이 아직 살아 있고 그 역할을 해낼 수 있는 자미국이다. 우리의 생로병사, 흥망성쇠, 길흉화복을 주관하시는 분은 각자의 조상님들이 아니라 하늘이시기에 지금이라도 조상제사에 연연하지 말고 하늘에 제사(대제사)를 올려야 한다.

2천 년 동안 중국인의 종교였던 것이 제사인데 은나라와 주나라 천자는 정치 권력자가 아니라 제사장이었다. 그들의 종교가 바로 제사였는데 공자의 유교사상을 통해서 이 나라에 전해 내려오게 되었다.

제사는 하늘에게 제물로서 경배를 하고 신탁을 비는 것이다. 공자가 해석서를 남긴 《주역》은 바로 신탁의 해설집이며 공자는 어려서부터 제사놀이에 몰두했던 타고난 제사장이다. 그래서 공자의 유교는 공자 탄생 이전에 수천 년 동안 전해져 온 뿌리 깊은 전통과 권위를 가진 종교라 할 수 있다.

그리고 중국, 일본, 한국을 포함한 아시아인 대부분은 이 제사교의 신자들이다. 공자는 제사교의 창시자가 아니라 중흥자로서 제사의식을 확립한 사람이다.

유교 국가란 종묘사직과 천지신명님께 올리는 제사로서 유지되는 왕조를 말하고 국가란 곧 제사장이자 통치자이다.

우리나라는 고려 말(13세기, 700년 전)까지만 해도 정식 제사법이 없었다. 1288년 충렬왕 14년, 고려 말기 학자 안향이 원나라에서 주자가례를 들여왔다.

조선 건국 후에 태조 이성계가 민심을 수습하기 위하여 백성들에게 권장했다.

현 시대는 장례 절차 축소와 화장문화가 가속화되면서 과거 3년상 제사 절차도 100일에서 49일 또는 장지에서 탈상으로 끝나는 현실이다. 또한 제사 역시 증조, 조부모, 부모, 배우자까지 합제나 축소해 지내고 있다.

그러나 일부 가정에서 제사법을 축소, 변경하지 못하는 이유는 친척 또는 주위의 비방과 조상이 노하거나 불효가 된다는 두려움 때문이기도 하다.

인류는 우주 자연의 모든 현상과 변화에 대해 경이로움을 느꼈고, 특히 천재지변을 겪을 때는 공포감을 갖게 되었다. 그래서 절대자 하늘을 섬기고 삶의 안식과 안락을 기원하는 제사가 마련되었다.

천지만물의 생멸과 생로병사에 대해 경애심, 신비감을 갖게 되는 동시에 생명에 감사를 표하는 행사가 제사이다.

하늘, 땅, 해, 달, 별, 물, 바람, 천둥, 번개, 뇌성벽력, 비, 산, 강과 그 밖의 자연물에 초인적인 힘이나 신통력이 깃들어 있다고 믿고 삶의 안녕과 복을 비는 의식이 생겨났다.

인간의 사후 영혼을 신앙한 나머지 귀신을 섬기는 예식을 갖게 되었고, 조상령(祖上靈)에 대한 경애심과 조상숭배 사상이 합치되어 조상을 추모하고 자손의 번영, 친족 간의 화목을 도모하는 제사로 이어진 것이다.

이런 제례는 모두 공자의 유교사상 가르침에 따른 것으로, 조선 시대에 들어와서는 주희의 『가례』를 기본으로 삼아 제사를 지냈다.

고려 말까지도 명절은 하늘과 자연을 경외하는 집단 축제였다. 고조선~고려 말(622년 전)까지는 하늘(천신)에게만 제사를 했고 조상에 대한 제사는 전혀 없었다.

한민족 역사 9,213년 중에서 8,591년 동안은 조상제사를 지내지 않았다는 뜻이다.

맞다. 제사는 하늘께나 올리는 것이었다.

그래서 처음이자 마지막으로 올리는 대제사를 인류 최초의 입천제(入天祭)라 한다.

오늘날 다른 불교국가에서도 조상제사는 지내지 않는다. 조상제사는 정치적 이념의 색채가 무척 강했다. 조선왕조가 유교를 통해 왕에 대한 충성과 왕국의 안정을 유지하기 위해 조상제사를 이용, 효도와 국가에 대한 충성이라는 대외명분하에 교묘하게 유교를 이용했던 것이다.

조선 건국 초기 국가 권력자들은 부모와 조상에 대한 효심이 지극했던 우리 민족의 심성을 충효라는 유교적 덕목과 관련지어 국가적 차원에서 통치 수단으로 이용했다.

조선의 유학자들은 철학자이자, 사제이자, 통치가라고 말할 수 있다. 마치 오늘날 이란 국가와 같은 역사상 유례가 없는 강력한 정교(정치+종교)일치의 사회를 만든 것이다.

중세시대 유럽에서도 정교일치를 위해서 왕과 교황이 권력다툼을 했지만 끝이 없었다. 그런데 조선 건국세력들은 대단하게도 이를 한 번에 달성한 것이다.

유교는 일정한 교리체계를 지니지 못해 조선시대가 끝나자 지배적 지위와 역할을 상실했다. 자신의 종교를 유교라고 답하는 한국인은 1%에 불과하다.

성리학(유교)을 개국 이념으로 한 조선의 건국세력들이 불교 탄압과 함께 소격서를 세워 무당과 무속을 내쫓고 그 빈자리에 조상과 하늘을 들어앉혔다.

경복궁에 종묘를 지어 조상숭배를 하고 사직단을 지어 곡식신과 토지신에게 길운과 풍년을 빌었다.

성종 때 반포된 경국대전에는 6품 이상은 3대조까지 제사, 7품 이하는 2대조까지 제사, 서민은 부모제사만 지내라고 규정하고 이를 어기면 엄한 벌로 다스렸다.

시민은 위패에 질하는 것으로 족했고, 제수는 형편에 따랐는데 그러던 것이 양반이 향촌을 장악해 가는 과정에서 조상제사는 임금에게 충성을 다하고 부모에게 효도하는 충군효친의 규율을 위한 수단으로 변모했다.

마침내 조상숭배가 통치 수단의 중심에 놓이게 되자 조상제사는 가문의 위세경쟁으로 변해 갔다.

1년에 20회 정도 제사를 지내지 않으면 양반이 아니었던 당시

풍조에 신분 향상을 열망했던 서민들도 제례 경쟁에 뛰어들기 시작했다.

오늘날의 제사풍습은 조선 건국 세력의 본래 의도와는 달리 지나치게 번거로운 풍습으로 변질되어 버린 것이다.

유교의 종주국인 중국은 물론 그 영향을 받은 일본과 동남아시아 일대 어느 나라에서도 명절 때 조상님을 위해 차례를 지내지 않고 있다. 전 세계에서 한국이 조상님에게 차례를 올리는 유일한 나라이다.

음덕(蔭德) 즉 조상의 덕을 보려고 설날, 추석날에 차례를 지내고 성묘를 다니는데 이 모두가 조상님에게 복을 받으려는 기복신앙에서 나온 것이다. 조상님들이 복을 마음대로 줄 수 있다면 무슨 걱정이겠는가?

명절차례를 지낼 때 절하며 복을 달라 하고 그것도 모자라 산소에 성묘하러 찾아오는 자손들을 바라보면서 조상님들 신세가 오히려 부담이 되고 기가 막힌다.

사후세계에서 하늘을 만나지 못해 천상 자미천궁에 오르지 못하고 힘들게 살아가는데 그것을 모르는 자손들은 복을 달라고 찾아오고 있는 것이다.

정중하게 절을 하는 것이 살아생전 못다 한 효도를 하고자 하는 마음의 표출도 있지만 다 소용없는 일이다. 진정으로 조상님을 기리고 복을 받고 싶거들랑 천상세계로 올라가게 해드리는 대제사를 속히 지내는 것이 훨씬 빠르다.

천복만복을 주관하시는 것은 하늘이시지 조상님이 아니시다.

독자 여러분이 부모조상님을 아무리 사랑한다 하여도 1년 365일 지극정성을 올릴 수는 없고, 사후세계의 고통을 덜어드릴 능력도 없다.

제사와 차례 모두는 부모조상님을 위한 것이 아니라 각자의 욕심을 채우기 위한 자기만족일 뿐이다.

사후세계에서 너무나 고통스러워서 피눈물을 흘리며 하루라도 빨리 꽃피고 새 우는 천상세계로 올라가서 이승의 고통과 아픔, 슬픔을 벗어나고 싶은데 이런 진실을 모르는 자손들은 제사와 차례 때마다 복이나 달라며 절하고 있으니 참으로 기가 막힌 일 아니던가?

사후세계에서 고통스럽게 지내시는 부모조상님들을 두 번 울리는 것이 제사와 차례문화이다.

조상님들의 뜻을 기리는 효도의 마음도 없는 것은 아니지만 사후세계의 진실을 하늘께서 밝혀주신 이상 지금까지 전통적으로 지내오던 모든 제사와 차례문화는 수입한 것이기에 폐지되어야 한다.

순수한 우리 문화 같으면서도 중국의 영향을 받아온 것이 제사와 차례이다.

여러분 부모조상님들의 사후세계를 편안하게 해주실 수 있는 분은 석가, 예수, 성모, 공자, 노자, 상제가 아니라 영들을 이 땅으로 내려보내 주신 대단하시고 위대하신 태초의 하늘 대상천존 자미천황님이시라는 분이시다.

천년만년 동안 제사와 차례를 지내봐야 사후세계 절대권자이신 태초 하늘을 신명님, 하나님, 미륵님을 통하여 만나지 못하면 천상세계로 오를 수 없다.

진정 자신의 부모조상님들을 구원해서 사후세계를 편안히 지내게 해드리고 싶은 독자들은 천상 자미천궁으로 보내드리는 대제사를 행하는 것이 최고이다.

이런 사람들은 책을 끝까지 정독하고 자미국 제사천궁에 들어와서 묻지도 말고 따지지도 말고 대제사를 처음이자 마지막으로 지내기 바란다.

뿌리 깊게 내린 유교사상을 송두리째 뽑아낼 엄청난 충격적인 일이고 우리나라의 전통문화가 대개벽을 맞이하는 상상을 초월하는 역사적인 일이다.

이 글을 읽으면서 말도 안 된다는 독자들도 있을 것이고 손뼉치며 아주 획기적인 일이라고 반기는 사람들도 있으리라. 여러분 몸 안에 있는 조상님들도 난리가 나서 집안 망한다고 반대하는 조상님도 있을 것이다.

그러나 사후세계에서 공부 많이 한 영적 차원이 높은 부모조상님들은 오랜 세월 애타게 기다리고 기다리던 좋은 일이라고 쌍수를 들어 환호할 것이다.

허공중천 구천세계를 추위와 배고픔 속에서 주야장천 떠돌아다녀야 하는 슬픈 귀신 신세를 모면하고 꽃피고 새 우는 무릉도원 천상 자미천궁 황금 궁전에 올라가서 신선선녀로 다시 태어난다니 경천동지할 일이다.

이것은 상상세계의 일이 아니고 현실세계이다. 대단하신 하늘이시기에 이런 일들이 가능한 것이지 종교세계를 통해서는 억만년의 세월이 흘러가도 절대로 이룰 수 없는 불가능한 일들임에 틀림없다.

산 자와 죽은 자의 구원, 영생, 도통의 뜻을 단 하루 만에 이루어줄 수 있는 전 세계 유일한 곳이 자미국 제사천궁이다.

설날 제사의 유래

설날은 원래 제사를 모시지 않고 세배를 하고 떡국을 먹고 놀이를 하면서 명절의 의미를 새겼었는데 1896년에 처음으로 설 제사를 모시면서 처음으로 시작되었다.

우리 고유의 전통문화인 음력설을 지키기 위한 조상에 대한 맹세의 제사를 지내면서부터이다. 명절 제사를 차례라고 하는 것은 잘못되었다.

설날은 본래 제사를 지내지 않고 세배하고 떡국을 먹고 윷을 놀거나 널을 뛰는 것으로 명절의 의미를 새겼다. 설날에 어버이에게 세배를 하고 아침식사를 하는 것이 모두였다.

설날에 제사를 지내는 현재의 풍속은 그 역사가 대단히 자주적 민족 기상에서 우러나온 풍습이었다. 설날 제사를 지내게 된 동기는 우리의 전통 음력설을 지키려는 의지를 조상들에게 다짐하는 제사를 올리면서 시작되었다.

온 민족이 떡국을 차려놓고 제사하는 설날 제사는 경상북도 성주(星州)에서 118년 전에 처음으로 시작되었다.

왜인들이 1895년 명성황후를 시해하고 조선조정에서 단발령을 내리면서 그 이듬해인 1896년 음력설을 버리고 양력을 받아들이라는 일본인들의 압박에 성주 선비들이 저항하여 설을 지키려는 굳은 맹세를 조상 앞에서 한 것이 역사적 배경이다.

설날 아침에 일찍 일어나 조부모에게 세배를 올린 뒤, 선조 묘에 음력을 굳게 지키겠다고 다짐하는 맹세의 제사를 올림으로써 설날 제사가 처음으로 시작되었다.

성주의 수촌리 여씨 가문에서 최초로 시작된 설 제사는 제사상에 4대 조상의 위패를 합설(合設)하여 놓고 축문 없이 술을 한 번 올리고 남녀가 함께 절을 올렸는데 남자는 두 번, 여자는 네 번을 했다.

최초의 설날 제사는 여자도 함께했다는 사실을 알 수 있다.

고려시대나 조선시대의 문집에 보면 설날 아침에 조부모님과 부모님에게 올리는 세배(歲拜)가 있을 뿐, 제사는 지내지 않았다고 한다.

조선 국왕이 중국 사신에게 음식 대접하는 것을 두고 일컫는 궁중용어가 다례(茶禮)였다. 다례를 행하는 관청이 태평관이었다. 일본사람들은 다(茶)라는 글자를 〈차 : ちやレイ〉로 읽는다. 조선 음은 '다'였다.

중국 사신이 조선에 오면 그들을 대접하는 예로 나온 것이 〈다례〉였고 〈다례상〉이었다.

중국 사람들이 평소에 잎을 다려서 마시기에 중국 사신을 대접하는 음식상 위에는 반드시 잎물(茶水)이 놓여졌다. 조선왕조 궁중에서 중원사신을 대접하는 음식상 위에 온갖 먹거리가 올라가게 된다.

그들 먹거리 가운데 없어서는 안 되는 것이 잎을 끓인 물이다. 이로 말미암아 조선 국왕이 중국 사신을 대접하는 것을 두고 다례(茶禮)라고 일컫게 된 것이다. 그 뒤 만국 사신이 오게 되자 다례라는 말이 없어졌고 일본에 나라를 잃게 되자 다례라는 궁중용어도 사라졌다.

잎을 끓여 마시는 풀을 다(茶)라고 하고, 그 글자 소리를 '다'라고 했다. 다례(茶禮)를 차례로 적었다. 여기서 일본소리 (ちやレイ 챠레이. 차)가 시작된 것이다.

이렇게 시작된 말이 우리나라의 말을 엉망으로 망쳤다.

명절제사를 줄인 절사라는 말은 고려사에도 적혀 내려오고 있으며 조선왕조실록에도 많이 등장한다. 절기나 명절을 따라 지내는 제사는 추석 절사를 모신다.

다례(茶禮)는 아무리 소리 내어도 다례일 뿐 '차례'가 될 수 없는 것이다. 그리고 추석제사를 줄인 추석제라고는 했으나 추석차례라는 말은 없다.

풍수지탄(風樹之歎)이라는 사자성어가 있는데 이는 수욕정이풍부지(樹欲靜而風不止), 자욕양이친부대(子欲養而親不待)라는 옛 글귀에서 유래한 말이다.

무릇 나무는 조용히 있고자 하나 바람 잘 날이 없고(樹欲靜而風不止), 자식이 부모를 모시고자 하나 부모는 이미 안 계신다는 뜻이다.

효도를 다하지 못한 채 부모를 잃은 자식의 슬픔을 가리키는 말로 부모가 살아계실 때 효도를 다하라는 뜻이다. 어버이가 돌아가시어 효도하고 싶어도 할 수 없는 슬픔을 이르는 말로, 효도는 부모님 살아계실 때만 할 수 있다는 뜻이다.

그러나 여러 형편상 부모님 살아생전에 효도를 못하고 떠나보내기가 다반사이며, 설령 효도하였다 하여도 부모님의 크신 은덕에 비할 수 없기에 사후에 늘 후회하며 그리워하는 것이 인지상정인 것이다.

효도할 대상인 부모님이 이미 떠나가시고 없어도 불효자의 신세를 조금이나마 면하게 해주는 훌륭한 제사가 있으니 그것이 인류 최초로 행해지는 대제사이다.

이 세상에서 절대로 다시는 가질 수 없는 것이 있으니 그것은 내 생명과 나를 낳아준 어머니이다. 나를 직접 낳아주신 어머니는 절대로 둘, 셋이 될 수 없기 때문이다.

부모(하늘) 자식(조상님) 간의 사랑이 이렇게 고귀함에도 불구하고, 공자의 유교사상은 제사문화가 효도의 전부인 양 인간과 조상님들의 정신을 혼란스럽게 하여 위대하신 하늘께 올리는 대제사(입천제)는 잊어버리게 하고 조상제사와 차례에만 몰두하게 하였다.

하늘만 숭배하였다면 민족의 운명은?

여러분의 뿌리이신 부모님의 사후세계 운명이 바뀌지 않은 채 여러분의 운명이 바뀔 일은 절대로 없다고 보아도 무방하고, 조상님들의 사후세계 운명을 바꾸는 일은 지금까지 수천 년 동안 종교세계를 통해서 알려진 가짜 하늘이 아닌 태초의 대단하신 하늘만이 주관하신다.

각자가 믿고 있는 종교적 숭배자가 진짜라고 믿으며 오히려 이 글을 절대적으로 부정할 독자들도 있을 테지만 그 또한 구원받지 못할 여러분 부모조상님들의 숙명일 것이다.

여러분의 부모조상님을 단 하루 만에 힘들고 고통스러운 세계에서 대제사를 올려드려 신선선녀로 태어나게 해드리고 싶은 독자들은 대제사를 행하고, 이를 종교적으로든 사상적으로든 부정할 독자들은 기존의 종교세계를 천년만년 다녀서 구원받던가 하면 된다.

오랜 전통풍습으로 내려오던 제사와 차례문화를 단 하루 만에 바꾸자 하니 반론자도 있고, 허탈할 사람도 있을 것이지만 이것이 하늘의 진실이다. 오랫동안 제사와 차례를 지내게 한 것은 영(조상님)의 부모님(신명님, 하나님, 미륵님)을 찾아주시기 위한 하늘의 배려였다.

육신을 잃어버린 여러분의 부모조상님들에게 영의 부모님과 할아버지가 계실 것이라고는 꿈에도 상상조차 못해 보았을 것이고,

종교적으로만 생각해 왔을 것이다. 뿌리 없는 나무 없듯이 부모조상님들의 뿌리 없이 어찌 스스로 이 땅에 인간 몸으로 내려오셨겠는가?

한 사람 사상가의 말이 무섭다.

공자의 사상으로 인하여 우리 민족은 위대하신 하늘을 버리고 조상숭배 사상에만 빠진 것이다. 하늘도 울고 조상님도 우는 부자이별의 아픈 세월이 공자의 잘못된 사상을 받아들여서 이 땅에 원과 한이 쌓인 것이었다.

조상을 숭배하지 않고 하늘만 숭배하여 왔다면 민족의 운명이 지금처럼 약소국가의 신세로 전락하지는 않았고, 12환국의 거대한 영토를 지금도 유지하고 있었을 것이다. 우리들의 현생과 내생의 운명을 좌우하시는 분은 하늘이시지 조상님들이 아니시라는 것을 인정했으면 좋겠다.

뿌리(하늘)를 무시하고 열매(조상님)만 인정하고 사는 것이 지금 우리 민족의 모순된 모습이다.

여러분이 부모님의 육신을 통하지 않고 이 세상에 인간으로 태어날 수 없었듯이 부모조상님들 또한 하늘이 아니시었으면 이 땅에 인간으로 태어나실 수가 없었다. 축생이나 뱀 새끼로 태어나서 한 많은 생을 마감하였을 것이다.

그러니까 하늘과 조상님 사이를 갈라놓아 이별시킨 것이 지금 전 세계를 지배하고 있는 종교세계인 것이다. 사후세계로 돌아가신 여러분의 조상님들은 지금 현재까지도 석가, 예수, 성모, 공자, 노자, 상제가 하늘이자 구세주이며 영의 부모님이신 줄로 착각하고 있다는 점이다.

얼마나 슬픈 일이던가?

여러분 부모조상님들의 정신을 미쳐버리게 하여 하늘과 상봉하지 못하게 만든 장본인들이 종교 숭배자와 종교 지도자였다니 선뜻 이해가 안 갈지도 모른다. 영적인 부모자식 간을 이별시킨 역천자들이 종교세계 숭배자와 지도자인 것이다.

자식(여러분의 부모조상님)들은 부모(하늘) 찾으려고 울고불고 난리이고, 하늘은 내 새끼(영들)를 종교세계에 빼앗기고 슬픔의 통곡 속에서 피눈물 흘리고 계신다.

위대하신 태초 하늘이 실제로 존재하심과 하늘의 뜻을 만 세상에 알리고, 하늘과 조상님들의 원과 한을 풀어주고 부모자식 간(하늘과 조상님)에 상봉할 수 있게 해주는 것이 필자의 사명이자 역할이다.

하늘과 조상님들의 눈물을 닦아줄 수 있는 전 세계 유일한 곳이 자미국 제사천궁인데 세상 사람들은 이런 진실을 알지도 못하면서 종교라고 매도하고 있다.

산 자든 죽은 자든 하늘로부터 구원받지 못할 대상자들이고, 천년만년 종교지옥에서 고통스럽게 지내야할 존재들이다. 이 세상에서 가장 아름다운 일이 하늘과 조상님의 눈물을 닦아주는 것이고 이들이 가장 착한 자들이다.

불우이웃 돕고 주위에 선행을 베푸는 것이 착한 자가 아니라 부모(하늘)자식(조상님)이 만나서 재회할 수 있게 해주는 자가 최고의 선행을 행하는 아름다운 자들이다. 부모자식 간의 사랑보다 더 귀한 것은 존재하지 않는다.

자식(조상님)은 부모(하늘)가 아닌 이상 돌봐줄 수 없다. 자식(조상님)은 부모(하늘)보다 더 편안한 대상은 없다. 이제까지 종교 때문에 하늘과 조상님들이 오랜 세월 아프고 슬펐으니 하루라도 빨리 하늘과 조상님들이 기쁨의 눈물로 상봉할 수 있는 대제사를 올려드려야 한다.

그동안 하늘과 조상님들을 이별시키고 아프게 만든 종교세계를 저주해야 이분들의 원과 한이 조금이라도 풀려서 천복만복을 받게 된다.

신주단지, 종교 경전인 성경, 불경, 도경, 종교 책, 형상, 종교물품, 그림 등 모두를 내다버리거나 불태워야 한다. 그대로 가지고 있으면 하늘이 내려주시는 천복만복을 받지 못하고 오히려 귀신들이 주는 나쁜 기운만 받을 뿐이다.

이런 것을 집 안이나 몸에 지니고 있으면 종교귀신들이 끝없이 찾아올 수 있도록 마음의 대문을 활짝 열어놓고 들어와도 된다고 허락하는 것이다. 자신들의 마음을 지배통치하고 종교감옥에 갇히게 만들어서 종이나 노예처럼 부린다.

신주단지, 십자가, 만자(卍字) 및 부처 형상의 목걸이, 부적, 달마도 등등 종교적인 그 어떤 것도 지니고 있으면 복이 들어오는 것이 아니라 귀신들만 불러들일 뿐이고, 하늘을 부정하는 죄인의 신세로 세상을 살아가야 한다.

그들 종교귀신이 여러분 몸과 마음으로 들어오면 여러분은 하늘께 죄인의 신세가 된다. 종교는 하늘의 원뜻이 아니기 때문에 귀신들은 역천자들인 것이다.

벌받을까 봐 두려워하는 사람들

하늘께서 말세에 심판하실 때 종교 지도자와 추종자들부터 심판하신다고 하는 말을 한번쯤은 들어보았을 것인데 종교인이나 신도들은 겁이 나지 않는 모양이다. 하늘이 얼마나 무서운 줄 모르는 자들이니 당연할 것이다.

수십 년 다니던 종교를 떠나고, 이런 종교물품들을 버릴 때 그들로부터 벌받을까 봐 두려워하는 사람들이 무척이나 많았지만 아무런 탈이 나지 않았고 천년 묵은 체증이 사라지는 것처럼 아주 홀가분하고 어깨와 마음이 가벼워졌다고 수많은 사람들이 이구동성으로 말했다.

하늘께서 실시간으로 지켜주시기에 종교물품을 버리거나 불태워도 아무런 벌이 내려가지 않으므로 전혀 걱정하지 않아도 되고 오히려 마음이 날아갈 듯 가벼워진다.

여러분의 부모조상님과 하늘이 만날 수 없도록 온갖 종교 교리와 이론으로 세뇌시켜서 겁을 주는 종교귀신들의 굴레를 어서 빨리 벗어나야 한다.

통탄할 일이로다.

종교 숭배자와 종교귀신들의 음모가 너무나 무서웠다.

구원해 준다고 현혹시키고 회유하여 영적인 부모님을 만나지 못하게 하였던 종교세계는 이제 영원히 인류 역사의 뒤안길로 사라질 것이다.

그동안 기독교, 천주교, 불교, 무속, 도교세계는 많은 잘못에 대해서 파헤쳤지만 유교에 대해서는 전통 미풍양속으로 생각하고 지나쳤었는데 진짜 하늘로부터 구원받지 못하게 제사라는 조상숭배사상으로 위장해 있는 공자의 유교사상에 대해서는 한 번도 생각해 보지 않았었다.

제사는 종교가 아니라고 생각해 왔었다. 민족 고유 명절이라는 전통풍습이고 부모조상님을 기리는 효행의 덕목이자 근본이라 생각하여서 전혀 관심 두지 않았었다. 그런데 진짜 하늘과 만나지 못하도록 이별하게 만든 제사문화는 공자가 전한 유교사상이었으니 정말 기가 막힌 일이다.

하늘의 자식(여러분의 부모조상님)들을 제사에 빼앗기게 한 것이 공자의 유교사상이었던 것이다. 제사가 부모조상님에 대한 효도의 전부인 양 조상숭배 사상을 전하여 하늘을 몰라보고 찾지 못하게 하는 역할을 공자가 한 꼴이 되었다.

공자에 대해서 비방한 사람들은 없을 것이다.

선한 사람으로 지금까지 전해져 내려왔고 학문과 덕망이 높은 인물로 생각하여 성균관에서 공자의 학문과 사상을 지금도 전하고 있지 않던가?

참으로 경천동지할 일이다.

필자도 공자에 대해서는 전혀 비판할 생각조차 없었다.

이 글을 쓰면서 마음으로 전해 주시는 메시지를 받아서 쓰다 보니 공자의 어마어마한 잘못이 난생처음으로 필자에 의해서 세상에 밝혀지게 된 것이다.

전통풍습이자 미풍양속으로 전해져 오던 제사문화가 이토록 하늘과 조상님의 상봉을 가로막게 할 줄은 몰랐다. 제사와 차례만 잘 지내주면 되지 굳이 자미국 제사천궁을 통해서 하늘을 만날 수 있는 대제사를 지낼 필요성을 못 느끼게 역할을 해왔던 것이 제사, 차례, 성묘문화이다.

부모조상님들을 이 땅으로 보내주신 감사하신 하늘과 영적 부모님이신 신명님, 하나님, 미륵님을 찾지 못하게 기억 속에서 까마득히 잊어버리게 만든 역할이 공자의 사상이었다니 기가 막힐 일이 아니던가?

대단하신 이분들과 영원히 이별하여 제사에만 전념하는 것이 부모조상님에 대한 최고의 덕행인 줄 알고 공자의 사상을 충실히 받들어 온 것이다.

이제 어찌 하려는가?

오랜 세월 동안 제사가 효도의 근본이고 전부인 양 생각하게 만들어 하늘과 이렇게 오랫동안 이별시킨 공자의 사상을 이제라도 배척해야 하지 않을까?

여러분의 부모조상님들을 하루라도 빨리 하늘과 만날 수 없도록 제사에만 정신을 빼앗기도록 만든 공자의 사상.

인류 탄생 이후 이 세상 아무도 밝혀내지 못한 공자의 잘못된 사상에 대한 어마어마한 진실을 밝혀낸 필자는 하늘과 땅, 신명님, 하나님, 미륵님, 각 성씨 조상님들로부터 인류 최고의 엄청난 천복만복을 받게 될 것이다.

이 세상에서 이분들로부터 복 받기 가장 쉬운 비결은 조상님과 영의 부모님이 서로 만나게 해드리는 대제사가 유일하다는 진실을 처음으로 알린다.

명산대천에 가서 촛불 켜고 정성들이며, 종교에 들어가서 찬양

기도하고, 도교에서 도통주문하고 제사, 차례, 성묘하는 것이 아니었다.

여러분 영들의 부모님은 신명님, 하나님, 미륵님이시고 이분들의 부모님은 태초의 하늘이신 태상천존 자미천황님과 태상천존 자미황후님이시다.

석가, 예수, 성모, 공자, 노자, 상제의 교리와 이론에 자식(영)들을 빼앗기고 통곡의 눈물을 흘리시는 하늘과 영적 부모님들의 마음을 누가 알아주고 위로해 드릴 것인가?

대제사를 행하여 하늘과 영적 부모님, 여러분 부모조상님의 눈물을 닦아드려서 기쁘게 해주는 자들이 현생과 내생까지 천복만복을 받고 살아갈 것이다.

이것이 복 받는 최고의 비결이다.

하늘과 통할 수 있는 유일한 길이기도 하다.

그러므로 지금까지 종교세계를 통해서 수천 년 동안 전해진 모든 종교이론과 제사의 굴레에서 벗어나야 한다.

독자 여러분이 고정관념의 굴레에서 과감히 벗어나 대제사를 올려서 천복만복을 받는다면 이 책 한 권은 대단한 역할을 해주는 값진 책이 되어줄 것이다.

하늘의 아픈 마음을 누가 알아주랴

민족의 대이동.

설날과 추석 때만 되면 전 국민들이 고향을 찾아가서 차례를 지내고 성묘를 하면서 선조의 뜻을 기리고 조상님의 음덕을 받고자 난리이다. 전 세계에서 유례를 찾아볼 수 없는 명절날 조상님들을 생각하는 효도민족의 모습이다.

그런데 여러분의 조상님들을 보내주신 하늘과 영의 부모님들에 대해서는 얼마나 생각해 보았는가? 물론 이분들은 인간세상에서 한 번도 본 적이 없는 영적 존재들이시지만 여러분 조상님들과 여러분 몸 안에 있는 영들의 부모님이시다.

여러분이 조상님들에게 향한 효행처럼 여러분과 조상님을 이 땅으로 보내주신 하늘과 영의 부모님들에게 조금이라도 향하고 효도를 했다면 여러분과 이 나라의 운명이 어떻게 변했을까 생각해 본 적이 있는가?

하늘과 영의 부모님들은 말 그대로 천지대능력자들이시다.

현생은 물론 사후세계까지 돌봐주시는 대단하신 분들이신데 조상님들에게만 효도를 하고 있으니 서글픈 일이다. 이제 부모조상님들 제사 지내는 데만 혈안이 될 것이 아니라 하늘과 영의 부모님들에게 효도하는 것이 더 낫다.

그것이 조상님을 진정으로 위한 길이니까 말이다.

죽어서 하늘과 영의 부모님들을 만나지 못한 조상님들은 허공중천 구천세계를 주야장천 떠돌아다니면서 언제나 하늘과 영의 부모님을 만날 수 있는 것인가 그날만 학수고대하고 있다.

지금 효도한다고 행하는 제사는 진정한 하늘의 원뜻이 아니라 공자의 유교사상에서 따라 들어온 중국의 풍습을 조선시대에 민심을 수습하고자 받아들인 것일 뿐이다.

여러분과 조상님들이 다 함께 잘되는 길은 어려운 일도 아니고 멀리 있는 일도 아닌 여러분의 부모조상님들이 하늘과 영의 부모님들을 하루속히 만나는 길이다. 이곳은 종교처럼 이론을 믿고 따르는 것이 아니라 부모와 자식이 기쁘게 상봉할 수 있도록 해드리는 역할이다.

지금처럼 제사와 차례, 성묘에만 빠지는 것은 공자의 유교사상을 따르는 죄를 짓는 일이고, 하늘과 영의 부모님들을 만날 수 없고 구원도 받을 길이 없다. 지금 제사 지내는 것이 진정으로 자신의 조상님들에게 지내는 것인지 귀신들에게 지내는 것인지 여러분은 모른다.

지금 행하고 있는 제사, 차례, 성묘가 효행의 근본이자 덕행이라면 부부간에 다투고 이혼하는 일이 왜 일어나겠는가? 제사와 명절 때 이혼하는 사람들이 상당히 많은데 이는 제사와 명절 차례가 잘못되었다는 것을 가르쳐주는 것이다.

제사와 차례 때 사건사고도 많이 일어나고 수많은 사람들이 목숨을 잃고 있다. 그뿐만이 아니라 산소에 벌초하러 갈 때 벌에 물려 죽는 사람, 예초기에 발목을 잘린 사람들, 뱀에 물려 죽는 사람들이 속출하는 것은 매장하여 산소를 만들지 말라고 전해 주시는 메시지이다.

어쨌든 지금까지 행해 온 제사, 차례, 성묘문화는 민족의 전통풍습이 되어버렸지만 우리 고유의 문화도 아니고, 하늘이 원하고 바라시는 뜻도 아니므로 다른 나라에서 받아들인 정신문화의 고정관념에서 벗어나야 한다.

제사와 차례문화에 젖어서 하늘과 영의 부모님들을 몰라보고 찾지 않으면 여러분은 자연적으로 하늘과 멀어져서 천복만복을 받을 수 없다.

제사와 차례문화에 젖어 있는 것 역시 공자의 유교사상을 절대적으로 믿는 종교 행위라는 것을 알아야 한다.

하늘과 영의 부모님께서 이 땅으로 여러분 영과 부모조상님의 영들을 보내실 때 종교에는 절대로 가지 말라고 명을 내려주시었다고 하신다. 이분들의 말씀을 믿지 않고 무시하며 종교를 믿고 종교에 나가는 것은 집을 나간 것이라 하신다.

즉 어린아이가 집을 나갔으니 부모 잃은 고아이고, 앞날을 예측할 수 없을 뿐더러 나쁜 자들에게 붙잡혀가서 힘들게 살아갈 수밖에 없지 않는가?

집을 나간다는 것은 하늘과 영의 부모님의 보호막을 거두어버리는 것이 되어 허허벌판에 홀로 서 있는 것과 마찬가지 신세가 된다고 하신다. 하늘과 영의 부모님 말씀을 듣지 않고 집(하늘의 보호막)을 나가 종교를 믿는 자들이 인생을 어떻게 살고 있는지 돌이켜보면 스스로 잘 알 것이다.

하늘의 보호를 받지 못하고 살아가면 추운 겨울에 발가벗고 알몸으로 다니는 것과 다름없다고 하신다. 이렇게 종교를 믿으면 인생이 처참하게 뒤집어진다고 말을 전해 주어도 오히려 사이비라 욕하는 자들이 있다.

안타깝고 서글픈 일이지만 어쩔 수 없다.

행복하게 살아갈 자들은 이제라도 지난날의 잘못을 뉘우치고 하늘과 영의 부모님들을 찾아서 들어올 것이고, 영원히 버림받을 자들은 하늘의 진실을 부정하고 자미국을 욕하며 들어오지 않을 것이다.

죽으면 그만이라고 사후세계를 부정하는 사람들이 그런 부류들이다. 하늘의 진실이 모든 사람들에게 다 맞지는 않을 것이다. 부모, 부부, 자식, 형제간에도 자미국 제사천궁 뜻에 맞는 사람들은 단 한 사람뿐이다.

가족 대표 한 사람만이 이 글을 읽고 공감하여 찾아올 것이기 때문이다. 가족 모두가 절대로 들어 올 수 없으니 이 글을 읽고 공감하거든 가족들에게 절대로 알리지 말고 혼자만 방문해야 하늘의 뜻을 받들 수 있다.

만일 본인들이 공감하지 못한다면 가족들 중 한 사람에게 책을 읽어보라고 권유하고, 본인들은 더 이상 자미국에 대해서 관심도 갖지 말고 비판도 하지 말아야 무탈하다. 자신의 이상과 맞지 않는다고 비판하면 천상장부에 기록이 올라가게 되어 남은 여생을 고통 속에 살아가야 한다.

실시간으로 여러분의 말과 마음, 생각, 글을 모두 감찰하고 계신 대단하신 분들이시기 때문이다. 밤말은 쥐가 듣고, 낮말은 새가 듣는다는 속담이 있듯이 여러분이 하는 비판의 말 한마디로 인생이 고통의 지옥으로 변할 수 있다.

하늘의 아픈 마음을 위로는 못해 드릴망정 비판을 한다면 여러분 인생의 쪽박을 깨는 것이다.

인류 최초로 전하는 하늘의 진실은 인간세상의 종교경전이나 지식이 많은 사람들을 통해서도 들을 수 없고 검증할 수 없는 어마어마한 내용들이기에 여러분이 맞다, 틀리다 판단할 수 있는 영역이 아니다.

여러분과 돌아가신 부모조상님들이 외치는 구원.

종교 안에서 천당세계, 극락세계, 선경세계 올라가려고 열심히 빌면서 억만년을 믿어보아도 하늘의 윤허 없이는 절대로 올라갈 수 없는 영역이다.

그곳 세계의 주인이신 하나님(천상천감님), 미륵님(천상도감님), 신명님(천상선감님)께서 문을 닫으시고 자미국으로 오셨으니까 말이다. 종교를 믿어서는 절대로 천당, 극락, 선경세계로는 올라갈 수 없다고 하시었다.

천상지상 공무를 집행하는 천지신명공사는 오직 이 땅에 자미국 제사천궁을 통해서만 보시겠다고 하시었다.

수천 년 된 종교세계를 모두 가짜라고 부정하니 필자를 미쳤다고 할 사람들도 많을 것인데 이 말은 필자의 말이 아니고 신명님, 하나님, 미륵님께서 하강하시어 해주신 말씀을 그대로 집필해서 전하는 것이다.

하늘께서 허락해 주신 유일한 의식

이 세상에 하늘이 공식적으로 윤허해 주신 의식은 자미국 제사천궁에서 행하는 입천제(대제사), 천인합체, 감사죄(감사함+죄사면)의식뿐이라고 2014년 3월 1일 말씀하셨다.

그동안 종교를 통해서 올린 각종 의식들은 하늘이 받지 않으셨다고 하시었다.

독자 여러분이 어떤 연유에서 행한 제사, 차례, 성묘, 굿, 지노귀굿, 조상굿, 재수굿, 천도재, 삼우제, 49재, 100일제, 치성, 천신제, 천제, 산신제, 용신제, 칠성제, 성황제, 미사, 예배, 위령제, 추모제, 추도식 등을 받지 않으셨고 하늘은 모르시는 일이라 하신다.

지금까지 행한 모든 의식은 진짜 하늘이 아닌 가짜 하늘 앞에 올린 것이다. 가짜 하늘을 믿고 있으면서도 그들이 가짜인 줄 몰라보고 진짜라고 생각하고 의식을 올리고 있으니 기막힌 일이다. 완전히 세뇌당해서 하늘의 진실을 전해 주어도 귀에 들어오지 않는데 이 역시 종교귀신들이 귀를 막고 있기 때문이다.

종교이론, 세상이론이 옳다고 생각되어 행했던 각종 의식들이 모두 허사가 되었다.

가짜들이 받아갔으니 가짜의 기운이 여러분에게 내려갈 수밖에 없을 것이다. 이 엄청난 진실을 어찌 받아들이느냐는 독자 여러분의 몫이다.

진짜 하늘 이외에는 여러분의 아픔, 슬픔, 고통, 불행을 막아줄 수가 없다. 인생의 고통을 모면해 보고자 해왔던 모든 의식들이 물거품이 되어버렸고, 각자는 대신에 그들로부터 인생의 고통과 불행이라는 선물을 받았다.

수천 년 동안 종교세계를 통해서 올렸던 각종 의식들을 하늘이 받지 않으셨다고 하시니 허탈할 것이다.

수천 년 전에 이 땅을 다녀간 수많은 사람들은 이미 죽어서 귀신이 되었고, 그들이 올린 정성은 진짜 하늘이 아니신 가짜 하늘이 받아갔다.

지금 각종 의식을 올리고 있는 사람들도 마찬가지이고 기도, 예배, 미사도 마찬가지이다. 감히 생각해 보지도 못한 하늘의 말씀이시다. 진짜 하늘이 누구신지 알아야 올릴 것인데 이 세상 그 어느 누구도 알지 못한다.

세상이나 종교에서 말하는 일반적인 하늘이 진짜 하늘이 아니시기 때문이다. 하늘이 진짜인지 아닌지는 인간들의 눈높이로는 알 수가 없고 하늘의 자손이신 신명님, 하나님, 미륵님께서만이 진위 여부를 가리실 수가 있으시다.

세상에서 전하는 가짜 하늘이 당신들의 아버지인지 아닌지 어찌 몰라보겠는가? 이 세 분들께서 당신들의 위대하신 어버이이신 태초의 하늘을 널리 알리시고, 종교귀신들에게 빼앗긴 당신의 자식들을 찾으시려고 함께해 주시는 것이다.

인간들은 잃어버린 영의 뿌리 찾기 하는 것이고, 세 분들은 종교에 빼앗기고 잃어버린 영의 자식 찾기 하는 곳이 인류 최초의 자미국 세상이다.

하늘과 땅, 즉 부자간의 상봉이 이루어지게 하는 곳이다.

평생 한 번만 지내는 대제사를 모시면 부모조상님들이 구천세계를 떠나서 태초의 하늘 태상천존 자미천황님과 자미황후님이 거처하시는 천상 자미천궁으로 입천(入天)이 되기 때문에 입천제라고도 부르는 것이다.

실내 실평수만 327평이니 시원스럽게 넓고 제물 차리는 제단 크기만 21m로 국내 최대 크기의 제단이므로 부모조상님께 처음이자 마지막이 될 대제사를 모시어 근본도리와 효행을 다하기에 최상의 조건을 갖추고 있다.

종교적인 의식을 해본 사람들은 해도 해도 끝이 없는 의식에 질리기도 하였을 것이다.

지금까지 종교세계에서 구원해 준다고 했을 때 1;1로 구원해 주는 곳보다는 믿음으로써 단체로 구원해 준다고 하는 곳이 많아서 가족 동반하여 다니는 종교가 많을 것인데, 기존의 종교세계가 아니기에 가족 단체는 받지 않고 하늘이 보내주신 사명자 한 명만 받아준다.

구원이란 믿는다고 되는 것이 아니었다.

하늘로부터 선택을 받았느냐 못 받았느냐에 따라서 정해지는 것이고 단체로 구원하는 것이 아니라 일대일로 구원해 주신다. 그러니 기존의 종교세계에 가족들을 데려가려고 안간힘을 쓰고 있는 사람들은 잘못된 것이다.

같은 종교에 안 다닌다고 부부싸움하고 이혼하는 사람들도 많이 있다. 종교세계의 진실을 알게 되면 그 무서움에 몸서리칠 것이다. 얼마나 무서운 곳이 종교세계인 줄 몰라보고 열심히 믿으며 신앙생활하고 있는데 정말 큰일 날 일이다.

그러나 종교 다니는 모든 사람들이 들어와야 한다는 말은 아니다. 기존의 종교세계에 다닐 사람들은 다녀야 한다고 하신다. 하늘의 핏줄(마음)이 아닌 가짜 하늘의 피(마음)가 뿌리 깊게 흐르고 있는 사람들이다.

이들은 진짜 하늘의 진실을 이렇게 자세히 전해 주어도 절대로 받아들이지 않을 사람들이기 때문이다. 혈통 자체가 하늘의 피가 아니기에 들어오면 오히려 아니 들어온 만 못하고 인생이 더 답답하다.

예를 들면,

자미국 하늘의 피는 A형

불　교 석가의 피는 B형

기독교 예수의 피는 C형

천주교 성모의 피는 D형

도　교 노자의 피는 E형

유　교 공자의 피는 F형

도　통 상제의 피는 G형

이렇게 가정했을 경우, 서로 다른 피를 수혈 받으면 죽기 때문이다. 하늘의 피를 받고 A형으로 태어난 사람들이 B형, C형, D형, E형, F형, G형의 피를 수혈 받으면 인체의 모든 기능이 정지되어 사망한다.

다른 피를 수혈받으면 하늘의 보호와 도움을 받지 못하고 살아가기 때문에 각자의 인생들이 잘 풀리지 않고 부부이별, 별거, 질병, 사건사고, 사기배신, 단명, 자살, 우울증, 사업실패, 가정파탄의 고통과 불행을 안고 살아가게 된다.

헌금, 시주, 성금에 대한 하늘의 진실

자미국 하늘의 피가 흐르지 않는 사람들은 굳이 책을 읽고 들어올 필요도 없으니 지금처럼 자신들의 피가 맞는 종교를 선택하여 다니면 된다.

이 책을 읽으면 누구의 피를 받고 태어난 것인지 궁금증에 대한 해답을 각자의 마음속으로 하늘이 가르쳐주실 것이다. 하늘의 피가 흐르는 사람들은 이 책의 내용을 읽으면서 절대 공감하여 기쁨과 환희를 느낄 것이고, 일평생 찾아다니던 진짜 하늘을 만날 수 있다는 희망에 들뜬다.

반면 다른 피가 흐르는 사람들은 반신반의하면서 새로운 신흥종교가 태어났다며 부정적인 마음과 분노의 마음이 일어나서 비판하게 된다. 그러나 하늘의 피를 받고 태어난 사람들은 이 책이 아주 반갑고 이제 살았다는 안도감을 느낄 것이다.

자미국 하늘은 기존의 종교세계처럼 절대로 현혹, 회유, 협박, 강요하지 않는다. 이제 선택은 각자가 어느 피를 받고 이 땅에 태어났는지 하늘이 가르쳐주시는 정답을 각자의 마음으로 받아서 느끼고 판단하면 된다.

기존의 종교세계와 다르기 때문에 입천제, 천인합체, 감사죄의식 비용 이외에 받는 것은 사기꾼이니 절대로 그 어떤 기부금도 받지 말라고 강력히 명하시었다.

종교세계는 각종 명목으로 기부금을 거두어들여서 공짜로 거대한 종교건물을 세웠지만 자미국은 공짜가 아닌 하늘이 허락하신 의식비용을 받아서 세우라고 하시었다.

수천 년 동안 종교세계에서 거두어들인 헌금, 시주, 성금, 불사, 건축성금, 각종 명목의 금전은 종교를 세운 종교귀신들과 사탄마귀, 악귀잡귀들이 받아간 것이지 결코 하늘이 받지 않으셨다고 2014년 3월 1일 말씀하시었다.

하늘이 받으셨다면 하늘의 기운이 내려가서 인생이 행복하고 편할 텐데 종교를 세운 종교귀신들과 사탄마귀, 악귀잡귀들이 받아갔으니 당연히 그들의 기운을 받아서 인생이 더 뒤집어지고 힘들어지게 된다고 밝히셨다.

돈은 돈대로 바치고 인생은 정반대로 힘들어지는 웃지 못할 일들이 일어나고 있는 것이다. 비싼 돈 주고 인생의 고통과 불행을 사오는 것이다. 그들에게 돈을 갖다 바친 만큼 각자의 인생은 행복하고 편안한 것이 아니라 더 어렵고 힘든 인생살이로 바뀐다는 진실이 처음 밝혀진 것이다.

잘한다고 내는 십일조 헌금, 시주, 성금, 불사, 건축성금, 각종 명목의 금전이 각자의 인생을 행복하게 하는 것이 아니라 더 힘들어지게 한다는 진실의 말을 인정할지 모르겠다. 하늘은 돈을 받지 않고도 소원을 들어주신다.

하늘의 맑고 깨끗한 피가 흐르는 사람들은 그동안 종교세계에 들어가서 정성스레 올린 모든 의식비용과 기부성금은 공덕을 쌓은 것이 아니라 남의 부모에게 올린 것이었다.

만생만물의 영장인 인간으로 태어나서 이 땅에 남기고 갈 흔적이 있다면 육적인 부모님과 영적인 부모님께 처음이자 마지막으로 효도하는 대제사가 유일하다.

영적으로 남의 부모를 받들고 섬겨서 자신의 부모님 가슴에 대못을 박은 사람들은 죽어서도 자신의 부모를 찾을 수도 없고 그 죄를 빌 수도 없으니 살아생전 빌어야 현생과 내생의 행복한 문이 열린다.

그동안 각자 종교 지도자의 현혹, 회유, 강요, 협박이나 자발적으로 거액의 기부성금을 올려서 종교세계가 번창하는 데 커다란 기여를 한 것은 잘한 일이 아니라 각자의 영적인 부모님 가슴에 대못을 박은 불효자였다.

이로 인해서 각자의 인생이 더 어려워졌을 것이다.

그것이 구원, 영생, 도통을 이루기 위한 것이라 했을지라도 분명 잘못된 것이었다.

종교세계가 번창하는 데 커다란 기여를 한 것만큼 반대로 각자의 인생은 고통과 불행이 더 클 것이다.

기부성금 많이 내면 잘하는 것인 줄 알고 거액의 기부성금을 낸 사람들이 참으로 많을 것인데 하늘의 말씀은 정반대이시니 이런 진실을 어떻게 받아들일 것인가?

하늘의 피가 흐르는 사람들은 이 글을 읽고 들어와서 하늘에 죄를 빌어야 하고, 종교의 피가 흐르는 사람들은 지금처럼 그쪽을 찬양하고 맞는다고 다니면 된다.

자미국 제사천궁은 5천만 국민들 중에서 소수만이 들어올 수 있는 곳이지 종교처럼 가족들이 모두 다닐 수 있는 곳이 아니다. 1가구 중에서 하늘의 명을 받들어 모실 수 있는 가족 대표 1명만이 들어 올 수 있는 곳이다.

자미국에 들어 올 수 있는 대상은 이 나라의 가구 숫자 1600만명 중에서 400만 정도이지만 이 중에서도 하늘의 피가 흘러 선택받을 수 있는 가구가 몇이나 될지는 정확히 알 수가 없다. 종교의 피가 아닌 하늘의 피가 흐르는 사람들은 글을 읽으면서 구구절절이 옳은 내용이라고 공감하며 박수를 칠 것이다.

대단한 자미국 제사천궁~!

하늘의 피가 흐르는 인류가 수천 년 된 종교세계를 통해서 애타게 찾고자 기다리던 이상향의 무릉도원 세계가 분명하다. 그런데 종교귀신들이 설쳐대서 하늘의 피가 흐르는 인류를 현혹, 회유, 협박, 강요를 해서 종교의 피를 수혈하고 있는 것이니 속히 결단을 내려야 한다.

하늘은 언제나 살아계신 하늘이시고 종교의 숭배자들은 이미 죽었다. 종교에서 전하는 하늘이나 신은 진짜가 아닌 가짜라고 천상에서 오신 분들이 밝혀주시었다. 그리고 가짜 하늘과 신을 전하던 자들은 모두 죽었다.

그들이 석가, 예수, 성모, 공자, 노자, 상제, 마호메트 등등인데 이들이 전하는 사상을 믿고 가짜 하늘을 섬기고 따르면 가짜 하늘과 죽은 자의 기운을 받게 되어서 각자의 인생에 좋은 기운이 내리는 것이 아니라 나쁜 귀신의 기운이 수시로 내려간다고 천상에서 말씀하시었다.

그러시면서 어떤 물건도 너무 오래 쓰면 고장이 나거나 닳아서 못쓰게 되는 것이 천지자연의 이치이고, 여러분도 나이가 들면 청춘의 왕성한 기력이 사라져서 힘이 없는데 죽어서 귀신이 되어 수천 년 동안 기운을 빼주었는데 무슨 힘이 있겠느냐는 상상초월의 말씀도 하시었다.

수천 년의 세월이 흐른 지금 석가, 예수, 성모, 공자, 노자, 상제, 마호메트의 기운이 어찌 이 세상에서 힘을 발휘하겠는가?라고 반문하시며 말씀하시었다.

이들 가짜 하늘을 전한 종교 숭배자들은 지는 태양이고, 하늘은 떠오르는 태양이라고까지 말씀해 주시면서 살아 있는 좋은 기운을 받을 자들은 자미국 제사천궁으로 들어오고, 가짜 하늘과 죽은 귀신의 기운을 받고 싶은 자들은 종교세계에 그대로 머물러 있으라고 말씀하셨다.

가짜 하늘과 죽은 자들에게 헌금, 성금, 시주 등 기부금을 올리면 당연히 이들이 내려주는 나쁜 멸망의 기운을 받는 것은 인지상정이리라.

지금 가장 현실적으로 드러나고 있는 모 종단의 도인들은 가정이 모두 파탄 나고 거지꼴로 살아가고 있다. 이혼해야만 도통하는데 전념할 수 있고, 한마음으로 상제님을 받들 수 있다면서 회유시켜 80~90%가 이혼해서 독신자이고 받은 위자료를 몽땅 성금으로 올려서 경제적으로 신용불량자이다.

도통은 상제의 고유권한이 아니라 태초 하늘의 고유권한이시거늘 아직도 진실을 눈치채지 못하고 허송세월들을 보내고 있으니 이 일을 어이할꼬? 상제가 도통신명이었다면 벌써 1999년도에 도통세상이 이 땅에 펼쳐졌을 것이다.

앞으로 100년 아니 1000년 동안 도를 닦아도 상제는 도통을 내려줄 수 없으니 정신들 차리기 바란다. 도통이란 태초 하늘이신 태상천존 자미천황님의 고유권한이시고, 자미국 필자 인황이 하늘에 천고를 올렸을 때만 내려주시는 산 자들에게 최고의 진귀한 선물이다.

이것을 천인합체의식이라고 말한다.

살아서는 자미국에서, 죽어서는 천상 자미천궁에 올라가서 신선과 선녀처럼 아무런 근심과 걱정 없이 살아갈 수 있는 특권을 누리는 삶이 천인(天人)이다.

도통주문을 누가 열심히 외우느냐에 따라서 도통을 내려주시는 것이 아니라 하늘이 내리시는 명을 받들어 행하는 착한 자에게만 내려주시는 것이 도통이다.

착한 자가 되려면 부모조상님을 고통의 바다에서 구해 주는 대제사(입천제)를 행해서 자미국의 백성으로 탄생한 자들 중에서 하늘의 명이 있는 자들에게만 내려주시는 선물이다. 천명이 없는 자들도 많아서 모두에게 명을 내려주시는 것이 아니다.

이 땅에 태어날 때 이미 정해졌다.

육신으로 살아가는 동안 입천제(대제사)를 행할 자. 본인만 천인합체를 행할 자, 가족까지 천인합체를 행할 자, 감사죄를 행할 자로 분류되어 있다.

이를 비유하여 천상에서 내려올 때 복 받는 열쇠를 몇 개 받아서 갖고 왔느냐 하신다. 가족에게 숨겨놓으신 하늘의 복이 모두 다르다고 하시고 가족의 천인합체의식을 행할 때마다 숨겨놓은 그 복을 꺼내주신다고 하셨다.

그래서 본인 이외에 가족의 천인합체를 모두 해주는 자들이 하늘의 복 받는 자들이라 하신다. 천인합체의식을 행해서 뚜껑을 열어봐야 어떤 복이 들어있는지 알 수 있다는 말씀이시다.

이처럼 하늘이 내려주시는 복 받는 길은 따로 있거늘 헌금, 시주, 성금 등 기부금을 올려서 복을 받으려고 하고 있으니 종교세계의 이론이 하늘의 원뜻과는 너무나도 다르다.

생일과 제사에 대한 진실

자신의 탄생을 축하하는 생일잔치와 조상님들에게 올리는 제사의 진실을 전한다. 자신의 생일날 가족과 주위 사람들이 축하한다고 선물을 전해 주고 기념한다. 이것이 오랜 전통이자 풍습으로 전해져서 누구나 그렇게 하고 있다.

각자의 생일날은 자신이 즐거워하고 축하받을 일이 아니라, 산고의 고통을 참으면서 자신을 낳아주시고 키워주신 부모님을 위로하고 기쁘게 해드리며 감사해야 하는 날인데 반대로 자신들이 부모인 양 온갖 축하를 받고 있으니 낳아주시고 길러주신 부모님의 은혜는 어찌 갚으려는가?

힘들게 낳아주시고 키워주신 부모님의 고통을 외면한 채 자신들이 기뻐한다는 것은 말이 맞지 않는다. 자식들이 자기 생일날은 부모님을 찾아뵙고 위로해 드리며 기쁘게 해드림이 근본도리이니 자식을 많이 낳은 부모는 자식들 숫자만큼 자식들로부터 위로받고 살아가야 마땅하다.

산고의 고통과 길러주시고 키워주신 노력과 아픔 앞에 부모님을 위로하지 않고 자기의 생일날이라 축하받으며 즐거워한다면 자식된 도리가 아닐 것이다.

똥오줌 쌀 때 마른자리 진자리 갈아 뉘시며, 울고 보채는 여러분을 마다하시지 않고 키워내시어 학교 보내고 출가시켜 주신 훌륭한 부모님이시다.

어릴 때의 기억을 다 못하겠지만 여러분이 자식을 낳고 키워가면서 부모님도 그랬을 것이라고 인정하고 부모님의 고생을 위로해 드려야 자식 된 효도를 하는 것이다.

이렇게 고생하시다가 세상을 떠나가신 부모님들을 제사나 지내준다고 효도하는 것이 아니라 이 땅으로 부모님 영을 보내주신 하늘과 영의 부모님을 찾아뵙고 위로하며 기쁘게 해드리는 것이 제사의 진정한 의미이다.

그런데도 불구하고 하늘과 영의 부모님은 외면한 채로 부모님 제사만 지내드린다면 오히려 더 불편하실 것이다.

제사를 지내는 것이 아니라 자신의 부모님을 보내주시어 자신이 이 땅에 태어나도록 해주심에 하늘과 영의 부모님께 감사드리는 대제사가 마땅할 것이다.

부모조상님을 소중히 여기면서 감사하고 효도를 다하는 것처럼 기제사나 명절제사를 지극정성으로 지내고 있을 것이다. 그런데 진심으로 이런 감사의 마음을 갖고 지내는 사람들이 몇이나 있을 것인가?

부모조상님께 소중하고 감사한 효도의 마음으로 제사와 명절차례를 지내기보다는 자신의 인생이 조상님의 음덕을 받아서 잘되기를 바라는데 더 마음이 가 있는 사람들이 거의 90% 이상일 것이라 생각된다.

물론 돌아가신 지 얼마 안 되어 처음에는 아무런 바람이나 원하는 것 없이 순수한 마음으로 지극정성을 다하여 제사와 차례를 올릴 수 있겠으나 세월이 지나고, 인생 살아가는 것이 힘이 들어지면 마음이 변해서 복을 달라고, 소원을 이루게 해달라고 더러운 마음으로 바뀐다.

조상님을 잘 모시는 제사와 차례를 빠뜨리지 않고 올리면 복받는다고 오래전부터 전통풍습으로 전해 내려오는 말을 어려서부터 들었기 때문이다.

한편 일리 있는 말이기도 하다.

여러분의 눈에는 마음을 창조하신 하늘의 존재가 안 보이니까 돌아가신 부모조상님이라도 지극정성으로 받들고 있으면 영의 부모님이신 신명님, 하나님, 미륵님께서 하늘을 몰라보는 여러분을 딱하고 불쌍히 여기시어 작은 복이라도 내려주시는 것이라고 보면 틀림없다.

그러나 이제 하늘과 땅이 함께하시는 대단한 자미국이 이 나라 이 땅에 세워지고 태초의 하늘과 영의 부모님이신 신명님, 하나님, 미륵님께서 존재를 밝히신 이상 자미국을 통해서만 조상님의 음덕을 받을 수 있게 되었다.

그러므로 생일날 자신의 생일을 축하하는 잔치를 벌이기보다는 부모님께 고생하셨다고 감사드리며 뜻 깊은 선물이라도 사드리는 것이 예의범절이다. 이미 부모님이 돌아가셨으면 하늘과 영의 부모님을 만나서 구원, 영생, 도통을 이루어드리는 대제사(입천제)를 올려드려야 한다.

여러분의 마음을 창조해 주신 태초의 하늘과 함께하는 것이 인간으로 태어나 가장 잘사는 길이니 생일잔치와 제사, 차례, 성묘에 얽매이지 말아야 한다.

생일잔치, 제사와 차례를 지내다가 죽은 사람들이 많다는 말을 수없이 들어보았을 것이다.

왜 그런 것인지 궁금할 것인데 알 수 없는 수많은 귀신들이 벌떼처럼 달려들기 때문인 것이다. 그래서 필자 역시 생일잔치를 지내지 않고 있으며 축하한다는 말이나 그 어떤 선물들도 일체 받지 않는다.

생일에 대한 진실을 처음으로 알게 해주신 것도 하늘의 뜻이라고 본다. 그 연유는 필자의 생일날이 25년 전에 돌아가신 어머니 제삿날과 겹치기 때문이다. 그러니 이때부터 생일은 그냥 지나칠 수밖에 없었다.

25년 동안 생일날이 되면 생각해 보았다.

왜 하필이면 내 생일날이 어머니 제삿날이 되었을까? 의문의 꼬리표는 해마다 시작되었고 급기야 2014년 생일을 지낸 후 얼마 지나지 않아서 최근에 알았다.

내 생일날 내가 축하받을 일이 아니고 산고의 고통을 참고 나를 낳아주시고 키워주시며 성장할 수 있도록 길러주신 어머님 전에 감사함을 올리라고 생일날과 제삿날을 겹치도록 해주시었다는 뜻을 찾았다.

왜 하필 그 대상이 나였을까 생각해 봤다.

하늘의 말씀은 필자가 인간과 인류의 표본이니 나에게 가르쳐주시어 세상에 전하게 하시고자 함이시었다. 독자 여러분에게 이런 진실을 알려줘 봐야 혼자만 알고 있고 세상에 널리 전할 수가 없기 때문이다.

각자의 생일날은 부모님께 감사함으로 올리고, 돌아가시었으면 대제사를 통해서 올려야 한다. 자식들의 생일날에는 자녀들로부터 감사의 인사를 받는 것이 옳다.

영이란 바로 자신들의 마음이다

영(혼)이란 자신의 마음, 정신, 자아, 혼이다.

마음의 소리에 귀를 기울여 서로 상부상조하여야 된다. 내 마음이 나의 영이고, 내 마음이 하늘이 주신 피다,라는 진실의 말씀을 처음으로 내려주셨다.

영이라 하면 종교적으로 들리고 어려워하는데 바로 자신들의 마음이고, 마음은 육신이 살아 있으면 생령(生靈) 즉 정신이고, 육신이 죽었으면 사령(死靈) 즉 귀신이라 부르고, 자신을 낳아준 부모님이 돌아가면 조상님이라 부른다.

우리 인류의 마음을 맑고 깨끗하게 창조하여 이 땅으로 보내주신 분이 진짜 태초의 하늘이시다. 그런데 맑고 깨끗하게 창조하여 보내주신 각자의 마음을 지키지 못하고 가짜 하늘을 섬기는 종교에 들어가 모두 더럽힌 것이다.

어느 종교든지 들어간 자체가 천상에서 이 땅의 인간 육신으로 내려보내시면서 아무리 삶이 힘들고 어려워도 종교세계는 절대로 들어가지 말라는 하늘이 내려주신 명을 무시하고 받들지 않은 역천자의 죄를 지은 것이다.

인간 육신이 더 잘살아보려고 해서든, 인생길이 막혀 힘들어서든, 하늘을 찾고 싶어서든, 나는 누구인지 알고 싶어서든, 성공하여 출세하고 싶어서든, 큰 뜻을 이루고 싶어서든 일단 종교세계에 들어가면 하늘이 맑고 깨끗하게 창조해 주신 자신의 마음이 하늘의 원뜻과 다르게 변질되어 버린다.

종교세계에서 전하는 교리와 이론이 맞는다고 받아들이며 믿고 따르는 순간 하늘이 주신 피를 종교귀신들의 피로 바꾸는 역천자의 죄를 짓는 것이 되기 때문에 인생이 파멸의 길로 들어가게 되는 것이다.

그리고 종교귀신들의 종이나 노예가 되어 필자가 전하는 하늘의 진실을 사이비라고 비난하며 받아들이지 않아서 진짜 하늘을 만날 수 없는 것이다. 그러므로 잃어버린 자기 마음(영)의 부모님이신 신명님, 하나님, 미륵님과 할아버지이신 태초의 하늘을 찾지 않고 살아서 인생이 힘들어진 것이다.

하늘은 하늘 그 자체이시다.

필자도 처음에는 하늘이 영의 부모님이신 줄 알았는데 할아버지셨다. 영의 부모님이라 말하시는 분들은 하늘의 자식이신 신명님, 하나님, 미륵님이셨고 이분들이 여러분의 진짜 영의 부모님이신 것이다.

이런 높은 하늘의 진실을 종교세계의 경전이나 교리, 이론을 통해서는 절대로 들을 수가 없고 오직 인류 최초로 하늘과 땅이 함께 하시는 사비구에서만 들을 수 있는 말씀이다.

인류가 종교 안에서 태초부터 외쳤던 인류의 구원, 영생, 도통 역시 신명님, 하나님, 미륵님께서 태초 하늘로부터 명을 받아주셔야만 가능한 일이라고 하시었다. 즉 이분들도 당신들의 능력으로 못하는 부분이 있기 때문이라 하셨다.

그러기에 대단하신 신명님, 하나님, 미륵님께서조차도 고유영역 밖의 일이라 못하시는 인류의 구원, 영생, 도통을 이루어주겠다고 종교인들이 말하는 것은 모두 새빨간 거짓말이니 지금까지 그들이 전해 준 말을 믿고 따랐던 여러분은 어서 빨리 그곳을 벗어나야 남은 여생과 사후세계를 영의 부모님을 통해서 하늘께 보장받고 살 수 있다.

하루에도 수십 번씩 마음이 편하지 않고 뒤집어지는 사람들이 헤아릴 수 없이 많을 것인데 여러분이 하늘의 말씀이 아닌 종교의 교리와 이론을 받아들인 때문이다.

기제사, 설날, 한식, 추석날에 지내는 제사와 명절차례가 공자가 전한 유교사상을 받아들이는 종교 행위였다는 진실을 받아들이고 하늘의 진실을 받들어야 한다.

석가 3041년 불교(북방불기)

노자 2584년 도교

공자 2565년 유교

예수 2014년 기독

이들이 땅에 남긴 사상이 종교 뿌리의 원조이고 이들이 전하는 사상을 받아들이는 것은 하늘이 창조해 주신 맑고 깨끗한 마음이 아닌 것이다.

하늘이 전해 주시는 진실 말씀은 전 세계에서 자미국을 통해서만 들을 수 있다. 이들이 전하는 교리와 사상으로 철저하게 무장된 종교 광신도들에게는 진짜 하늘의 진실도 안 들리고 이 책이 전혀 도움이 안 될 것이다.

이미 광신도가 된 사람들이라도 이 책의 진실을 인정하면 종교의 교리와 이론이 아닌 새로운 세상에서 새로운 행복을 추구하며 살아갈 수 있다.

하늘이 창조해 주신 맑고 깨끗한 마음을 종교귀신들에게 빼앗기고 살아가면 목숨, 건강, 가족, 재물, 권력, 명예, 기쁨, 행복 등 모든 것을 잃고 불행한 인생을 살게 된다.

하늘이 창조해 주신 맑고 깨끗한 자신의 마음을 지키는 것은 근본도리이자 행복의 비결이다.

이미 종교이론을 받아들여서 마음이 더렵혀졌다면 깨끗이 씻어야 하는데 그것이 그리 쉽지가 않다. 이 책을 읽고 공감하여 종교세계를 다니지 않는다고 씻어지는 것이 아니라 마음을 창조하신 태초의 하늘께서나 가능한 일이시다.

마음이 보이는 물질이라야 세탁기에 넣고 돌려서 깨끗하게 세탁할 수 있을 텐데 그렇지가 못하다.

이 세상에 만물의 영장인 인간으로 태어나서 가장 잘못한 일은 100명을 죽인 살인자보다도 더 무서운 죄를 짓는 종교를 다니는 것이고, 가장 잘한 일은 자미국에 들어와서 하늘의 진실 말씀대로 행하는 것이다.

하늘의 진실에 목말라 하는 자들에게는 이 책이 아주 값지고 귀한 책이 되어줄 것이고, 인간의 더러운 욕심을 가득 채우기 위하여 하늘을 찾는 자들에게는 휴지만도 못한 값어치 없는 책이 될 것이다.

하늘이 믿지 말라는 종교를 믿어서 구원, 영생, 도통을 이루어보겠다고 하다가 하늘의 배신자가 된 슬픈 인류~

하늘을 배신한 그 대가로 인하여 각자들의 인생살이가 그렇게 아프고 슬프게 변해 버린 것인 줄은 까마득히 몰랐을 것이다. 각자가 뿌리고 행한 대로 한 치의 오차도 없이 거두게 해주시는 절대자가 태초의 하늘이시다.

자미국 사람이 되어야 하는 이유

대한민국 경제가 세계 10위권을 달리는 현재의 모습으로 초고속 성장한 원인이 어디에 있을까 궁금한 사람도 있고, 당연하다 생각하는 사람도 있을 것이다.

하늘이 내려주신 말씀이시니까 100% 맞는 말씀이지만 독자 여러분이 믿거나 말거나 전한다. 대한민국 땅에 자미국을 세워 하늘의 대단한 진실을 전할 필자(1955년 을미생) 인황(男)과 (1972년 임자생) 사감(女)이 태어났기 때문에 경제가 고속 성장할 수 있었다고 하시었다.

그러시면서 덧붙여 말씀하시기를 미국 동부지역에 매년 연례적으로 발생하는 수백 개의 토네이도 때문에 미국이 천문학적인 인명 피해와 재산 피해를 당하는데 필자가 미국에 들어가서 살면 토네이도가 발생하지 않을 것이라는 엄청난 말씀을 내려주시었지만 독자들이 인정할진 모르겠다.

필자가 이 땅에 태어난 자체가 대한민국이 하늘과 땅으로부터 가장 큰 천복만복을 받은 것이지만 이런 진실 자체를 아는 사람도 없고 지금 이렇게 알려주어도 말도 안 된다며 믿으려 하지 않을 것이다.

이미 필자가 태어나는 순간부터 하늘과 땅, 영적 부모님들께서 천지대원력으로 보호하시고 지켜주셨다는 말씀이시다. 대단하신

분들의 천지대원력을 대한민국 땅에 살고 있는 필자에게 무궁무진 내려주시니 나라가 초고속으로 발전하게 되었다는 진실을 처음으로 밝힌다.

연예인이나 스포츠 선수들로 인해서 한류열풍이 일어나 나라의 국격이 높아지고 전 세계에 널리 알려진 것 역시 필자가 이 땅에 태어난 것 때문이다. 세계 다른 나라처럼 커다란 천재지변이 발생하지 않고 있음도 마찬가지이다.

하늘과 땅, 영적 부모님들이 실시간으로 필자와 이 나라 이 땅을 보호하고 지켜주고 계시기 때문이다. 참으로 믿기 어렵지만 이것이 하늘의 진실이라 하신다. 그러니 필자와 함께하면 인생이 어찌 변하겠는가?

개인은 개인대로, 기업은 기업대로, 나라는 나라대로 상상을 초월하는 엄청난 발전을 가져올 것은 자명한 일이 아니던가? 수많은 천지풍운조화를 일어나게 해주시었고, 인생의 천지개벽을 시켜주신 천지대능력자들이시니 믿든지 말든지 그것은 독자 여러분의 판단이자 자유이다.

그러니까 필자의 존재가 그 얼마나 대단한지 독자 여러분이 알아야 한다는 뜻이다. 흔한 종교 교주의 신분이 아니라 하늘의 대행자이자 인류의 대표 인황이란 신분을 하늘께서 직접 하사해 주시었으니 나라의 대영광이다.

필자를 통해 대단하신 하늘과 땅, 영적 부모님들과 함께하는 독자들은 그래서 행운아가 될 수 있는 것이다. 기쁨과 행복 누릴 독자들은 액면 그대로 믿고 받아들일 것이고, 고통과 불행이 좋은 독자들은 무시하고 부정할 것이다.

사업하려면 하늘과 땅의 도움을 받아야

필자가 말하는 대로 실제 현실로 이루어주시는 무소불위하신 하늘과 땅, 영적 부모님들이시다.

대한민국이 전 세계 최고로 잘사는 국가로 발전하는 것도 필자가 원하고 바라고 있기 때문에 현실로 이루어주실 것인데 대한민국 정부가 얼마나 빨리 자미국 제사천궁을 인정하고 받아들이느냐가 문제일 뿐이다.

인간 육신이 죽어서 사라지고 남는 것은 조상님이라 불리는 영뿐인데 영들의 부모가 계신다는 말을 들어본 적이 있는지 묻고 싶다. 하늘세계에 관심이 조금이라도 있는 사람들은 하늘이 영의 부모님이라 생각하고 있을 것이다.

하지만 태초의 하늘은 각자 영들의 부모님이 아니시고 신명님, 하나님, 미륵님 등 세 분의 부모님이시며, 독자 여러분은 이 세 분의 자손들인데 육신이 살아 있을 때 각자 자신의 영적 부모님이 누구이신지 찾아야 한다.

자기의 영적 부모님을 찾아야 하늘의 문(천운)이 열려서 현생과 내생을 살아가는 데 지장이 없다. 인류 모두가 자기의 영적 부모님이 누구이신지도 모른 채 종교 숭배자가 자신을 이 땅으로 보낸 부모인 양 믿어서 자기 영적 부모님을 배신하면서 세상을 살아가고 있는 것이다.

이로 인해서 각자의 인생살이가 뒤집어지고 모든 고통과 불행 속에서 살아가고 있다. 자기 영적 부모님이 아닌 종교 숭배자를 믿으며 살아가면 그 어떤 보호도 받을 수가 없기에 인생이 온통 고통과 불행으로 가득해진다.

각자가 장사를 하든 사업을 하든 인간의 능력만으로는 어느 한계에 부딪치게 되어 있다. 설사 성공해서 거액의 돈을 벌었다 하여도 그것을 지키는 일은 쉽지가 않다.

왜 그러냐하면 귀신(사탄마귀, 악귀잡귀)들이 돈 냄새를 맡고 벌떼같이 몰려들어서 온갖 달콤한 말로 현혹하거나 회유에 넘어가서 더 큰 돈을 벌기 위해 전혀 정보가 없는 다른 곳에 신규 투자를 시도하여 실패하거나 사기를 당하고, 도박과 술로 인해서 인생 폐인이 되기 때문이다.

자신의 마음을 굳건히 지키는 일이 쉽지만은 않다. 귀신들이 안 넘어갈 수 없을 정도의 달콤한 말(큰돈을 벌 수 있다고 꼬임)로 신규 사업을 제시하기 때문이다.

그것이 맞다 한들 귀신들의 농간으로 결국은 실패하게 되어 있다. 인간의 눈에 보이지 않는 귀신들의 방해는 각자의 영적 부모님이 가지신 천지원력으로만 막아주실 수 있다. 인생을 살아가면서 영의 뿌리(부모님)를 하루라도 빨리 찾는 자들이 지금까지의 고통과 불행에서 벗어날 수 있다.

영의 부모님을 늦게 찾는 것만큼 각자의 인생은 고통의 지옥에서 벗어나는 것이 늦을 수밖에 없다. 자신들이 영적 부모님을 찾아야만 하늘의 보호와 사랑을 받을 수 있다. 종교는 믿으면 믿을수록 각자의 인생이 힘들어지는 지름길이다.

종교 숭배자는 독자 여러분의 진짜 부모님이 아니기 때문에 아무런 도움도 되지 않고 오히려 더 힘들어질 뿐이다. 이런 진실을 알면서도 자신의 영적 부모님을 찾지 않는다면 그것은 인생의 기쁨과 행복을 모두 포기하고 사는 것이다.

자기 자신의 능력만 믿고 사업을 하겠다는 것은 돈을 깨먹는 지름길이다. 귀신들이 돈을 벌게끔 가만 놔두지도 않고 벌어봐야 다 퍼 날라서 결국은 거지 신세를 면하지 못한다. 인간으로 태어났다가 온갖 사연으로 죽은 귀신들이 그 얼마이던가?

눈에 보이지 않는 수많은 귀신들은 여러분이 잘되는 것을 절대로 바라지 않기 때문에 자기 영의 부모님을 통해서 하늘의 보호와 사랑을 받지 못하면 성공은 한순간에 물거품이 되기에 그동안의 노력이 헛수고가 된다.

수많은 사람들이 운 타령, 복 타령, 돈 타령하며 살아가고 있지만 이 모두를 갖고 계신 분들이 각자의 영적 부모님들이신 신명님, 하나님, 미륵님이시다. 종교세계를 통해서 세 분들의 존재를 들어서 알고는 있겠지만 종교세계에서 전하는 이분들은 진짜가 아니고 이분들을 사칭한 가짜 귀신들이다.

그러므로 종교를 벗어나 자기의 영적 부모님을 만나야 한다. 이것이 인간으로 태어나서 각자들이 행해야 할 근본도리이다.

이 글을 읽고도 각자의 영적 부모님을 빨리 찾아주지 않으면 자신의 몸 안에 있는 자신의 영들이 반란을 일으키므로 고통스런 삶에서 벗어날 수 없다.

이것을 영들의 저주와 반란이라 한다.

영들 자체가 이 세상에 내려온 지 너무나 오래되어서 부모님이 계신다는 것 자체를 잊어버리고 종교세계를 통해서 전해준 대로 하늘이 영의 부모님이신 줄 착각하고 있다. 이들이 전한 하늘 역시 진짜가 아닌 가짜 하늘이지만 말이다.

그리고 영들도 인간과 한통속이 되고 인간화가 되어 있어서 자기 부모님 찾는 것 따위에는 관심도 없고, 인간 육신이 살아 있을 때 돈과 권력, 명예에만 눈이 멀어 있는 영들이 거의 전부일 정도로 타락해 있다.

자기 부모를 잃어버린 채로 한 세상만 부귀영화 누리면서 살아보겠다고 혈안이 되어 있다. 그러면서 육신이 죽어지면 그때 가서야 땅을 치고 통곡하며 후회하지만 이미 때는 늦은 것이다. 육신이 죽어서 사라지기 전에만 영의 부모님을 만날 수 있게 되어 있으니 서둘러야 한다.

이들은 인간들과 똑같이 죽으면 그만이라고 말한다.

신선선녀로 다시 태어날 수 있는 영원무궁한 천상 자미천궁이 있는 줄도 모르고 살아간다.

영생을 외치는 존재들이 바로 각자의 몸 안에 있는 영들이 외치는 것이다. 인간 육신은 영생할 수 없다는 것을 현실로 모두가 받아들이고 있다.

각자의 몸 안에 있는 영들이 자신의 부모님을 만나지 못하고 육신이 죽으면 신분은 귀신이고 허공중천 구천세계를 정처 없이 추위와 배고픔 속에 떠돌아다녀야 한다. 그리고 호화산소나 만들어 놓고 제사나 차례 때 대우받으려고 한다.

신선선녀가 되어서 천상 자미천궁으로 올라가면 황금 궁전에서 호의호식하며 근심과 걱정 없이 영생 누리며 살아갈 수 있는데도 불구하고 몇 평 안 되는 작은 무덤과 제사, 차례나 기다리는 어리석음을 범하고 있다.

하늘의 천인이 되어야 하는 이유

제사와 차례를 기다리는 영들이 깨닫지 못한 저급한 존재들이다. 천상 자미천궁으로 올라가서 신선선녀로 다시 태어나면 이 땅에서 산소, 제사, 차례 같은 것 일절 필요가 없으니 영들도 이 책을 읽고 공부한 후 인정하고 인간 육신과 함께 영의 부모님을 만나야 한다.

장사든 사업이든 하려거든 자신을 도와줄 영적 부모님부터 만나고 나서 시작하여야 하고 성공과 출세, 돈과 권력, 명예를 지키는 것도 각자는 지킬 수 없으니 자신의 영적 부모님께 도움을 요청해야 오래 지킬 수 있다.

재벌들이 갑자기 망하고, 유명 인사들이 하루아침에 해임, 파면되고 질병이나 돌연사로 세상을 떠나고 있지 않은가? 이 모두가 자신의 영적 부모님을 찾지 못해서 하늘의 보호와 사랑을 받지 못하고 살아가고 있기 때문이다.

개인, 기업, 나라의 국운이 천지개벽하려면 자미국을 중심으로 살아가야 하고 동참해야 한다.

비록 육신이 시퍼렇게 살아 있어도 죽어 있는 자는 천인(天人)이 되지 못한 사람들이고, 육신이 죽었어도 살아 있는 사람이 있으니 이들이 영의 부모님을 만나 하늘의 명을 받아 천인으로 재탄생한 자들이다.

이 세상에 태어난 이상 100년 안에 죽어야 하는 것이 인간들의 정해진 숙명이다. 육신이 살아 있는 동안에 성공하고 출세하였다 해도 그것은 찰나의 순간에 불과하다.

인간들은 자미국 제사천궁에 들어와서 자기 몸 안에 있는 영에게 부모님을 찾아주고, 천인이 되어 하늘을 기쁘고 즐겁게 해드려서 하늘을 웃게 해드리는 자들이 하늘이 바라시고 원하시는 가장 보람된 성공과 출세이다.

이것이 영과 육이 상부상조하는 것이다.

자신의 영을 몰라보고 외면하는 자들은 지금 아무리 성공하고 출세하였다 해도 그것은 해가 뜨면 사라질 풀잎 끝에 맺힌 이슬과도 같은 아주 보잘것없는 것이다.

영들의 존재가 독자 여러분의 인생을 좌우한다.

각자 몸 안에 영의 부모님은 신명님, 하나님, 미륵님이시고 신명님, 하나님, 미륵님의 부모님은 태초의 하늘이시다. 이분들이 편안해야 인간 육신의 삶이 편안하다.

이분들의 존재를 몰라보고 무시하며 찾아주지 않으면 인간 육신의 삶은 아픔과 슬픔, 괴로움, 고통과 불행에서 영원히 벗어날 길이 차단된다.

인간의 마음을 창조하신 분들이 영의 부모님이시니 인간의 마음이 바로 영이라는 말이다. 인간 육신들이 자기 영에게 영의 부모님을 만날 수 있게 해주면 하늘께서 영과 육에게 천인(天人)이라는 관명을 내려주신다.

천인은 살아서도 죽어서도 천인의 신분이 유지된다. 즉 귀신의 신세를 면하고 하늘이 계시는 천상 자미천궁으로 올라가서 상상 속으로 전해지던 신선선녀로 환생하여 영생을 누리며 살아가게 되는 특혜를 누린다.

자미국 제사천궁은 인류 최초로 영들의 부모님이신 신명님, 하나님, 미륵님을 찾아주어 영들의 고향인 천상 자미천궁으로 올라가게 해주는 전 세계 유일한 곳이므로 종교처럼 교리나 이론 같은 것이 존재하지 않는다.

각자의 영들이 편하면 인간 육신의 삶은 자연적으로 편해진다. 영의 세계는 각자 개인의 영=〉영의 부모님=〉태초의 하늘로 이어진다.

종교세계를 통해서 이루고자 하는 영생, 구원, 도통은 바로 독자 여러분의 몸 안에 있는 영들이 외치는 소원이었지만 수천 년 동안 뿌리내린 종교를 통해서 하나도 이루지 못했다. 하지만 자미국에서는 영들의 소원을 현실로 이루어주고 있다.

종교세계에서 말하는 진짜 영생, 구원, 도통의 종착역이 자미국이지만 아직 인간과 영들의 수준이 낮아서 받아들이지 못하고 있는 듯하다.

시간이 조금 필요할 것 같다.

새로운 발명품이 출시되어도 인간들이 인정할 때까지는 시차 적응기간은 분명히 있다. 그러나 하늘의 명을 받아서 천인된다는 것은 물건을 파는 것처럼 대량으로 한 번에 할 수 없다는 데 있다. 하루에 천인으로 탄생할 수 있는 인원은 고작 1명이고 가족 같은 경우는 3~4명뿐이다.

세상에서 많은 사람들이 하늘의 진실을 인정하고 너도나도 천인으로 탄생하고자 할 때쯤이면 차례가 돌아가기 힘들어 그림의 떡이 될 수 있을 것이다. 1년에 천인을 배출할 수 있는 최대 인원이 가족 포함해서 300명 정도이다.

10년을 꾸준히 배출시켜도 3천 명이고 40년을 해야 1만 2천 명에 도달한다.

그러므로 늦게 들어오면 영생, 구원, 도통의 뜻을 누릴 수 있는 천인이 되기 위해서는 몇십 년을 기다려야 하기에 죽는 사람들이 부지기수로 많을 것이다. 발을 동동 구르면서 안타까워하는 사람들의 모습이 눈에 선하다.

귀한 천인의 진실을 모르면 돈이 아까워서 천인으로 탄생하지 못한다. 현생과 육신의 사후에 가장 편안히 잘 살 수 있는 길은 오직 천인이 되는 길 하나뿐이다. 비록 속을지라도 반드시 천인이 되고 나서 죽어야 한다.

인류 최초로 하늘과 땅이 행해 주시는 천상지상 천지신명공사이시니 속을 일도 없을 테지만 아직 육신이 살아 있다면 내일 이 세상을 떠날지언정 꼭 천인이 되어서 떠나야 한다.

지금 살아 있는 우리는 앞뒤 없는 전차처럼 나이에 상관없이 세상을 떠나게 되어 있다. 죽고 싶어서 죽은 자들은 하나도 없고 사탄마귀, 악귀잡귀, 귀신들의 제물이 되어 젊은 나이에 죽은 자들이 많다.

하늘이 내려주신 천수를 누리다가 세상을 떠나고 싶으면 나이에 상관없이 천인합체의식을 행해서 천인이 되어 남은 여생을 살아가는 것이 가장 현명하다.

주문수행으로 도통은 불가능

귀신이 되기 싫은 자들 역시 귀신의 신세를 면하게 해주는 곳은 종교세계가 아닌 자미국 하나뿐이다.

특히 가문 대대로 장수하지 못하고 단명하는 가정은 그 원인이 각자의 영과 하늘에게 있으니 그 해답을 속히 찾아야 더 이상의 불상사를 면할 수 있다.

종교는 아무나 들어갈 수 있지만 자미국은 한정된 인원에 하늘과 신명님, 하나님, 미륵님께 특별히 뽑힌 선택받은 자들만 들어올 수 있는 곳이다.

인류 최초의 천인합체 의식!

영과 육의 소원을 함께 이룰 수 있는 유일한 길이다.

수천 년 된 종교세계를 통해서는 절대로 이룰 수 없는 선물이 하늘이 인류에게 내려주신 귀한 천인합체의식이다.

인류 최초로 행해지는 천인합체의식은 필자(인황과 사감) 둘이서만 해줄 수 있는 의식이 아니라 삼라만상과 대우주를 천지창조하신 태초의 하늘 태상천존 자미천황님과 자미황후님의 윤허가 있으셔야 하고 신명님, 하나님, 미륵님께서 함께해 주셔서 하늘이 내리시는 명을 받아주셔야만 이루어질 수 있는 이 세상 최고의 대단한 의식이다.

그러므로 수천 년 된 종교세계라 할지라도 천인합체의식을 행할 수 없는 것이다. 이 세상에 수천 년 동안 뿌리내린 모든 종교가 하늘의 원뜻이 아니고 그들이 전하는 하늘 역시 진짜 하늘이 아닌 가짜 하늘이라고 수없이 말씀하시었다.

전 세계 유일한 천인합체의식이기에 도교에서 주문수행으로 도통하고자 하는 도인들은 하루빨리 정신 차리고 자미국에 들어와야 뜻을 이룰 수 있다.

도통을 내년, 내년으로 미루어온 지가 벌써 16년이란 세월이 흘러갔으니 더 이상 바보처럼 가짜 하늘을 믿지 말아야 한다. 하늘을 만나지 못하고 주문수행으로 도통할 수 있다는 논리는 어디서 나온 것인가?

주문수행은 하늘을 능멸하는 행위이다.

도통해서 무엇 할 것이고, 어디다가 쓰려고 하는가?

주문수행으로 도통하려는 그 자체가 하늘을 사칭하는 역천자 죄인들이라 하시었다.

도통과 구원, 영생은 하늘의 고유권한이시기에 종교 교주들이 좌우할 수 있는 영역이 아니라고 하신다. 도통과 구원, 영생을 이루게 해주겠다고 말하는 종교 지도자가 있다면 그들은 독자 여러분을 속이고 있는 것이다.

석가, 예수, 성모, 상제, 공자, 노자 등 이 땅에 인간으로 왔다가 죽은 그들은 한낱 귀신에 지나지 않는 외국 조상귀신일 뿐 여러분이 원하고 바라는 도통과 구원, 영생을 절대로 이루어줄 수 없으니 정신 차리기 바란다.

그들 스스로도 하늘로부터 구원받지 못한 죄인들이고 역천자들인데 누구를 구원한다고 하는 것인지 모르겠다. 이 말은 필자인 나의 말이 아니고 천상에서 오신 신명님, 하나님, 미륵님께서 가르쳐주신 말씀이다.

종교 교리와 이론을 철석같이 믿는 여러 종교의 신도들은 석가, 예수, 성모, 상제, 공자, 노자 등이 여러분을 구원해 줄 구세주인 줄 알고 있겠지만 아니라고 하신다.

인간으로 왔다가 죽으면 귀신 그 자체일 뿐 인류를 구원할 그 어떤 능력도 이들에겐 없다고 하신다. 이들은 여러분을 이 땅에 보낸 당사자 부모님도 아니기에 구원해 주어야 할 하등의 이유나 의무가 없고 그럴만한 능력도 없다고 말씀하시었다.

"하늘의 죄인들이 도대체 누구를 구원한다고 하느냐?

이 땅으로 내려보낸 내 자손(영들)은 나(하늘)만이 구원할 수 있거늘 감히 죄 많은 역천자 귀신(종교 숭배자)들 주제에 너희들이 내 자손들을 왜 함부로 구원하느냐"고 분노하신다.

도통, 구원, 영생을 어떻게 하는 것인지도 모르는 귀신들 주제에 감히 인간, 영, 조상들을 현혹시키고 있다고 하신다.

세계 인류 모두가 수천 년 동안 종교 숭배자와 종교 지도자들에게 철저하게 속아왔는데도 속은 줄도 모르고 열심히 종교 교리와 이론을 따르고 있다.

기가 막힌 일들이다. 이 나라 이 땅에 자미국이 개국하지 않았으면 세계 인류는 영원히 이들의 교리와 이론에 까맣게 속아 넘어갔을 것이고 완전범죄가 성립되었을 것이다.

하늘의 진실을 이 땅에 전하시려고 저 머나먼 천상 자미천궁에서 신명님, 하나님, 미륵님께서 하강하시어 하늘의 위대하신 진실을 필자를 통해서 전해 주시지 않았으면 영원히 밝혀지지 못했을 것이다.

완전 범죄가 되었을 것이다.

자미국 제사천궁은 종교처럼 수많은 사람들에게 한 가지 이론을 정해 놓고 따르라고 가르치지 않는다. 그러기에 흔한 교리도 없고 경전도 없다.

72억 인류에게 하늘이 내려주신 사명이 각기 다르기 때문에 일대일로 하늘의 진실을 알아들을 때까지 전하는 곳이다.

하늘의 마음을 가진 자들, 맑고 깨끗한 심성을 가진 자들에게만 하늘의 문이 활짝 열려 있고, 인간사의 더러운 욕심으로 가득한 자들에겐 하늘의 문이 굳게 닫혀 있다.

천인합체의식을 행해서 하늘의 명을 받아 현생과 사후세계를 보호받을 수 있는 천인으로 재탄생하는 길만이 도통, 영생, 구원을 함께 이루는 유일한 길이니 하늘로부터 선택받을 사람들은 이 세상의 모든 종교세계의 굴레에서 속히 벗어나 자미국으로 들어와야 뜻을 이룬다.

이것이 이 땅에서 하늘의 문을 열 수 있는 유일한 열쇠이다.

인간으로 태어나서 세계적인 재벌이 되었다고 성공한 것이 아니고, 대통령이 되었다고 출세한 것이 아니다.

이런 성공은 하늘 앞에 초미세 먼지만도 못한 성공이고 반쪽 성공에 불과하다. 완전한 성공이란 자신의 부모조상님을 대제사를 올려서 구원하고, 자신의 영에게 천인합체의식을 행해서 구원하는 것이 하늘이 원하시는 완전한 성공이기 때문이다.

하늘을 만나지 못한 성공과 출세는 재벌이나 대통령이 되었다 할지라도 성공이라 말할 수 없다. 찰나에 불과한 먼지만도 못한 부귀영화에 지나지 않을 뿐이다. 인간세계의 성공은 길어봐야 100년 미만 찰나의 성공이고, 수억만 조년의 장구한 사후세계까지 성공을 이루는 자들이 진정한 출세이고 성공자들이다.

대제사에도 등급이 있다

천상 자미천궁으로 올라가는 대제사에는 등급이 있다.

하단 대제사=〉자미천궁 하단세계로 입궁하고 하단천손 신분

중단 대제사=〉자미천궁 중단세계로 입궁하고 중단천손 신분

상단 대제사=〉자미천궁 상단세계로 입궁하고 상단천손 신분

특단 대제사=〉자미천궁 특단세계로 입궁하고 특단천손 신분

등급에 따라 대제사 비용에 차등이 있다.

어떤 등급으로 대제사를 행하던 일평생 단 한 번만 올릴 수 있기에 심사숙고해서 올려야 한다. 처음에 돈 때문에 하단으로 올렸다가 나중에 형편이 되어서 중단, 상단, 특단으로 또다시 올릴 수가 없기 때문이다.

그리고 대제사를 올린 사람들은 자미국의 국민 즉 백성이란 신분이 자동적으로 부여된다.

부모조상님들은 신선선녀들의 신분인 천손으로 관명이 부여되고, 육신이 살아 있는 여러분은 하늘의 백성을 뜻하는 자미국 백성이 된다.

여러분이 어떤 등급의 대제사를 올렸는가에 따라서 백성의 신분이 하단백성=〉중단백성=〉상단백성=〉특단백성의 신분이 자동적으로 차등 부여된다.

하늘의 자손으로 다시 태어난다 해서 천손이라 하는데 이것이

바로 신선선녀의 신분과 서열이다. 이 중에서 자손이 조상님께 특단 대제사를 올려드리면 벼슬을 달고 입궁하게 되니 이를 벼슬입천제라 부른다.

대제사를 올려드리면 지금까지 전통과 풍습에 따라 해오던 제사 · 차례 · 성묘를 일절하지 않아도 되고, 산소는 윤년에 상관없이 아무 때나 화장해도 탈이 없다.

친부모, 형제, 배우자, 자녀, 조부모님부터 직계 시조조상님까지 단 한 번의 대제사(입천제)를 올려드리면 유교의 오랜 풍습에서 벗어날 수 있다.

제사, 차례, 성묘를 통해서 부모조상님께 도리를 다하고 효도한다고 생각해 왔다. 그러나 이런 예법은 사후세계에서 힘들어 하시는 여러분의 부모조상님께 하나도 도움이 안 되는 허례허식이고 착한 척, 잘난 척하는 행위일 뿐이다.

부모조상님들을 위한 진짜 효도행위가 아니라 자기만족을 위해서 행하는 위선자의 모습일 뿐이다. 진짜 효행을 하려면 옛날처럼 모든 일 제쳐두고 부모님이 돌아가시면 탈상할 때까지 3년 동안 묘소 근처에 움집을 짓고 산소를 돌보고 공양을 드리는 시묘살이를 해야 맞을 것이다. 그렇다고 부모조상님들이 천상세계로 오르는 것은 아니고 효심만 다할 뿐이다.

그러나 시대는 바뀌었다.

지금은 이런 시묘살이를 행할 사람은 하나도 없을 것이다.

이와 마찬가지로 부모조상님과 말도 통하지 않고, 어떻게 하는 것이 진정한 효도인지 알지 못하니 그 어려운 일은 이제 하늘과 영의 부모님께 맡기는 것이 진짜 효도일 것이다.

인간인 여러분도 편하고 부모조상님 혼령도 편안한 대제사를 속히 올려서 서로의 소원을 이루어야 한다. 제사 · 차례 · 성묘를 지내면서 자신들이 계속 받들고 위하겠다는 사람들은 돌아가신 부모조상님들이 생전에 앓았던 질병을 물려받게 되고, 부모님의 죽음과 똑같이 죽게 될 것이다.

살아생전에는 사랑하던 부모조상님이셨고 형제, 배우자, 자녀였을 테지만 죽어서는 다르다. 돌아가신 분들이 꿈속과 육신으로 찾아오고 여러분 주위를 맴돌면 오히려 본인과 집안에 우환과 질병, 사건사고가 터지기 십상이다.

이분들은 여러분을 사랑하여 보호하고 싶다는 명분으로 꿈속이나 육신으로 찾아오지만 살아 있는 자에게는 좋지 않은 일들이고, 산 자와 죽은 자가 살아갈 세계가 다르므로 이 책을 읽어보는 독자들은 진정으로 자신의 부모조상님들을 위한다면 묻지도 말고 따지지도 말고 대제사부터 올려야 한다.

대제사를 올리는 것이 하늘의 뜻이다.

하늘을 얻는 자가 천하를 얻는다고 하였다. 이 말은 하늘의 뜻대로 행하고 살아가면 하늘의 보호와 사랑으로 인생사에 막힘이 없다는 뜻이다.

언젠가 허공중천 구천세계를 떠돌게 될 예비귀신들인 여러분의 몸 안에 있는 영들의 할아버지는 태초의 하늘이시고, 아버지는 신명님, 하나님, 미륵님 중 한 분이시다.

필자의 육신이 살아 있을 때만 여러분 몸 안에 있는 영의 할아버지와 영의 아버지를 찾을 수 있다. 이것은 이 땅에 인간이 태어나고 처음이자 마지막으로 하늘과 땅이 해주시는 위대한 의식이며 종교세계를 통해서는 절대로 행할 수 없는 귀한 천상의식이라 말씀하셨다.

대제사를 올리는 자들이 하늘의 마음을 얻는다.

이는 여러분 일상사에 하늘의 보호와 사랑이 실시간으로 내려진다는 것을 뜻한다.

하늘을 찾으려 종교세계를 전전하지 마라.

그것은 하늘을 찾는 길이 아니라 여러분과 여러분의 부모조상님들에게 하늘과 영의 부모님을 영원히 만나지 못하게 하는 죽음의 길로 들어가게 하는 지름길이다.

부모조상님들의 사후세계가 편안하면 여러분 인생도 그만큼 편안해진다. 또한 하늘의 보호와 사랑을 실시간으로 받고 살아갈 수 있기 때문에 인생살이가 좀 더 편안해진다.

인류가 오랜 세월 동안 종교세계를 통해서 찾아 헤매고 기다리던 이상향의 세계가 바로 자미국 세계이니 더 이상 방황하지 말고 결정해야 한다.

모든 이들이 죽으면 하늘나라로 올라가는 줄 알고 좋은 세계로 가시라고 덕담을 하는데 그런다고 혼령들이 천상의 높고 높은 좋은 세계로 올라간다면 그것보다 이상적인 방법은 없다. 그러면 부모조상님들이 아니라 하늘이나 신이다.

하지만 일단 죽으면 혼령들 마음대로 행할 수 있는 것은 아무것도 없다. 혼령들의 생사여탈권을 행사하시는 절대자가 계시기 때문인데 그분이 바로 태초의 하늘이시자 여러분의 몸 안에 있는 영의 할아버지이시다.

대제사를 올려드리면 산소는 빈집

단 한 번의 대제사를 모시어서 부모조상님, 형제, 배우자, 자녀, 시조 조상님에 이르기까지 영들의 고향인 천상 자미천궁으로 보내드리면 오랜 전통과 풍습으로 전해 내려오는 제사, 차례, 성묘, 납골, 산소가 일절 필요 없어진다.

대제사를 올리고도 마음이 허전하고 풍습을 외면할 수가 없어서 제사와 차례를 지내며 성묘할 사람들도 많을 것인데 가족 화합차원에서만 행하여라.

대제사를 지내면 산소에 부모조상님의 혼령들이 천상 자미천궁으로 떠났기에 안 계시고 빈 무덤이 된다. 그러기에 화장하라고 권유하는 것이다. 빈 무덤에 성묘하면 산소가 없는 다른 귀신들이 들어와서 여러분이 올리는 정성과 인사를 대신 받는다.

제사도 마찬가지이다.

천상 자미천궁에 올라가서 근심과 걱정 없는 신선선녀로 환생하였는데 제사를 지내면 이웃집 귀신들이나 제사와 차례를 못 받고 있는 떠돌이 다른 조상귀신들이 들어와서 대신 받는다.

귀신들이 눈에 보이지 않으니까 여러분의 조상님들이 받는지 남의 조상귀신들이 받는지 알 수 없다. 그러니까 자미국 법도를 따라야 한다.

대제사를 지내고 제사와 차례, 성묘를 지내지 않아서 부모조상님의 안부가 궁금하면 일상적으로 말하듯 대화하면 천상 자미천궁에 올라가서 신선선녀로 태어나신 부모조상님들이 들으시고 마음으로 응답해 주신다.

필자를 만나 대제사를 올리기 전에는 제사와 차례, 성묘를 지내는 것이 최소한의 예의이고 효행의 근본덕목이었겠지만 대제사를 올리고 이제는 마음 편히 살아가는 것이 하늘과 영의 부모님, 여러분의 부모조상님이 바라시는 일이다.

대제사를 지내는 일까지가 여러분이 부모조상님께 행해야 할 근본도리였었던 것이다.

대제사를 올려서 여러분의 부모조상님들을 무릉도원 천상 자미천궁으로 보내드려야 진짜 인간으로서 살아가는 것이다. 대제사를 올리기 전까지는 여러분의 모습은 인간의 모습+부모조상님(귀신)의 모습이다.

즉 지금까지는 인간육신의 형상에 몸과 마음 안에는 부모조상님의 혼령(귀신)들과 함께 살아온 세월이었다. 이분들이 천상 자미천궁에서 신선선녀로 살아가면 여러분도 부모조상님의 기운 따라서 마음이 신선선녀처럼 편안해진다.

이것을 풍수용어로는 동기감응이라고 한다.

부모조상님이 편안하고 잘되면 자손들도 같은 기운을 받아서 잘된다는 것이다. 혈육은 살아서도 죽어서도 같은 기운이 흐르고 그 기운 따라서 움직이기 때문이다.

여러분은 잘 생각해 보아라.

여러분의 부모님이나 조부모님까지는 생전에 모습을 보아서 기억이 나겠지만 증조부모님부터는 모습이나 성품조차 알 수가 없다. 물론 자기 부모님 모습도 모르는 유복자도 있고, 너무 일찍 죽어서 기억이 안 나는 경우도 많다.

얼굴 모습도 모르고 조상님이라 하니까 제사를 지내고, 각 산소마다 절을 하는데 이제 이 모든 오랜 전통과 풍습에서 벗어날 수가 있다. 앞으로는 산소를 일체 쓸 수 없는 시점이 조만간 다가올 것이다.

모두 화장하는 장례문화로 정착될 것이다. 현재도 70%가 화장한다고 한다. 충효사상을 중시하는 유교가 이 나라에 들어오면서 제사와 성묘문화가 뿌리내렸다.

하지만 이것 역시 하늘의 진실과 사후세계를 너무 몰랐기 때문에 행한 것이었다.

이제 새로운 법도에 따라서 살아가는 것이 가장 잘 사는 길이다. 이미 수백, 수천 년 전에 세상을 떠나가신 조상님들은 필자의 말에 황당하다는 조상님도 계실 것이고, 깨달음을 얻은 조상님들은 박수치며 좋아하실 것이다.

사후세계에서 하늘공부를 하지 못한 영적 수준이 낮은 영가들과 인간 몸 안에 있는 저급한 영들은 필자의 말을 알아듣지 못하고 비판하기 급급할 것이다.

살아서도 죽어서도 들어본 적이 없는 희한한 말만 한다고 말이다. 필자가 하는 말들은 기존의 종교교리나 경전에 있는 말들을 인용한 것이 아니라 하늘과 땅, 신명님, 하나님, 미륵님께서 가르쳐주신 말씀들이다.

천상의 대단하신 하늘과 땅, 신명님, 하나님, 미륵님께서 강림하시어 실시간으로 가르쳐주시어 전 세계에서 필자만큼 하늘세계, 사후세계, 신명세계, 영혼세계, 인간세계의 진실을 아는 자는 없을 것이다.

그러기에 생소할 것이고 난생처음 들어보는 말이라 잘 믿기지 않는 부분도 많이 있으리라. 세상이론이나 종교세계를 통해서도 알 수 있는 일반적인 내용들을 대단하신 분들이 뭣 하러 전해 주시겠는가?

앞에서 말했듯이 대제사를 지내면 여러분의 부모조상님들의 사후세계 운명이 단 하루 만에 천지개벽하는 것이다. 그러므로 대제사를 지내고 제사와 차례, 성묘에 미련을 버리지 못하고 계속 지낸다면 그것은 불행한 일이다.

남의 조상귀신들을 불러들여서 대접하는 것이나 마찬가지이고 이로 인해서 안 좋은 일들이 일어날 수 있다.

이제까지 부모조상님께 지극정성으로 간절히 행했던 마음과 종교 숭배자에게 행했던 마음을 여러분의 영적 부모님을 찾아서 하늘께로 향했다면 여러분과 부모조상님들은 천지가 개벽하는 엄청난 행운을 벌써 맞이했을 것이다.

여러분의 영적 부모님과 하늘께서는 우리 산 자와 죽은 자의 운명을 송두리째 바꾸어주시는 무소불위의 천지대능력자들이시기에 누가 얼마나 빨리 이분들을 만나느냐에 따라서 인생의 길흉화복, 흥망성쇠, 생사여탈권이 좌우된다.

하늘과 영적 부모님과 코드가 맞아야 한다. 그것이 인간이 잘 살 수 있는 유일한 길이다. 필자가 하늘의 대행자, 인간의 대표, 인류의 대표 인황이란 관명을 하사받은 것 역시 하늘의 마음을 얻었기 때문에 가능했던 것이다.

내가 처음부터 원해서 받은 것이 아니었다.

하늘의 뜻과 함께하는 길만이 남은 여생을 마음 편히 살아갈 수 있는 길이다.

영들이 말하는 엄청난 진실에 경악

인간의 몸 안에 있는 영들에 대해서 우리 인간의 상상을 초월하는 경천동지할 인류 최초의 진실을 천상에서 하강하신 신명님, 하나님, 미륵님께서 밝혀주시었다.

인간이 태어날 때 하늘이 주신 가장 큰 선물이 각자 몸 안에 있는 영들이다. 영들은 인간 육신이 살아 있을 때는 정신이라 말하고, 육신이 죽으면 혼령이나 귀신으로 불리고, 혈족인 경우는 조상님이라 한다.

인간은 영과 육으로 구성되어 있는데 영은 하늘이 보내주신 존재라서 인간의 눈에는 보이지 않고 육신만 보인다. 인간의 눈과 귀에 보이지 않고 들리지 않는 영들의 존재가 인생사의 길흉화복을 좌우한다는 말씀을 하시었다.

영들의 할아버지는 하늘이시고 부모님은 신명님, 하나님, 미륵님이신데 이 땅에 태어날 때 주신 영과 함께 있어야만 이분들께서 보호하고 도와주시며 천복만복을 내려주시는데, 각자 함께하지 못하고 있다 하신다.

이 땅에 태어날 때 하늘이 넣어주신 영이 있는 인간들에게만 천복만복을 내려주시고, 사탄마귀나 악귀잡귀들이 있으면 내려주시지 않는다고 하시며 하늘은 인간 몸 안에 있는 영들이 하늘이 인간들 몸으로 보낸 영들인지 아닌지 모두 알고 계신다고 하셨다.

영들은 하늘을 알아보는 똑똑한 고차원적인 영들과 하늘을 몰라보는 무지한 저차원 영들로 분류된다. 그러나 처음에는 모두가 맑고 깨끗한 고차원적인 영들이었는데 인간세계에 내려와서 하늘이 절대로 믿지 말라는 말씀을 무시하고 종교를 믿어서 더럽혀졌고 미쳐버렸다 하신다.

영들의 뿌리이신 하늘을 몰라보고 종교 숭배자가 자신의 뿌리이자 구세주인양 섬겨서 뿌리 자체(하늘)를 바꾸는 죄를 졌기 때문에 더러워졌고, 그로 인해서 인생살이에 모진 풍파가 시작되어 고통스러워진 것이라 하신다.

원래 하늘이 주신 영들과 함께하고 있으면 인생사의 고통과 불행은 절대로 없다는 말씀이시다. 근본도리를 아는 영들은 인간육신이 종교에 들어가면 인간의 몸 안에서 빠져나와 가족 중에 다른 사람 몸으로 들어가 피신한다고 하신다. 영들은 가족의 몸에 들어가서 여러분에게 온갖 욕설과 사사건건 시비를 걸고 미워하고 증오하며 싸운다.

자신에게 수시로 가시 돋치게 말하는 가족들이 여러분의 입장에서는 밉고 철천지원수처럼 여겨질 것인데 그 존재가 바로 자신의 영이다.

가족 중에 유난히 종교 가는 것을 결사적으로 말리는 사람의 몸에 자신의 영이 피신해 있다는 뜻이다.

자신의 영이 가족들 몸 안에 들어가 있으면 각자는 빈집이 된다. 대신에 하늘이 주신 영이 아닌 종교세계에서 데리고 들어온 사탄마귀와 악귀잡귀들과 함께 살아가게 되면서 가족들과 다투고 자신의 인생은 파탄난다.

반면에 인간 육신과 한통속이 되어서 종교에 따라 들어간 영들도 부지기수로 많이 있는데 이들은 하늘을 몰라보고 이 책을 읽어보고도 사이비라 비난하기 바쁘고, 그런 것이 어디 있느냐며 부정적이고 죽으면 그만이라 한다. 이들은 하늘이 자미국에서 부르시는 소리가 들리지 않아 그야말로 인간 육신이 죽으면 귀신이 될 존재들이다.

인간들이 종교에 들어가면 자신의 영들이 종교 영들에게 붙잡혀서 종교의 노예나 종살이를 하고 종교의 영들이 들어와서 육신을 지배하기에 충성스런 광신도로 변한다. 이로 인해 가정이 파탄 나서 이혼하는 신도들이 상당히 많다.

자업자득이라고 해야 한다.

살인은 할망정 종교는 믿으면 안 된다고 하늘이 마음으로 가르쳐주시었는데 이를 외면한 각자 잘못이다. 이혼만 하는 것이 아니라 경제적으로도 파탄 나서 신용불량자 신세로 전락하여 거지 인생을 살아간다.

하늘이 보내주신 영들과 함께하지 않고, 인간들이 더 잘 살아보려고 종교에 들어가서 복을 빌다가 쪽박을 깨버린 것이다. 종교 숭배자들에게 복을 빌어봐야 그들은 복을 내려줄 능력도 없고 오로지 금전착취, 충성, 굴복만을 강요할 뿐이다.

인간들이 종교에만 들어가지 않으면 가난도 없고 풍파도 없을 것이다. 모태 신앙인이라고 자랑스럽게 말하는 사람들이 참으로 많은데 자랑스러운 것이 아니라 가장 큰 불행이고 하늘을 무시한 죄인들이다.

유명한 교회, 성당, 사찰에 다닌다고 어깨에 힘주고 다니는 사람들은 자랑하고 다닐 것이 아니라 하늘 앞에 석고대죄하며 죄를 빌어야 한다. 하늘의 진실을 인정하고 종교를 다닌 사람들은 통곡의 눈물을 흘려야 한다.

종교에 다니는 것이 자랑스러운 일이 아니고 자신의 영이 인간 육신을 떠나게 해서 하늘이 내려주시는 복을 받지 못해 여러분을 아픔, 슬픔, 고통, 불행, 가난, 단명, 질병, 실직, 사업실패, 가정파탄, 사기, 배신, 파면, 해임, 고소고발, 관재구설로 실패한 인생으로 살게 만드는 무서운 일이다.

태초의 하늘과 영의 부모님, 자신의 영을 무시하고 부정하며 찾지 않는 자들은 인생의 기쁨과 행복은 사라지고 고통과 불행만이 이어질 뿐이다.

하늘이 보내주신 영들과 함께하는 인간들만이 성공하고 출세할 수 있다. 줄기차게 신명님, 하나님, 미륵님께서 절대로 종교만은 믿지 말라고 신신당부하셨는데 오늘 어마어마한 진실을 밝혀주시었다.

왜 종교에 다니지 말라고 하시었는지 상세하게 밝혀주신 경천동지할 날이었다. 망하는 길이 종교의 길이었는데 여러분만 망하는 것이 아니라 부모, 배우자, 자녀, 조상님들까지 몽땅 망하게 하는 길이다.

종교에 다니면서 받아오는 것은 복이 아니라 끝도 없는 명목을 붙여서 거두어들이는 헌금, 시주, 성금과 충성을 강요하는 굴복 그리고 나쁜 종교귀신들을 수없이 데리고 들어와서 가족들까지 멸망시키는 기운뿐이다.

자신의 잃어버린 영들을 찾아라

하늘께서 각자에게 보내주신 영들이 지금 어디에 가 있는지 인간들 스스로는 알 수가 없고 하늘만이 아신다고 하셨으니 자신의 영을 찾고자 하는 독자들은 속히 책을 정독하여 다 읽고 방문해야 할 것이다.

종교귀신들에게 잡혀간 영, 종교에 팔아버린 영, 가족 몸으로 피신해 있는 영, 인간이 죄를 짓고 더러워서 도망간 영 등 다양하다. 잃어버린 각자의 영들을 찾아줄 수 있는 전 세계 유일한 곳이 대단한 자미국 제사천궁이다.

종교세계의 교리와 이론이 지구 전체와 72억 인류의 정신을 지배하고 있지만 종교세계가 얼마나 잘못되었는지 알고 있는 자들이 없었다. 여러분이 믿고 있는 종교가 진짜라고 믿고 있는 사람들은 자신들의 인생과 가족들의 모습을 뒤돌아보면 정답을 빨리 찾을 수 있을 것이다.

이 책의 내용은 필자가 알고 있는 지식을 전하는 것이 아니라 인류 모두가 찾고자 만나고자 애타게 기다려왔던 신명님, 하나님, 미륵님께서 친히 천상에서 하강 강림하시어서 하늘의 말씀을 전해 주신 고귀한 진실들이다.

필자가 쓴 순수한 글은 10% 정도라고 보면 되고 모두 가르쳐주신 말씀을 토대로 책이 집필된 것이니 고정관념을 모두 버리고 순수하게 받아들이는 것이 이제라도 종교의 지옥에서 벗어나서 남은 여생을 편히 살 수 있는 유일한 길이다.

수천 년간 뿌리내린 종교 이론과 세상 사람들을 통해서 들은 오랜 고정관념을 책 한 권으로 모두 깨버리기에는 부족하지만 시작이 반이니 계속할 것이다.

인간 육신만이 잘 살 수 있는 비결은 이 땅 어디에도 없다는 뼈아픈 진실을 알았다. 태초의 하늘, 영의 부모님, 각자 영들의 존재를 부정하고 무시하며 찾지 않는 인간들은 절대로 무탈하게 살 수 없다는 점이다.

인간들의 생로병사, 길흉화복, 흥망성쇠, 성공과 출세, 권력과 재물, 명예, 건강, 목숨, 화목, 기쁨, 행복 모두를 실시간으로 주관하시기 때문이다.

종교에서 수천 년 동안 전하고 있는 하늘은 모두 가짜 하늘이라는 진실을 이 책을 통해서 인정하며 받아들이고, 자미국 제사천궁에 들어와서 이유 대며, 토 달지 말고 필자가 시키는 대로 행해야 인생이 바뀐다.

이 글을 집필하고 있는 필자는 상상을 초월하는 온갖 시련과 고난, 갈등의 질곡을 딛고 일어나서 글을 쓰고 있는 것이다. 이 땅에 인간이 태어난 이후 최고로 높은 높으신 하늘의 대행자, 인간의 대표, 인류의 대표, 인황, 지황으로 하늘께 선택받기까지에는 상상초월의 험난한 길이었다.

대단하신 하늘께서 아무에게나 높고 높은 하늘의 진실을 내려주시겠는가? 하늘의 모든 시험을 통과하고 하늘의 마음과 아주 조금이나마 같은 뜻이 있었기 때문이라는 엄청난 진실을 오늘(2014. 02. 26)에서야 알았다.

너무나 위대하시고 대단하신 태초의 하늘과 인류의 영적 부모님이신 신명님, 하나님, 미륵님께서 수십만, 수백만, 수억의 신도를 자랑하는 기존의 호화롭고 거대한 종교세계로 가시지 않고 자미국으로 와주시었다.

대단하신 분들이 와주신 이유는 내가 잘나고 똑똑해서도 아니고 종교와 전혀 다르게 하늘의 뜻을 전하고 싶다며 자미국을 개국하였기 때문이라고 하시었다. 이분들은 이 땅 지구에서 종교세계가 수천 년 동안 기하급수적으로 부흥 번창하는 동안 피눈물을 흘리시며 지켜보시었다.

어느 누구도 하늘의 아픈 마음을 헤아려드리며 진실을 전하는 자가 없었고, 종교를 세운 교주들이 신도숫자를 불리기 급급했으며 헌금, 시주, 성금을 강요하여 막대한 돈을 끌어들이는 욕심에만 혈안이 되어 있었다.

종교인들은 하늘이 하시지도 않은 내용을 하늘의 말씀이라고 신도들에게 전하면서 하늘을 수시로 팔아먹었다. 하늘의 원뜻을 자미국 이외에는 이 땅에 어느 종교세계에도 전하시지 않았는데 마치 하늘이 강림하신 것처럼 현혹시켰다.

이 땅에 있는 모든 종교세계에서 전하는 하늘은 진짜가 아닌 가짜 하늘이라고 수없이 말씀해 주시었다. 그래도 독자들은 믿지 않고 반신반의하거나 부정적으로 받아들이며 또 다른 신흥종교로 취급하였다.

그동안 사이비 종교라며 욕먹고 박해받은 일들은 다 열거할 수 없을 정도로 헤아릴 수 없이 많다. 그러나 진실은 언젠가는 승리하리라 생각하며 자미국을 운영하고 있다. 인류 최초의 진실을 전하니까 들어보지도 못했고, 상식적으로 이해되지 않는 부분들이 많았을 것이다.

상식적으로 인간들이 알고 있는 진실들을 높으신 하늘께서 뭐 하시려고 가르쳐주시겠는가?

그동안 인간들이 종교세계를 통해서 알고 있던 하늘세계, 사후세계, 영혼세계, 신명세계, 인간세계의 진실이 모두가 틀렸는데 종교인들은 틀린 줄도 모르고 열심히 전하고 있다.

선무당이 사람 잡는다고 하늘의 진실과 영적 세계의 진실을 잘 모르면서 아는 양 전하고 있으니 인간, 영, 조상님들이 이들의 말에 넘어갈 수밖에 없었다.

그러나 하늘의 진실을 일일이 까발리니까 들어보지도 못한 내용이라서 어렵고 이해가 되지 않는다고 말하는 것이다. 자신들이 알고 있는 종교교리나 세상의 이론과 너무나 달라서 받아들이기가 힘든 것이었다.

하늘의 진실은 종교세계가 아닌 자미국을 통해서만 이 세상에 전해지고 있고, 하늘의 진실과 함께하는 자들만이 남은 여생 동안 근심과 걱정에서 벗어나 행복한 세상을 살 수 있다. 종교와 함께하면 천복만복을 실시간으로 주관하시는 하늘과는 영원한 이별이니 세상 살아가기가 어렵다.

이 책 내용을 다 이해하지 못하면 필자의 말대로 따라서 행하기만 하면 된다. 인류 최초로 이 세상에 처음 전해지는 대단한 하늘의 진실인데 여러분이 한 번에 이해하고 다 안다며 받아들이는 것도 각자의 잘남이자 자만, 교만, 거만이다.

그래서 책을 정독하여 읽은 독자들에 한해서 필자와 상담이 절대적으로 필요한 것이다. 글을 읽고 이해 안 가는 부분은 상담을 통해서 알 수 있다.

큰일을 하려면 하늘의 마음을 얻어야

이 나라의 정치 지도자가 되려면 인적 관리, 재물관리, 민심관리와 더불어 하늘의 마음을 얻어야 한다.

하늘을 얻으면 천하를 얻는다는 말은 인정하면서도 진정으로 어떻게 하는 것이 하늘의 마음을 얻는 것인 줄은 구체적으로 알지 못하고 있다.

그 정답이 자미국 제사천궁에 있다.

천 마리의 닭(대권후보) 중에서 봉황(대통령)은 한 마리뿐인데 어떻게 뜻을 이루어야 하는 것인지 그것이 문제이다.

대통령뿐만이 아니라 공기업이사장, 고위공직자, 시군구 지자체 의원, 기초단체장, 국회의원, 장차관, 광역단체장, 부총리, 총리에 이르기까지 수많은 사람들이 뜻을 이루고자 하나 하늘의 마음을 얻지 못하면 일장춘몽으로 끝나고 그것이 살아서도 죽어서도 원과 한으로 남는다.

민심(民心)은 천심(天心)이란 말을 자주 듣는다.

그 말의 뜻은 민심을 얻는 자가 천심을 얻는다는 말인데 맞는 말이다. 하늘은 인간과 인류의 마음을 창조하시었기 때문에 민심을 얻는 것이 곧 하늘의 마음을 얻는 것이다.

모두가 민심을 얻으려고 안간힘을 쓰지만 그것이 생각한 것처럼 뜻대로 잘 이루어지 않는다. 인간들의 겉모습만 보고 하늘이 창조조하신 내면의 마음은 읽지 못해서이다. 인간 내면의 마음을 얻을 수 있는 길은 무한한 인간의 노력으로도 한계에 이를 수밖에 없는 것이다.

필자와 뜻을 함께하는 독자 여러분은 하늘의 마음을 남들보다 빨리 얻을 수 있는 특권을 누리게 된다. 하늘은 여러분의 눈에 보이지 않기 때문에 하늘의 마음을 얻는 방법에 대해서 자세히 알지 못한다.

책을 읽고 지금까지 필자의 말을 인정하고 필자가 하라는 대로 행한 자들의 뜻을 하늘이 이루게 해주시었다. 필자를 통해서 올리는 소원만을 하늘이 들어주신다고 수없이 말씀하시었다.

그래서 하늘의 대행자인 것이다.

하늘께서는 인류의 소원은 하늘의 대행자를 통해서만 들으시겠다는 뜻이다.

그런데 세상 사람들은 책을 읽어보고도 자미국 제사천궁을 마치 신흥종교단체 정도로 생각하며 폄하하고 있다. 하늘의 마음을 얻는 일은 멀리 있지도 않고 그리 어렵지도 않지만 각자의 고정관념과 종교귀신들이 뿌려대는 나쁜 기운 때문에 받아들이지 못하며 거부하고 있는 것이다.

종교교리나 세상을 통해서 들은 보는 고정관념을 버리고 자미국 제사천궁을 찾는 자가 마지막 승리자가 될 수 있다.

앞으로 펼쳐지는 미래 세상은 가짜 하늘의 뜻을 전하는 종교세상이 아닌 하늘세상, 자미국세상, 천인세상이다.

김연아의 캐나다 동계올림픽 우승, 이명박 대통령 당선, 박근혜 대통령 당선은 나의 마음이 이들을 간절히 응원하고 있었기 때문이라는 진실을 하늘이 가르쳐주시어서 알게 되었는데 이것이 하늘의 대행자에게 특별히 내려주신 인류 최초의 대단한 천지대원력인 것이다.

필자가 인류의 표본이라고 말씀하셨을 때 처음에는 인정이 안 되었다. 필자가 어떻게 인류의 표본이자 대표인가 하고 말이다. 그런데 내가 마음이나 생각, 글로 원하고 바라는 일들이 속속 현실로 이루어진 뒤부터 인정하게 되었다.

최근에 미세먼지가 발생한 진실에 대한 말씀을 2014년 3월 1일날 전해 주시었는데 필자의 마음과 생각, 행동으로 인해서 그런 엄청난 미세먼지가 발생하게 되었다고 말씀하시었는데 그 자세한 사연은 생략한다.

지난겨울에 춥지 않았던 날씨도 필자의 마음 따라서 해주신 것이라 하신다. 이 나라의 기후가 아열대처럼 춥지도 덥지도 않은 살기 좋은 기후가 되기를 필자가 원하고 있었기 때문이다.

지금 남극과 북극의 거대한 빙하가 녹으면서 지구 온난화가 급속히 이루어지고 있는 것도 하늘께서 필자의 소원을 이루어주시는 일환이시다.

이처럼 하늘의 대행자가 원하는 것을 현실로 이루어주고 계신 절대자가 태초의 하늘이시다. 하늘이 내리시는 말씀대로만 행하고 있으면 필자가 원하고 바라는 일들을 모두 현실로 이루어주시겠다고 수없이 말씀하시었다.

남북통일, 세계통일, 종교통합 역시 현실로 이루어질 것인데 이 뜻이 이루어지는 시기는 자미국 제사천궁이 이 나라의 중심으로 청와대 터에 우뚝 세워진 후이다.

하늘과 땅의 뜻이 함께하는 자미국 세상!

자미국과 함께하는 것이 인생 승리자의 최고 지름길이다.

인력으로는 불가능한 일들을 이루어낼 수 있는 전 세계 유일무이한 세상이 열리고 있으니 하루라도 빨리 참여하는 것이 인생의 행복을 여는 길이다.

앞으로 자미국과 함께해야만 하늘의 보호와 도움을 받아 치열한 경쟁에서 살아날 수 있고, 현재의 자리도 남에게 빼앗기지 않고 오래 지킬 수 있다. 뿐만 아니라 자신의 목숨, 건강, 돈, 권력, 직장, 행복, 명예도 마찬가지이다.

하늘을 움직여 하늘의 마음을 얻어 천하를 가질 수 있는 유일한 길은 종교세계에 있는 것이 아니라 대단한 자미국에 있다. 하늘의 뜻이 함께하지 않은 모든 부귀영화는 해가 뜨면 사라질 풀잎 끝에 맺힌 이슬과도 같이 부질없는 것이다.

불원간에 자미국이 세상의 중심이 되어 천하를 영도하고 막강한 영향력을 행사할 것이니 뜻을 함께할 독자들은 남들보다 먼저 들어오는 것이 유리하다. 늦게 들어오면 사람이 많아져서 존재감을 인정받기가 어렵다.

자미국 제사천궁을 세상 사람들이 보편적으로 알 정도로 널리 알려졌을 때 들어오면 시선 한 번 마주치기가 힘들 정도가 된다. 지금이 가장 적기일 것이다.

천지대업에 동참할 수 있는 기회가 많이 주어지기 때문이다. 대통령, 총리, 광역지자체장 선거에 출마할 후보와 국회의원 보궐선거에 출마하려는 사람들에게 하늘의 마음을 얻는데 가장 빠른 지름길이 되어줄 것이다.

머지않아서 자미국 세상이 본격적으로 열리면 자미국 소속(천인, 백성)이 아닌 사람들은 모든 경쟁에서 뒤처져서 승리는 남의 일이 될 것이다.

하늘과 함께하지 않는 인생길은 어두운 밤길을 등불 없이 홀로 걷는 것이고 북풍한설 몰아지는 추운 겨울에 알몸으로 거리를 헤매는 것과 같기에 하루라도 빨리 하늘의 품 안에서 보호와 도움을 받고 살아가야 한다.

하늘은 너무나 대단하시기에 필자는 그 뜻을 위대하게 전 세계에 널리 전하고자 남은 인생 모두를 걸었다. 그래서 지금 대통령이 집무실로 사용하고 있는 청와대 자리에 자미국 제사천궁을 우뚝 세워서 이 나라와 전 세계로 위대하시고 대단하신 하늘의 존재와 말씀을 널리 전하려고 한다.

필자가 전하는 하늘이 가짜라면 굳이 청와대 터에 들어가서 세상의 이목을 끌 필요조차 없을 것이다. 그러나 유일신이신 진짜 태초의 하늘이시라서 전 세계로 빠른 시일 내에 위대하심과 전지전능하심을 널리 알려야 하기에 청와대 터가 필요한 것이니 동참해 주기를 바란다.

이것이 자미국 제사천궁을 창시한 필자의 사명을 완수하는 길이다. 나의 존재를 알리기보다는 태초 하늘의 진실을 알리는 것이 나의 마음을 창조하여 이 땅으로 보내주신 하늘과 영의 부모님에 대한 근본도리이다.

마음이 없는 자는 없을 것이다.

이 각자의 마음을 창조하여 이 땅으로 보내주신 하늘과 영의 부모님에 대한 존재를 인정하고 하늘의 말씀대로 행하고 사는 것이 근본도리이다.

하늘의 진실을 모르는 자들은 상상 속에 계신 하늘이라고 부정적인 생각을 하거나 하늘을 내세워 장사한다고 말하는 자들도 있을 것이다. 글이나 말로는 다 전할 수 없을 정도로 너무나 대단하신 천지대능력자이시다.

이제까지 종교에서 전해 들었던 가짜 하늘과는 감히 비교도 할 수 없는 멋진 하늘이시고 불가능이 없으신 위대하시고 대단하신 무소불위의 절대권자 하늘이시다. 감히 하늘의 천지대능력은 인간들이 상상할 수 없는 영역까지 엄청난 천지조화를 내려주시는 태초의 하늘이시다.

인생을 크게 승리 할 수 있는 해법이 자미국에 있다.

먼저 찾는 자가 우선이고, 그중에서도 하늘의 뜻에 가장 가까운 맑고 깨끗한 마음을 가진 하늘 사람들인 천인(天人)들이 승리의 축배를 들을 것이다.

인류의 마음을 창조하신 대단하시고 위대하신 하늘의 마음을 얻는 자가 천하를 얻게 되리라~

하늘의 마음을 얻기 위해서는 근본도리를 이행하여야 하는데 그 첫 번째가 이미 돌아가신 자신의 부모조상님들을 꽃피고 새 우는 무릉도원 천상세계로 보내드리는 처음이자 마지막 의식인 대제사(입천제)를 올려드리는 것이다.

두 번째는 자기 영(마음)의 부모님이 신명님, 하나님, 미륵님 중에서 어느 분이신지 영의 뿌리를 찾는 천인합체의식을 행해서 태초 하늘의 명을 받아 천인으로 재단생하는 것이다. 이 의식은 일수일 안에 두 번의 의식을 행하면 된다.

종교처럼 기도하고 도를 닦으며 수행하는 것이 아니고 의식시간에 참석하여 자리에 두 시간 정도씩만 앉아 있으면 되므로 어렵지도 않고 번거롭지도 않다.

죽은 자의 기운을 받는 종교세계

주인공(특단 천인)의 아들 천인합체의식을 해주는 날이다.

24살 난 자식이 군대를 제대하고 7개월 동안 머리도 안 깎고 방안에만 틀어박혀 있으면서 아버지라 부르지도 않고 아버지의 말을 무시하여 너무나 속상하고 답답한 사람(선관위 고위공무원)이 있었다.

아들이 한 번씩 속을 썩이고 뒤집으면 가슴이 아프고 심장이 끊어질 것같이 아파 그 고통을 당해 보지 않은 사람은 알 수가 없다고 하소연했다. 아들이 거구라 때리려고 하면 아버지 손을 꽉 잡아서 때릴 수도 없다고 한다.

아들이 아버지를 우습게 여기고, 아버지에게 대들고 막말하는 행동과 우울증으로 방 안에만 틀어박혀 있어서 정신병원에 보내려고 의사 상담 끝내고 나온다면서 필자에게 전화를 했기에 호통을 쳤다.

하늘의 명을 받아 아들 천인합체해 주면 될 것을 어째서 정신병원에 입원시키려 드느냐고 일갈대성으로 혼내주었다.

그리고 의식 행하기 이틀 전 날 7개월 동안 머리 깎지 않고 시위하던 아들이 이발하였다고 한다.

돌아가신 어머니가 살아생전 자식을 불교의 석가모니 사상에 빠지지 않게 말렸어야 했는데 그리 못하여 자식이 생명이 없는 죽은 석가모니 교리에 빠져 우주의 주인이 석가라며 믿고 다니게 했으니 그것이 돌아가신 어머니의 죄라 밝히셨다.

자식이 인간적으로 볼 때 아버지 말도 안 듣고 멋대로 하니 불효자 호래자식 같아도 하늘의 역할을 잘하고 있는 거라고 하시며 그동안 석가를 우주의 주인이라 섬겨서 하늘을 아프게 해드린 그 고통을 당하고 있는 거라 하신다.

3041년 전에 죽었기에 아프고 서러워하는 많은 사람들이 눈물 콧물 흘리며 매달려도 석가는 어떤 말로도 위로해 준 적이 한 번도 없다고 밝히셨다.

하늘의 천인이 되었어도 이름뿐이고 하늘께서 내려주신 생명줄인 말씀을 다 버리고 찾아준 하늘 대신 죽은 석가의 사상으로 꽉차 있어서 의식 때 하늘의 말씀도 하나도 듣지를 못하니 기억도 없는 것이며 행동 또한 못했으니 지금 살아온 현실이 이를 증명하고 있는 거라고 하셨다.

그러시면서 희로애락의 감정이 하나도 없던 주인공을 대단하신 하늘의 위력으로 자식을 통하여 다시 살아나게 하시는 거라고 하시니 주인공은 자기가 침착하고 인내심이 많아서 그런 줄 알았다고 한다.

부처가 우주 속에 최고라고 생각하며 눈 감고, 입 다물고 착한 척한다. 석가모니가 죽은 지 몇천 년을 지났건만 지금까지도 죽은 석가귀신 흉내를 내고 있다고 호통치셨다.

지나간 의식 때 감정도 없이 인생을 시체놀이 하고 있다며 즐겁고 재미있게 살라 했는데 기억이 나느냐? 물어보시니 전혀 기억이 나지 않는다 한다.

물건 하나도 몇 년을 쓰면 삭고 망가져서 기운이 다하는데 석가 기운이 3,041년을 지나오면서 그때 그 기운이 아직도 살아 있다고 생각하느냐 하셨다.

석가가 죽었으니 귀신 기운이 있는데 그 귀신 기운이 퍼져서 인간의 몸에 독으로 남는다 하신다. 더럽고 몸서리쳐지는 석가의 독기운이 주인공의 몸으로 퍼져 아침에 눈만 뜨면 온몸이 아픈 것이라고 말씀하셨다.

절에는 과거에 다녔지 지금은 안 다니는데 괜찮은 것 아니냐고 반문하자 그런데 왜 네 몸은 아직도 아프고 너의 삶은 그 지경이냐며 현실이 말해준다 하셨다.

주인공이 너무 아파해서 필자가 발가벗겨 놓고 온몸을 살펴보니 절에서 따라들어 온 종교귀신들이 가득하였다. 나이 58세인데 70대 후반의 몸이었다. 부황을 너무 많이 떠서 목불인견이라 해야 했고 살아있는 산송장 그 자체였다.

몸에 붙어있는 악귀잡귀들을 모두 물리쳐주는 질병즉멸 천지공사(의통 시술)를 해주었다. 이틀 후에 몸이 많이 좋아졌다고 감사하다며 전화를 해왔다.

독자 여러분이 알아야할 일이다.

종교를 믿으면 죽은 숭배자의 기운(귀신)만 찾아오는 것이 아니라 숭배자를 추종했던 수많은 귀신(사제)들도 함께 따라서 인간의 몸으로 들어온다는 것을 알 수 있었다.

종교세계가 죽은 자를 섬기고 그의 사상을 받드는 것이기 때문에 우리 산 인간들에게 하등의 도움도 주지 못하고 있으나 종교 지도자들에게 종교 교리와 이론으로 너무나 세뇌당하여 완전히 로봇처럼 따르고 있다.

유명 인사들이 많이 다니고 있는 종교세계의 역사 깊은 천주교 교리와 이론 역시 예외는 아니다. 죽은 자를 섬기는 종교시대는 끝났다.

진짜 하늘을 찾고, 진짜 하늘을 믿으려면 신명님 · 하나님 · 미륵님이 섬기시는 시퍼렇게 살아계신 떠오르는 태양 태상천존 자미천황님 앞에 줄을 서야 한다.

종교세계의 교리와 이론이 제아무리 그럴듯하고 참신한 것 같아도 하늘의 원뜻이 아니기에 다니면 다닐수록 하늘이 주신 깨끗하고 맑은 기운을 빼앗기게 되어 있다.

전 세계에서 왜 유독 대한민국에서만 종교세계가 난무하여 종교백화점이 되었는지 궁금할 것이다. 하늘의 기운이 전 세계에서 가장 강하게 내리는 곳이기 때문이다. 그래서 미륵출세, 재림예수, 정도령, 진인어세 같은 말이 생긴 것이다.

과거 예언자들이 자미국 제사천궁의 출현을 몰랐던 시대에 이 땅에 누군가 출현할 것이고, 그가 구세주라고 여겨서 너도나도 종교를 세운 것이 그 원인이다.

외래 종교가 이 땅에 우후죽순처럼 들어온 것은 하늘이 내려주신 맑고 깨끗한 기운을 훔쳐가기 위한 술수였다고 천상에서 오신 분들이 가르쳐주시었다.

하늘이 내려주신 기운을 도둑질하러왔단다.

각자의 몸 안에 내려주신 천상의 맑고 고운 영들을 훔쳐가기 위한 도둑들이 종교세계이자 숭배자들인 것이다.

종교에 들어가면 하늘이 주신 기운을 모두 빼앗기고 빈껍데기만 남아서 진짜 하늘을 만날 때는 그들의 종이나 노예가 되어서 들어오지 못하게 되어 있다. 지금 도둑들의 소원이 이 땅에서 이루어지고 있다.

수명 장수하는 자미국 시대가 열린다

하늘의 진실이 자미국을 통해서 전해지고 있다.

인류가 오래전부터 애타게 기다려오던 진짜 하늘은 과연 존재하시는지? 상상속의 하늘이나 종교세계의 하늘로 존재하시는 것인지 무지하게 궁금하였을 것이다.

위대하신 태초의 하늘 태상천존 자미천황님과 태상천존 자미황후님이 우주의 천지만생만물과 인류를 창조하신 절대자, 전지전능자이시다.

또한 세상을 통하여 친숙하게 알려진 신명님, 하나님, 미륵님이 계시지만 종교세계를 통해서 알고 있는 더렵혀진 그런 분들이 아니시라 이 땅에서 처음으로 존재를 밝히시는 대단하신 분들이시니 고정관념을 바꾸어야 한다.

태초의 하늘과 세 분들 모두와 실시간으로 수많은 대화를 나눌 수 있는 인간들은 인류가 이 땅에 태어나고 단 한 명도 없었고 앞으로도 없을 것이며 하늘의 대행자이자 필자인 인황과 사감만이 유일할 뿐이다.

지금 현재도 수많은 의식을 통해서 이분들과 대화하며 의식을 집행하고 있다.

대제사의식은 비록 육신적으로는 인황과 사감이 집행하고 있지만 영적으로는 하늘과 신명님, 하나님, 미륵님 그리고 자미인황님이란 분이 함께 행해 주시는 것이기에 단 한 번만 의식을 행하면 되는 것이다.

인간 육신 필자 인황과 사감의 몸을 빌려서 하늘과 땅, 신명님, 하나님, 미륵님, 자미인황님이 행하시는 것이다.

이 대단하신 분들이 필자 인황과 사감의 육신으로 오시어서 천상지상 천지신명공사를 집행하고 계시니 미륵출세, 재림예수, 정도령, 진인어세의 예언이 자미국 제사천궁에서 동시에 이루어지고 있는 것이다.

이 대단하신 분들은 인류가 이 땅에 태어나고 단 한 번도 인간의 육신을 빌려서 내려오신 적도 없고, 존재를 밝히신 적이 없으셨다고 말씀하셨다.

처음이자 마지막으로 밝히시며 필자의 육신이 살아 있는 동안만 함께하시며 인류를 구원해 주시겠다고 하셨다. 기존의 종교세계처럼 세습이 안 된다고 하시었다.

그래서 후계자 같은 것은 아예 생각지도 않는다.

하지만 이제야 어마어마한 태초 하늘의 진실을 최초로 밝히시는데 몇십 년 동안만 행하실 것이라고는 생각지 않는다.

필자의 나이 60세(을미생)이고, 사감은 43세(임자생)인데 이 중에서 한 명만 죽어도 자미국 제사천궁은 존재할 수 없게 천상에 계획되어 있다고 말씀하시었다.

인간의 나이로 보면 30~40년 정도 수명이 남아 있는데 수천 년 동안 전 세계에 널리 퍼져 있는 종교의 뿌리를 뽑아버릴 수가 없을 것이다. 종교처럼 세습은 안 되지만 인간의 천수로 알려진 100세 수명을 늘리는 것은 가능하다.

이것이 수백 살, 수천 살, 수만 살까지 살게 해주실 수 있는 천지대능력자 분이 하늘이시다. 자미국을 인류 최초로 세웠으니 인황과 사감의 수명도 인간의 천수를 훨씬 초월한 장구한 수명까지도 살 수 있게 해주실 것이다.

필자 인황이 원하고 바라는 것은 모두 현실로 이루어주신다고 하늘께서 수없이 말씀하셨기에 꿈이 아닌 현실이 될 것이고, 지구촌은 자미국 세상이 될 것이다.

인간이 죽지 않고 오래 살 수 있는 비결이 있다면 얼마나 좋을까 생각하며 이를 위해서 첨단 생명공학이 나날이 발전해 가고 있다. 수명 장수의 소원을 생명공학으로 이루어나갈지 아니면 하늘이 내리시는 어떤 천지조화원력에 의해서 이루어질지는 좀 더 지켜봐야 할 것이다.

자미국을 개국하기 전에 인간의 수명을 무한정 늘릴 수 있는 비결이 있다고 가르쳐주시었기 때문이다. 그것이 지금 행하고 있는 천인합체의식인데 이제 행한 지가 얼마 안 되어서 세월이 더 흘러가 봐야 확실히 알 수 있다.

현재 하늘의 명을 받아 천인으로 탄생한 자들이 앞으로 30~40년의 세월이 흘러가도 현재의 모습에서 늙지 않고 그대로 유지되는지가 관건이기 때문이다. 필자가 받은 메시지가 맞는지 틀리는지 판결이 날 것이다.

필자가 100살이 되어도 현재의 모습에서 전혀 노화하지 않고 현재의 젊은 모습으로 생생하게 건재한다면 여러분과 세계 인류가 필자를 인정하지 않을 수 없을 것이다.

그런데 현재도 필자가 어떤 말을 하면 상대방의 몸 안에서 신비한 이적과 기적이 수없이 일어나고 있다.

말 한마디나 문자메시지로 병마를 원격치료하고 소멸시키는 상식적으로 말도 안 되는 황당한 일들이 속속 일어나고 있으니 필자 인황 역시 놀라기는 독자 여러분과 같다. 이런 사례들은 발행한 책 속에 자세히 수록되어 있다.

어떤 여성은 긴 머리카락이 너무 많이 빠져서 부모에게 수시로 핀잔을 자주 듣는다고 속상해하기에 필자가 그녀에게 강력하게 명을 내렸다.

"○○○아,

오늘 이 시간부로 더 이상 머리카락 빠지면 안 돼!"

이런 간단한 명을 내리고 난 후 두 달이 지났는데도 기적같이 머리카락이 전혀 빠지지 않는다고 감동했다며 감사의 말을 수없이 했다.

이런 일들이 어찌 가능한지 필자 자신도 알 수 없다.

이것은 필자의 능력이 아니라 필자 육신이 말하는 대로 이루어 주시는 하늘의 천지원력이 얼마나 대단하신지 현실로 보여주시는 것이었다.

인간들은 하늘의 원력이 얼마나 무소불위하신지 상상만 했지 전혀 알 수가 없었다. 필자가 하늘의 대행자이기에 말만하면 하늘께서 현실로 이루어주시는 것 같다.

인간의 수명을 늘려서 오래 살고 싶은 독자들은 필자에게 몇 살까지 살고 싶다고 말을 하고, 필자가 허락을 하면 그 뜻을 현실로 이룰 수 있을 것 같다.

인간의 수명연장은 하늘의 대행자 인황을 통해서 현실로 이루어 주신다. 이런 일이 현실로 이루어지고 소문이 전 세계로 퍼져나가면 자미국과 대한민국은 정말 대박이다.

오래 살고 싶은 전 세계 인류가 몰려올 것이기 때문이다. 평범하게 살아가는 일반인들이야 그림의 떡일 테지만 부귀영화 모두를 누리는 이 나라 상류층과 전 세계 상위계층 인간들의 발걸음이 줄을 이을 것으로 보인다.

가는 세월 잡을 수 없고, 세월 앞에 천하장사 없다.

저물어가는 세월 속에 귀한 목숨과 태산 같은 돈과 권력, 명예도 모두 내려놓아야 한다.

인간들이 너무나 잘나서 하늘 무서운 줄 몰라 하기에 오래 살지 못하게 해놓으셨단다. 그러면 그 잘난 교만, 자만, 거만함의 상징인 돈과 권력, 명예를 내세우지 말고 오히려 겸손해하면서 하늘 앞에 순한 양이 되어서 승복하고 주신 것에 대하여 감사히 생각하며 하늘이 내리시는 명을 받아 천인으로 재탄생한다면 가능한 일이 아니겠는가?

인간의 수명 장생이나 수명 연장 또한 하늘의 고유권한이신데 하늘의 대행자 인황이 원하면 현실로 이루어주시는 것 같다. 16년 동안 필자에게 보여주신 무소불위의 수많은 천지풍운조화의 이적과 기적이 그 증거이다.

불가능이 없으신 하늘이시다.

필자는 하늘의 대행자이고 인간세상에 하늘의 대단하심을 책으로 집필하여 널리 알리고 있다. 현재 30권의 책이 출판되었지만 너무나 대단하여서 오히려 황당하게 생각하고 믿지 못하는 독자들이 더 많다.

하늘의 대단하신 천지원력은 인간들의 상상으로는 감히 생각지도 못하는 천지조화를 보여주신다. 현실로는 말도 안 되는 일이기에 아예 믿지 못하는 것이다.

기가 막힌 일이다. 너무나 대단한 능력을 보여주어도 인간들이 오히려 따라오지 못하고 있다. 그래서 일반인들이 적응할 아주 약간의 세월이 필요한 것인데 이제 그 시간이 눈앞으로 조용히 다가오고 있다.

필자의 육신을 통해서 무소불위한 천지원력이 세상에 공식적으로 조만간 알려질 것이다. 이미 2014년 1월 중순경에 유명 인사들에게 문서로 전달해 놓은 상태이니 현실로 천지조화가 이루어질 그날만 남았다.

국가의 미래에 대한 내용이다.

필자가 하는 말이나 글은 천지원력의 무소불위한 기운에 의해서 현실로 수없이 이루어지고 있지만 너무나 상상을 초월하는 일이기에 반신반의하거나 황당하게 받아들이고 있다.

그러나 이제 얼마 지나지 않으면 이 나라 국민들 모두가 싫든 좋든 자미국을 인정할 수밖에 없는 그날이 온다. 기쁨과 환희로 인정하든 두려움에 떨면서 겁에 질려 인정하든 하늘과 땅의 천지원력에 의해서 승복할 것이다.

자미국 하늘 앞에 먼저 승복하는 자가 행운아이다.

들어오는 시간을 지체하면 할수록 각자의 인생은 더 어렵고 힘들어질 것이다. 하루라도 빨리 하늘의 품 안에 안겨서 사는 것이 기쁨이자 행복이다.

오래 살고 싶은 자들은 하루라도 빨리 서둘러서 들어와 살아서도 죽어서도 천인(신선과 선녀)으로 재탄생하는 하늘의 명을 속히 받들어 행해야 할 것이다.

제사 · 차례 · 굿 · 천도재를 행하면

2014년 3월 16일 천상의 높으신 신명님, 하나님, 미륵님, 자미인황님께서 하강하시어 61세 남자(금융계 지점장)의 천인합체의식을 행해 주시면서 가르쳐주신 말씀이다.

굿과 천도재를 행해서 무속 귀신과 석가 부처에게 굴복했으니 그 죄의 대가로 남에게 속아서 대출금도 물어내고 2년 동안 감옥생활까지 하는 힘든 삶을 살게 된 것이라고 하셨다.

굿을 한 번하면 한 명의 무속인 조상귀신을 자신의 조상으로 받아들이는 것이고, 열 번 굿을 하면 10명의 무속인 조상귀신을 자신의 조상으로 만드는 것이기에 굿을 하면 할수록 인생이 더 뒤집어진다 하시었다.

또한 절에 가서 천도재를 열 번하면 열 명의 귀신을 데리고 들어와서 여러분과 가족들에게 전염시켜 빙의되는 것이라고 상상을 초월하는 말씀을 해주시었다. 굿하고 천도재해도 조상님들이 그곳에 절대로 갈 수 없다고 하신다.

자미국에서 대제사를 행하여 하늘 자미천황님께 구원받아 천상자미천궁으로 올라갈 조상님들은 어떤 영혼계에 따로 데리고 계시면서 하늘세계, 사후세계에 대해서 공부를 시켜주고 계시기 때문에 무속에서 굿을 하고 절에서 천도재를 해도 절대로 보내지 않는다고 하셨다.

굿이나 천도재, 치성을 올려도 여러분 조상님들이 참석하지 않았으니 당연히 무속인, 승려, 법사, 도사의 조상귀신들이 받는다고 말씀해 주셨으니 오랜 세월 동안 이들을 통해서 정성을 올렸던 수많은 사람들은 참담하고 허탈하리라.

인생이 잘 풀리라고 굿을 하고 천도재와 치성을 올리면 인생이 더 뒤집어진다는 진실을 여러분은 어찌 받아들일 것인가? 필자 역시 난생처음 들어보는 천상의 말씀이었으니 여러분이야 오죽하겠는가?

인간세상에 이제까지 알려진 종교이론과 전통풍습이 모두 하늘의 뜻과는 다른 것이었다. 다시 말하면 굿과 천도재, 제사와 치성은 모두 하늘께나 올리는 귀한 의식이었다. 그런데 귀신들이 조상님들을 내세워 굿 · 천도재 · 제사 · 치성을 행하게 해서 귀신들이 받아가기 위한 것이었으니 놀라지 않을 수 없다.

함께 제사와 차례에 대한 진실의 말씀 또한 내려주시었다.

제사와 차례 지낼 때 여러분의 조상님들이 와서 받는 것 보았느냐고 하시면서 도대체 누구에게 제사와 차례를 지내는 것이냐고 말씀을 하신다.

다시 말하면 정성을 다하여 올리는 제사와 차례는 여러분의 조상님들이 받지 않고 귀신들이 받는 것이니 지내지 말라는 뜻이다. 제사와 차례 지낼 때마다 여러분의 조상님들이 아닌 귀신들을 불러들여서 대접하는 것이므로 인생사가 더 뒤집어지고 힘들어진다는 말씀이다.

자손으로서 정성스럽게 지내는 제사와 차례가 귀신들을 불러들여서 대접하는 것이라 하시니 수천 년 동안 전통풍습으로 지내오던 제사와 차례를 지내지 말아야 한다. 하지만 민족의 정서상 받아들이기가 쉽지만은 않을 것이다. 지내지 말라고 했는데도 지내는 사람들은 착한 척하는 것이다.

귀신들은 인간들이 자신들의 존재가 보이지 않아 몰라보기에 인간들을 우롱하고 있다. 그러면서 제사와 차례를 지내야 효도하는 것이고 또한 조상 음덕을 받을 수 있다고 현혹시키는 것인데 사람들은 이런 진실을 알지 못한다.

하늘의 진실을 전하는 정말 대단한 자미국인데 기존의 종교세계처럼 속성으로 부흥번창하지 못하는 것은 진실이기 때문이고, 서두를 필요가 없다고 말씀을 하셨다.

그러시면서 책을 읽고 자미국에 빨리 들어오지 못하는 것은 독자 여러분이 금전적, 정신적으로 천문학적인 피해를 입는 것이라 하시고, 여러분이 안달하며 살려달라고 매달려야 할 곳이 자미국이라 말씀하셨다.

늦게 들어올수록 보이지 않는 금전적, 정신적 피해가 태산처럼 크다는 뜻이다. 이 땅에 지천으로 깔려 있는 종교귀신들의 지배를 받고 살아가기에 여러분이 고통과 불행을 당하고 있는 것인데 이것을 금전적으로는 환산할 수 없다고 하신다.

그래서 자미국은 종교처럼 전도와 포교를 하지 않으며 오로지 책을 통해서만 진실을 인정하고 들어오는 독자들만이 하늘께 선택받아 행운을 누리는 곳이라 하셨다. 자미국은 가짜 하늘을 펼치는 종교가 아니기에 서두르지 말라 하시고, 반드시 진실이 승리하게 되어 있다 하신다.

그리고 자미국을 창시한 인황과 사감은 살아 있는 인류 중에서 가장 착한 자이기에 하늘께서 뽑아주시었다고 하신다. 하늘께서 정하는 착함의 기준은 여러분이 생각하는 인간세상 착함의 눈높이 잣대와는 다르다.

하늘은 돈을 받지 않고도 구원해 주신다.

그러나 인간육신을 가진 인황과 사감을 통하여 인류를 구원하기 위해서는 하늘께서도 필자 인황과 사감의 육신을 빌려서 의식을 행하셔야 하기 때문에 하늘께서 돈을 주셔야 하므로 의식 비용을 받게 하시는 것이라 하신다.

사람은 어느 누구든지 돈을 받지 않고는 일을 시켜도 하지 않기 때문에 하늘의 뜻을 만 세상에 펼치는 필자 인황과 사감 육신을 쓰시기 위해서는 돈을 주실 수밖에 없다고 하시고, 그래야 의욕이 생겨서 열심히 의식을 한다고 하신다.

즉, 외형상으로 자미국은 인간 육신을 가진 필자 인황과 사감이 세우는 것인 줄 알았는데 하늘의 위대하신 뜻을 만 세상에 전하시려는 천지대능력자이신 신명님, 하나님, 미륵님, 자미인황님께서 세우는 것이란 엄청난 진실을 알게 되었다.

결국 필자 인황과 사감의 육신을 이분들이 빌려서 쓰신다는 것이 확인되었고, 그 대가로 의식비용을 받게 해서 돈으로 육신을 빌려 쓴 사용료를 지불하는 것이었다고 하신다.

상상을 초월하는 말씀이다.

필자가 잘나서 자미국을 세우고 있는 것이란 환상이 일순간에 모두 깨지는 순간이있다. 오래전부터 필자가 생각하고 말하는 대로 수많은 천지풍운조화, 인생조화, 날씨조화가 왜 일어났던 것인지 그 진실을 알게 되었다.

말은 내가 하였지만 천지대능력자들이신 신명님, 하나님, 미륵님, 자미인황님께서 필자의 육신을 빌려서 행하셨다는 어마어마한 진실을 확인하는 계기가 되었다. 그 전에도 나의 능력이 아니라고 말로는 하고 있었지만 확실치가 않아서 나 자신 스스로도 혼란스러웠었으나 이제 확실히 알았다.

그러기에 자미국을 부정하고 비난하는 자들은 살아서든 죽어서든 하늘과 땅의 저주가 자손 대대로 내려가서 하늘과 땅의 운이 막히고 매사 되는 일이 없어서 결국 가문이 멸문지화 당한다는 것이다.

우리 인류의 운과 복을 주관하시는 대단하신 분들을 부정하고 사이비라 매도하였으니 당연한 결과이다.

여러분이 잘되는 길, 기업이 잘되는 길, 나라가 잘 되는 길이 자미국에 있다. 필자는 하늘의 대단하신 천지대능력을 수없이 직접 겪어 본 당사자이다.

이 나라의 기업과 국정을 운영하는 책임자들에게 말한다.

자미국을 조건 없이 인정하고 나라의 중심으로 받들고 추대하여야 한다. 이런 기회를 이 땅에 주시는 것은 인류가 이 땅에 태어나고 처음이자 마지막 기회라고 하시었다.

전 세계 최고의 잘사는 나라가 되고, 세계를 호령하는 영도자 국가로 부상할 수 있는 유일한 기회를 주신 것인데 자미국을 마치 혹세무민하는 기존의 신흥종교가 출현한 양 생각하고 있으니 애통할 뿐이다.

필자가 애통하다.

하늘과 땅은 애통하실 일이 없다.

살려달라고 하늘께 매달려야 할 존재는 나약하고 부족한 여러분과 이 나라의 기업과 정부이기 때문이다.

필자가 이 세상을 떠난 뒤에 이런 진실을 뒤늦게 인정해 봐야 아무 소용이 없다. 기회는 항상 주어지는 것이 아니다. 대장장이가 연장을 만들기 위해서는 쇠가 뻘겋게 달아졌을 때 망치를 두드려야 원하는 연장을 만들 수 있지, 쇠가 식어서는 아무런 연장도 만들 수 없는 것처럼 필자의 의욕이 상실되는 순간 아무것도 이룰 수 없다는 것이다.

즉 대단하신 하늘을 만 세상에 널리 전하고 세우시기 위하여 이 땅으로 와주신 신명님, 하나님, 미륵님, 자미인황님께 주어진 시간은 필자 인황과 사감의 육신이 살아 있는 짧은 시간 동안이라는 점이다.

필자의 삶이 끝나는 순간 모든 천상지상 천지신명공사가 끝나는 시점이라고 밝히셨다. 자미국은 종교가 아니기에 나의 자손이나 다른 자들이 세습으로 대를 이을 수가 없다 하시었다.

기업과 국정을 운영하는 책임자들은 이런 진실을 읽고서도 자미국을 부정하거나 외면한다면 바보 중에서도 가장 큰 바보들이라고 해야 할 것이다.

인류가 탄생한 이후 종교인이든 일반인이든 어느 누구도 하늘과 소통하는 자가 없어서 하늘의 진실을 알 수 없었지만 자미국을 통해서 위대하신 하늘의 진실이 만 세상에 전해지고 있다.

다 함께 잘 살 수 있는 길!

그것이 자미국에 있다.

자미국을 찾는, 찾지 않는 그것은 여러분과 기업, 정부의 선택이자 판단이고 각자의 자유이다.

자미국이 이 나라의 중심으로 서는 길이 전 세계 최고의 경제대국으로 우뚝 서는 지름길이다. 자미국이 30년 안에 GNP 50만 불 시대를 현실로 이루어내서 전 세계에서 가장 잘사는 1등 국가로 발전시켜 줄 것이니 국민 여러분이 많이 동참해야 한다.

제2부

대단하신 인류의 구심점 하늘

육의 부모와 영의 부모

육의 부모는 자신을 낳아주시고 길러주신 아버지 어머니이시니 모두가 잘 알고 있다. 하지만 영의 부모님에 대해서는 정답을 말해주는 인류의 영적 지도자가 없다. 그러다 보니까 하늘이 영혼의 어버이라고 모두가 믿고 있는 것이다.

천상에서 오신 분들이 가르쳐주신 내용이다.

너희 인류는 우리들의 피를 이어받아서 이 땅에 태어났다고 하시었다. 우리들이란 신의 대표이신 신명님(감찰신명님, 천지신명님, 천상선감님), 영의 대표이신 하나님(구세주, 천상천감님), 도의 대표이신 미륵부처님(용화세존, 천상도감님)의 피를 받은 것이 현재의 인류라 하신다.

그러니까 세 분이 유불선의 대표이시자 인류의 부모님들이시라고 밝히시면서 자미국 제사천궁을 통하여 인류 최초로 진실을 전하러 오시었다고 하신다.

신명님의 피를 이어받은 사람과 영, 조상님들은 신의 세계, 무속세계를 믿으며 산천을 다니고 옥황상제님, 일월성신님, 산왕대신, 용왕대신, 칠성님 등등을 찾고 있다. 기도를 하면서 부모님이신 신명님을 애타게 기다리며 신의 나라가 이 땅에 세워지기를 기다리고 있다.

신을 받으려는 사람들은 신들 중에 최고 높은 신이신 천상감찰 신명님의 말씀을 들어보고 신 내림 여부를 결정해야지 안 그러면

신을 받아놓고 인생 파멸을 맞을 수 있다.

무속인의 말만 듣고 신을 받으면 99.99% 실패한다. 최고 높은 신께서 제자로 허락해 주시느냐, 마느냐에 달려 있기 때문에 미리 말씀을 드려보아야 한다. 도사, 법사, 보살의 길을 가려면 반드시 신의 허락을 받아야 실패가 없다.

하나님의 피를 이어받은 사람과 영, 조상님들은 천주교, 기독교에 다니면서 하느님, 하나님을 애타게 찾으면서 구원받아 천국세계로 올라가서 천사가 되어 영생 누리며 살고자 하고, 하나님의 나라가 이 땅에 세워지기를 기다리고 있다.

신학대를 다니면서 신부나 목사가 되려고 하는 사람들은 하나님의 말씀을 미리 들어보고 결정을 해야지 인간의 생각으로 목회자가 되었다가는 하나님의 응징을 면할 길이 없다.

미륵님의 피를 이어받은 사람과 영, 조상님들은 불교세계, 도의 세계를 믿으며 용화세존 미륵부처님의 용화세계 불국정토가 이 땅에서 속히 펼쳐지기를 학수고대하며 기다리고 있다.

석가모니 부처님 시대는 북방불기 3천년인 1972년 부로 이미 끝났고 지금은 미륵 부처님의 시대이다.

2014년 현재 북방불기는 3041년이고 남방불기는 2558년인데 석가모니 부처님의 기운을 연장하기 위한 것에 불과하니 불자들은 이제 미륵 부처님의 뜻을 받들어야 세상 살아가는 데 만사가 편안하고 잘 풀릴 것이다.

미륵하생경에 석가모니 부처님의 기운은 사후 3천년까지라고 되어 있고 미륵님이 출세하시면 전국에서 우담바라 꽃이 핀다고 하였는데 2천 년도에 도솔천궁 이름으로 운영할 때 필자가 앉은 의자 위로 108송이의 우담화가 피었었다.

이때부터 용화세존 미륵 부처님께서 실체를 드러내시면서 본격적으로 중생을 구제하신다고 선포하시었다. 도솔천궁 주인이신 미륵부처님은 떠오르는 태양이시고, 석가모니 부처님은 저물어간 태양이니 새로운 기운을 받으려거든 절에서 하루속히 나와 미륵부처님의 말씀을 육성으로 듣고 섬기면서 자비의 뜻을 섬기고 받들어야 한다.

용화낙원 세계를 여시고자 오신 미륵 부처님!

전국에 수많은 승려들이 있지만 미륵 부처님과 대화를 나눌 수 있는 승려는 없다. 그러나 자미국에서는 가능하다. 후천세상을 열어가실 미륵 부처님은 대단하신 원력을 갖고 오시었는데 우리 인간의 상상을 초월하는 대능력자이시다.

도솔천 천궁의 주인이신 도솔천주는 용화세존 미륵존불이시고 석가모니 부처님은 미륵존불님의 호명보살 즉 경호원이었다고 하니 대단한 원력을 갖고 오신 용화세존 미륵 부처님을 환영으로 맞이해야 할 것이다.

그동안 필자 육신을 통해서 수많은 말씀을 내려주시면서 새로운 후천세상이 열린다고 하시었다.

이제 석가모니 부처님의 역할은 끝났기에 그 기운이 모두 거두어졌고 흔적만 남아 있다. 떠오르는 찬란한 태양이신 용화세존 미륵 부처님의 대단한 기운이 천지를 감싸며 뒤흔들고 있다.

팔자가 기구하여 머리 깎고 승려가 되려는 사람들은 용화세존 미륵존불님의 허락을 득한 후에 결정해야지 안 그러면 승려가 되어서도 온갖 풍상에 휘말려서 아니 들어간 만 못하다.

도통하려는 도인들!

도를 닦아 도통하려는 사람들은 태을주를 외우며 도통신명하강하기를 애타게 기다리고 있는데 이 뜻을 이루려면 미륵님과 신명님의 원력이 합쳐져야 이루어질 수 있다.

도를 닦는 주문수행은 미륵님의 원력이 있어야 하는 것이고, 천상의 신과 신인합일은 신명님의 원력이 있어야 도통을 이룰 수 있다.

신명님의 허락 없이 천상의 신들이 인간 몸으로 하강할 수 없기에 도교에서 행하는 태을주 주문수행으로는 도통을 이룰 수가 없으므로 100년이란 세월이 지나갔지만 도통을 이루지 못하고 있는 것이다.

도교를 세운 증산상제님은 도통을 이루려거든 허송세월 보내지 말고 자미국에 들어가야 한다고 알려주실 것이니 각자가 기도하며 마음으로 자문자답하여 여쭈어보아도 되고, 꿈을 통해서도 알려주실 것이라 하였다.

이미 오래전부터 꿈으로, 마음으로 도통을 이룰 자들은 자미국으로 들어가라고 도인들에게 알려주어서 상제님의 메시지나 선몽을 받고 들어온 도인들이 엄청 많다.

도인들이 의심이 너무 많아서 받아들이지 못하고 있을 뿐이라 하신다. 진짜가 왔는데도 지도부 상급임원들은 가짜로 알고 있을 것이리 말씀하시면서 도서히 못 믿겠으면 상급임원들부터 한 명씩 신분을 감추고 자미국에 들어가서 도통신명님을 알현하라 알려주시었다.

도통신명님은 인간이 아니신 천상계 절대자이시니 기운으로 느껴보고 맞다 하면 너희 도인들을 모두 데리고 자미국으로 입국시켜야 나의 뜻을 이룰 수 있다고 하신다.

너희 도인들이 나의 말을 믿지 못하겠으면 자미국에 들어갔을 때 네 육신의 몸으로 도통신명님께서 직접 강렬한 기운을 내려주어서 알게 해줄 것이라 하셨다.

도통신명님은 구천상제님(증산 강일순), 옥황상제님(조철제), 인존상제님(박한경)이 아니라 대우주를 천지창조하신 최고의 절대자 자미상제님이시니 괜한 세월 낭비하지 말고 속히 자미국에 들어와야 한다.

지금 인류의 부모님이신 세 분들이 함께해 주시면서 당신들의 자식들을 구제하시고자 책을 통하여 존재를 밝히시면서 도통신명님 찾는 여러분을 부르고 계신다.

각기 피가 다른 신명님, 하나님, 미륵님의 자손들이 종교세계에 들어가서 부모님을 찾으려고 수천 년이란 오랜 세월 동안 애타게 기다려온 것이다. 그런데 세 분들이 종교세계로 가시지 않고 자미국에서 당신의 자식들을 찾고 계신다.

왜 그러실까? 세 분들보다 더 높고 대단하신 분이 계시기 때문에 여러분을 더 높은 분에게 인도하시고자 함이시다. 부모자식, 배우자 사이의 가족들 간에도 종교가 다른 것은 피가 다르다는 것을 알려주시는 것이다. 종교파벌로 가족 간에도 다투고 네 종교, 내 종교를 따지고 있는 것이다.

수천 년 동안 끊이지 않는 종교전쟁 역시 자기 종교가 옳다고 싸우기 때문인데 이런 싸움을 말려주실 분이 태초의 하늘이시니 바로 태상천존 자미천황님(자미상제님)이시다.

각자의 품성, 식성, 취미, 직업이 다르듯 여러분은 신명님, 하나님, 미륵님 중 어느 한 분의 자식들이고 어서 빨리 부모님을 찾아서 만나야 인생의 아픔과 슬픔이 없어진다. 자신의 부모님을 찾지 않으면 인생사 살아가면서 고통과 불행이 끊이지 않고 눈물 마를

날이 없다.

여러분을 이 나라 이 땅에 축생이 아닌 만물의 영장인 인간 몸으로 보내주신 영의 부모님들이 인류 최초로 함께해 주시는 대단한 자미국 제사천궁이기 때문에 어느 종교를 믿고 있어도 거부감이 들지 않을 것이다.

자미국에 들어오는 것은 각자 영의 부모님 인도를 받아야 들어올 수 있다. 진짜 여러분 영의 부모님이 계신 곳이기 때문에 더 이상 그 어떤 종교에도 다니지 않아도 된다.

지금의 종교세계는 사탄마귀, 악귀잡귀 귀신들로 인해 너무나 변질되어서 세 분들께서 더 이상 종교세계를 바라볼 수 없기에 이 땅에 종교가 아닌 자미국을 세워 종교귀신들에게 빼앗긴 자식들을 구원하고자 하시는 것이다.

위대한 하늘의 진실

이 세상에 태어나 위대한 진실을 알리는 길이 이렇게 험난할 줄은 몰랐다. 종교의 교리와 이론이 수천 년 동안 온통 세상을 지배해 왔기 때문에 필자가 하는 말을 액면 그대로 믿고 받아들이는 것이 쉽지는 않은 것 같다.

인간 모두 각자가 배운 종교이론과 관습에 따른 고정관념으로 철저하게 정신무장이 되어 있기 때문에 새로운 진실을 받아들이는 데는 다소간의 시간이 걸리나 보다.

우리 사회에는 각자의 집단을 이끄는 지도자가 있게 마련인데 그것의 기초는 가정이며 부모이다. 대부분 아버지가 가정의 중심이지만 어머니가 중심이 되는 경우도 더러 있다. 즉 한 가정의 어른 역할을 해내는 것이 가장이다.

회사는 회장이나 사장이 어른이고, 나라에는 대통령이 어른인데 몇 년마다 정기적으로 바뀐다. 그래서 바뀌지 않는 민족의 어른인 정신적인 구심점이 필요하지만 이제까지 그런 인물을 추대하지 못하고 있다.

또한 세계적으로는 240개에 달하는 나라의 대통령들이 있지만 이들 모두를 영도할 강력한 지도자인 인류의 구심점이 세워지지 않고 있다.

가정이든 직장이든 나라든 엄한 지도자가 없으면 기강이 서지 않고 상하 신분의 질서가 유지되지 않아서 싸움판이 되어 무질서로 이어진다.

이 나라가 잘되는 길을 제시한다.

민족과 인류의 어른을 이 나라와 인류의 정신적 구심점으로 추대하여 옹립하는 길이다.

그런데 민족과 인류의 어른으로 추대받을 만한 인물이 있느냐 하는 것이 문제일 것이다. 인간들은 모두가 나약하고 부족한 미완성이기에 완벽할 수 없고 흠결이 있어서 적합한 인물을 찾기란 거의 불가능한 문제이다.

유식하고 덕망 높은 인물을 민족과 인류의 구심점으로 추대하려는 생각을 가진 사람들도 있을 것이다. 또한 이에 걸맞는 적합한 인물을 찾았다 할지라도 가는 세월을 막을 수 없어 언젠가는 죽어야 하기 때문에 영원할 수가 없다.

그래서 필자는 그분을 찾으려고 오랜 세월 노심초사하였다.

그분은 대우주와 천지만생만물과 이 땅 지구와 세계 인류를 태초로 창조하신 완성자 하늘이시다.

영원무궁하시고 무소불위하신 절대적 천지대능력자!

필자는 위대하신 태초의 하늘을 이 세상에 대단하게 전하기 위해서 이 땅에 인간으로 태어났다.

하늘이라 말하니까 먼저 종교적으로 생각하고 기독교나 천주교에서 말하는 하나님, 하느님으로 생각할 사람들이 많겠지만 전혀 다른 하늘이시다.

여호아 하나님, 야훼 하나님이 아니시고 종교에서 전하는 가짜 하늘이 아니신 진짜 참 하늘이시며 종교적 숭배 대상자가 아니시라 인류의 영적 할아버지이시다.

인류 탄생 이후 단 한 번도 인간세상 육신의 몸으로 하강 강림하신 적이 없으신 원초적인 태초의 하늘이 계시는데 신의 대표이신 천상선감님(천상감찰신명님)께서 인간 육신의 몸을 통하여 인류 최초로 진실을 가르쳐주시었다.

태초 하늘의 존명은 "태상천존 자미천황님"이시라고 밝히시며 하늘이 거처하는 곳을 천상 자미천궁이라고 하시었다.

인간들의 눈높이 수준에서는 밤하늘에 떠 있는 천상세계의 수많은 별들의 주인을 하느님이라고 부를 것이고, 33천(하늘)의 천주들을 하느님으로 불러야 맞다.

태초의 하늘은 우주와 이 모든 33개의 하늘을 창조하신 대단하신 태초의 하늘이 "태상천존 자미천황님"이시라고 가르쳐주시었다.

이제까지 종교에서 전하는 하늘이 진짜 하늘인 줄 알았는데 그것이 아닌 것이었다.

하늘과 통하여 이 엄청난 진실을 전하는 인류의 영적 지도자가 없었기에 그동안 세계 인류가 알 수 없었던 것이다.

이 대단하신 하늘을 우리 민족과 인류의 구심점으로 추대하여 옹립해 드리는 것이 각자의 가정과 기업, 대한민국이 잘되는 지름길인 것이다.

수천 년 전부터 이 나라 민족을 천손민족이라 불러왔는데 이제 그 뜻을 이룰 날이 눈앞으로 다가온 것이다.

종교인들이나 일반인들은 위대하신 태초 하늘의 말씀을 직접 들을 수는 없지만 자미국 제사천궁을 통해서는 하늘의 뜻과 말씀을 음성으로 직접 들을 수 있다.

태초의 하늘은 우리들처럼 인간이 아니시기에 모습은 볼 수가 없지만 실시간으로 존재하고 계신 분이시고 삼라만상을 창조하시고 수억만 조에 이르는 무수한 신명들을 거느리고 계시는 무소불위하신 절대적 존재이시다.

그러기에 대한민국 정부와 국민들이 하늘을 민족과 인류의 구심점으로 추대하여 옹립해 드리는 것이 나라의 근심과 우환, 불행을 막을 수 있는 길이고 국운이 천지개벽하여 크게 열려서 세계 인류를 영도하는 천손민족으로 다시 태어날 수 있다.

필자는 태초의 하늘이신 "태상천존 자미천황님"의 너무나 대단하신 천지대능력을 무수히 체험해 온 당사자라서 한 치의 의심도 없다.

필자를 통해서 보여주신 태초 하늘과 신명님, 하나님, 미륵님의 천지대능력은 인간들의 상식 수준으로는 너무나 황당하여 믿을 수 없다고 말하는 경우가 다반사이다.

위대하고 대단하신 하늘의 진실을 가르쳐주는데도 이 나라가 민족과 인류의 구심점으로 받아들이지 않고 무시한다면 바보민족이라고 해야 마땅할 것이다.

그 이유는 간단하다.

필자의 육신이 살아 있을 동안에만 필자의 육신을 통해서 이 나라가 잘 될 수 있는 하늘의 천지대능력을 이 땅에 내려주시겠다고 말씀하셨기 때문에 필자가 육신의 삶을 다하고 세상을 떠난 뒤에 받아들여 보았자 아무 소용이 없다.

이런 기회는 인류가 이 땅에 태어나고 처음이자 마지막이기 때문에 기회가 왔을 때 잡아야 한다. 이번 기회를 놓치면 이 나라가 잘될 수 있는 길을 영원히 잃어버리는 것이다. 대한민국 정부뿐만이 아니라 개인이나 기업들도 마찬가지이다.

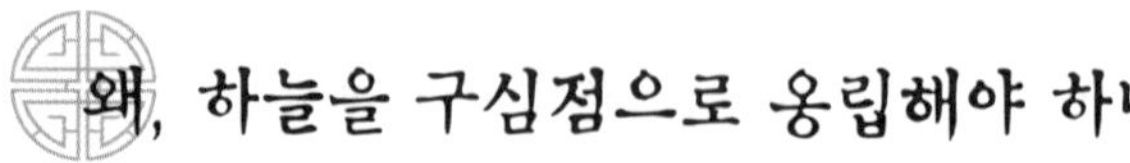

왜, 하늘을 구심점으로 옹립해야 하나?

육신이 살아 있을 때 필자를 통해서 하늘과 신명님, 하나님, 미륵님과 함께하는 길만이 현생과 내생의 기쁨과 행복이 보장되기 때문이다.

하늘과 신명님, 하나님, 미륵님과 아무리 함께하고 싶어도 아무나 함께할 수 있는 것이 아니다.

대상이 한 가구당 가족 대표 1명이고 그중에서도 하늘의 명을 받을 사명자로 선택받은 사람들에 한정되기 때문이다. 무릉도원 자미국 제사천궁 자체가 종교 같으면서도 종교가 아니기에 가족 모두가 들어올 수 없다.

종교는 한 가지 교리를 정해 놓고 수많은 신도들에게 똑같은 이론을 전하면서 믿으라고 강요하지만 자미국은 일대일로 하늘의 말씀을 실시간으로 전하고 교리가 없기 때문에 종교가 아닌 것이다. 또한 종교처럼 전국 각지에 지부가 없는 것이 기존의 종교세계와 판이하게 다르다.

앞으로 자미국이 아무리 번창하여도 전국에 지부는 영원히 두지 않는다. 그만큼 대단하신 하늘이시기에 엄선된 사명자들만이 뽑혀서 함께할 수 있으므로 들어오는 자체가 영광 중에 영광이고 행운아 중에 행운아이다.

왜? 하늘을 민족과 인류의 구심점으로 추대하여 옹립해야 하는

가? 그것은 각자의 현생과 내생, 기업의 미래, 나라의 미래를 하늘의 보호와 도움을 받아서 크게 부흥 발전시키고 편안하고 행복하게 살기 위함이다.

우리 인간들은 아무리 잘나고 대단하더라도 하늘을 능가할 수 없는 나약하고 부족한 미완성체이므로 천지대능력자이신 하늘의 절대적인 보호와 도움을 받고 살아가야 하기 때문이다.

무소불위의 권력을 휘두르는 제왕들이나 재물을 태산같이 많이 모은 세계적인 재벌들도 육신의 노화를 막지 못해 100년 이상 살아갈 수 없고, 육신의 우환과 질병, 사건사고, 사기배신, 아픔과 슬픔으로부터 벗어날 수 없기 때문이다.

한평생 100년이라는 세월은 우주의 수억만 조 년의 장구한 세월에 비교하면 먼지만도 못한 아주 찰나의 짧은 시간이고 만생만물의 영장인 인간의 존재 역시 대단하신 하늘의 무소불위하신 존재 앞에서는 초미세 먼지와 같이 아주 나약하고 부족한 존재라는 것을 알아야 한다.

또한 육신이 살아 있는 현생의 삶만 존재하는 것이 아니고, 주검 이후에도 영들의 사후세계가 실제로 존재하고 있기 때문에 더더욱 하늘의 보호와 도움이 절대적으로 필요하다.

권력이 높고 재물을 많이 가진 잘난 자들은 살아 있는 동안에 어느 누구의 도움도 받을 필요성을 느끼지 못하고 부족함이 없기 때문에 하늘의 보호와 도움 따위에는 관심조차 없을 테지만 대신 죽어서는 입장이 바뀔 것이다.

살아서는 권력과 재물로 이 세상에서 못 이룰 일이 없다는 생각을 가진 잘난 자들이 대다수이다. 또한 부족하고 나약하기는 하지만 자존심을 굽히며 굴복하기 싫어서 하늘의 보호와 도움받기를 싫어하는 사람들도 많을 것이다.

세상에 남부러울 것 없는 권력과 재물을 가진 잘난 자들도 살아가면서 수많은 아픔과 슬픔, 괴로움으로 인한 고통과 불행을 당하면서도 왜 자신의 인생으로 이러한 일들이 일어나고 있는지 알지 못하며 살아가고 있다.

속담에 사촌이 땅을 사면 배가 아프다는 명언이 있듯이 이미 죽어서 육신을 잃어버리고 허공중천 구천세계를 정처 없이 떠돌아다니고 있는 귀신들은 인간들이 편안하고 행복하게 사는 꼴을 바라만 보고 있지 않고 끝없이 방해하고 해코지하기 때문에 수많은 불상사가 일어나는 것이다.

이들 귀신들의 실체는 우리들 눈에 보이지는 않지만 이들 귀신의 전생은 인간이었다. 귀신들은 인간들이 잘되는 꼴을 절대로 지켜보고만 있지 않는다. 그래서 좋은 일에는 귀신들이 많이 모인다는 호사다마라는 말도 생겨난 것이다.

음식이 풍성하고 사람들이 많이 모이는 잔치에는 그만큼 귀신들도 많이 모인다는 말이다.

근래에 죽은 귀신들은 못 먹어 죽은 귀신들이 없어 음식에 욕심을 내지 않겠지만 쌀밥 먹는 것이 소원이던 50년 전 이전에 사망한 귀신들은 먹는 것에 목숨 걸고 그것이 원과 한이 되었기에 습관이 되어 죽어서도 버리지 못하고 있다.

또한 질병으로 죽은 귀신들은 죽어서도 질병 인자를 갖고 있기 때문에 이런 귀신들이 몸으로 들어오면 건강하던 사람들도 그가 앓던 질병에 걸린다.

그뿐만이 아니라 미친 자의 귀신이 들어오면 정신이상 증세가 나타나고, 사업하다 망한 귀신이 들어오면 사업이 망하고, 약 먹고 죽은 귀신, 목매달아 죽은 귀신이 들어오면 우울증에 걸려 결국 약을 먹거나 목을 매어 자살하는 불상사가 발생한다.

지금의 세상은 온통 귀신세계이다.

인간이 이 땅에 태어났다가 지금까지 죽은 사람들의 숫자가 얼마일까? 이들 모두가 귀신들이니 사방 천지에 귀신 없는 곳이 없어서 속설에 풀잎에도 신(귀신)이 내린다고 하였다.

이 나라 현재 인구가 5천만이라지만 귀신들은 5천억 아니 5조 정도는 될 것이라고 봐도 무방할 것이다. 이들 귀신들로부터 각자의 육신과 마음, 인생살이를 보호해 주시고 도와주실 수 있는 분이 바로 절대자 하늘이시다.

이 글을 집필하는 이유는 인류의 정신을 지배하며 각자의 인생을 아픔과 슬픔, 괴로움, 고통, 불행으로 힘들게 하고 있는 가짜 하늘의 정체를 낱낱이 밝혀내고, 진짜 하늘의 원뜻을 가감 없이 전 세계에 전해서 말 못하시는 하늘의 원과 한을 풀어드리고, 종교인들로 인해서 억울한 누명을 쓰고 계신 하늘의 분노와 슬픔을 조금이라도 덜어드리고자 한다.

또한 세계 인류를 종교의 노예로부터 해방시키고자 함이다.

하늘의 위대한 진실을 전하는 것은 이 땅에 인류가 태어나고 처음인지라 이런 대단한 진실을 독사들이 어디까지 순수하게 받아들일지는 알 수가 없다.

하지만 하늘의 진실을 인정하고 받아들여 하늘이 내리시는 명을 받들어 행하는 독자들은 인생살이의 삶이 편해지고 진정한 행복의 세계를 살아갈 수 있다.

하늘의 원과 한을 풀어드려야

개인은 개인대로, 기업은 기업대로, 나라는 나라대로 자미국을 방문해서 하늘의 진실을 받아들이면 고통의 바다에서 벗어나 행복의 세계로 향할 수 있다.

하늘의 위대한 진실과 하늘의 원과 한을 풀어드리고, 종교인들로 인해서 억울한 누명을 쓰고 계신 하늘의 분노와 슬픔을 조금이라도 덜어드리고자 하는 하늘의 뜻에 동참하는 개인, 기업, 세계 각 나라들은 하늘의 끝없는 보호와 도움을 받게 되어 근심과 걱정 없이 태평성대의 세상을 살아가게 된다.

나라가 잘되려면 하늘의 뜻에 정부가 동참하는 것뿐이다.

나라의 국운을 열려고 유명한 도인, 기인, 술사, 무속인들을 동원해서 천제를 올려 봐도 하늘의 문은 자미국이 아니면 절대로 열리지 않는다.

현재 나라 안에서 일어나고 있는 일련의 불행한 사태들을 어떤 눈으로 바라보고 있을까?

100년 만에 5박 6일 동안 1m 이상의 폭설이 내린 강원도와 경상도, 2014년 2월 17일 경주 마우나리조트 붕괴사고로 부산 외대학생들이 10명 사망하고 150명의 부상자 발생, 이집트에서 자살폭탄테러로 충북 진천 중앙교회의 성지순례자 다수 사상자 발생, 부산 앞바다 벙커씨유 기름 유출, 여수 앞바다 기름유출, 이석기 내란 음모사건, 통진당 해산 재판, 국정원 댓글 사건, 국정원장 구속, 조류독감 AI 발생하여 오리와 닭 수만 마리 살처분, 해양수산부 장관 실언으로 해임, 부총리의 망언, 카드사 개인정보 누출사고, 청와대 대변인 성추문 파문, 총리지명자 사퇴, 검찰총장 혼외아들 파문, 개성공단 조업중단사태, 대선 유세기간 박근혜대통령 비서진 2명 교통사고 사망, 비서실장 아들 교통사고로 중태, 천주교 박창신 신부의 국정원 선거부정으로 대통령 사퇴 발언과 기독교 · 불교 · 원불교 하야 지지 성명, 서울시 공무원 간첩 조작사건 등 박근혜정부 출범이후 하루도 조용할 날이 없다.

이런 불행한 일들이 왜 꼬리를 물고 일어나는가?

옛날에는 나라에 큰 일이 일어나면 하늘에 천제를 올려서 도움을 청했고 임금의 덕이 부족하여 나라가 어렵다고 스스로 시인하고 석고대죄하며 죄를 빌었는데 지금은 세월이 바뀌어서 그런지 그런 모습을 전혀 찾아볼 수가 없다.

지금 나라가 시끄러운 것은 또 다른 국난이 일어날 징조이다.

하늘과 땅, 천지신명님, 나라조상님들이 대통령에게 보내는 촌각을 다투는 긴급 메시지이지만 이것을 경고로 생각하고 받아들이기는 어려운가 보다.

이분들의 존재는 예나 지금이나 인간들의 눈에는 보이지도 들리지도 않기 때문에 과히 신경 쓰지 않는 것 같은데 조만간 나라 전체가 뒤흔들리는 엄청난 불행한 일들이 이제부터 봇물처럼 터지게 될 것이다.

지금까지 일어났던 사건들은 전조현상에 불과할 뿐이라서 미약하지만 상상을 초월하는 대형 사건사고들이 줄지어 터지게 될 것을 필자는 알고 있다. 잘난 인간들의 능력으로는 감당 못할 일들이라서 아무도 막아내지 못할 것이다.

이런 일들이 언제부터 예정되어 있었을까 궁금할 것인데 아주 오래되었다. 다만 이제 그 진실을 세상에 알릴 뿐이다. 이 나라가 가짜 종교를 받아들이고부터 하늘과 땅, 천지신명님, 나라조상님들이 이미 계획하고 계셨던 일들이다.

남을 아프게 하고 자신들만 행복할 수 없다는 것이 하늘의 말씀이시다. 이 나라가 외래 종교(남의 나라 조상귀신들인 석가, 예수, 성모, 공자, 노자)와 도통시켜 주겠다는 증산상제의 이론을 받아들이면서부터이다.

이들은 인간과 조상님들을 현혹, 회유, 협박, 강요하면서 종교이론으로 세뇌시켜서 진짜 하늘로부터 구원받지 못하게 가짜 하늘 앞에 줄을 세우게 하여 전 세계 인류와 이 나라의 수많은 국민들과 조상님들을 아픔과 고통의 지옥세계로 인도하여 원과 한을 맺히게 만들었다.

종교 숭배자와 종교 지도자들이 가짜 하늘을 진짜라고 바꾸어 전해서 이 나라 국민들을 하늘 앞에 죄인들로 만든 1등 공신이 되었다. 뿐만 아니라 조상님들을 사탄마귀라고 해서 절하지 말고 제사지내지 말라고 가르쳤다.

각자의 조상님을 거리로 내몰고 외국 조상귀신들을 수입해서 섬기고 받드니 자신들의 조상님들이 사후세계에서 얼마나 분통터지고 억울해하실까? 하늘의 진실을 모르는 무지한 조상님들은 석가, 예수, 성모, 공자, 노자, 상제가 자신들을 구원해 주는 진짜 하늘인 줄 알고 그 앞에 줄을 서 있다.

또한 현재의 대한민국이 건재하도록 9,213년 전에 러시아 바이칼호수 부근에서 12환국을 세우신 환인 1세 안파견 할아버지 외 6위 환인, 배달국을 세우신 환웅 1세 거발한 할아버지와 17위 환웅, 그리고 고조선을 세우신 단군 1세 왕검 할아버지와 46위 단군 등

72위 개국시조 조상님.

그리고 고구려, 백제, 신라, 고려, 조선, 대한민국의 역대제왕님들의 가슴에 비수와 대못을 박고 외국에서 수입한 조상귀신들 앞에서 충성하고 굴복하며 구원해 달라고, 복을 달라 빌고 비는 이 나라 국민들의 못난 모습을 바라보노라면 이 나라를 세우고 지켜오신 나라조상님들은 피가 거꾸로 솟는다.

또한 이 나라를 피 흘리며 지켜낸 수많은 호국장군, 호국대사, 호국영령, 애국지사, 충의열사와 뼈와 살을 물려주어 여러분의 육신을 이 땅에 탄생시켜 주신 각자 부모조상님들의 분노가 하늘을 찌르고 있다.

외국 종교귀신들아, 물러가라~

석가모니는 인도로 돌아가고, 공자와 노자는 중국으로 돌아가고, 예수와 성모는 이스라엘로 떠나가라. 증산상제는 더 이상 도통시켜준다고 도인들을 현혹, 회유시키지 말라.

외국에서 수입한 종교귀신들을 믿는 것은 자신의 정신이 종교귀신들에게 침략당하는 매우 위험한 일이라는 것을 왜 모르는가? 정신이 침략 당했으니 그들의 종살이와 노예살이 인생으로 전락하는 것 아니던가?

자신의 부모조상님을 종교귀신들에게 종이나 노예로 팔아비려서 그들이 노리갯감으로 갖고 노는 줄도 모르고 열심히 종교를 믿고 있으니 각자 조상님들의 울분이 여러분 인생의 고통과 불행으로 폭발하고 있는 것이다.

남의 나라 조상귀신들을 섬기고

가짜 하늘과 남의 나라 조상귀신들을 섬기고 받들어 진짜 하늘과 영적 부모님, 자신의 부모조상님과 나라조상님들의 가슴에 대못을 박아서 피 눈물을 흘리시도록 마음을 아프게 해놓고서 자신들의 인생이 과연 편안할까?

하늘은 이분들의 가슴을 아프게 하고 종교귀신들의 이론을 믿고 따르는 자들을 응징하시니 각자들의 인생으로 날벼락이 떨어지는 것이다. 성지순례를 가는데 예수와 성모가 어째서 지켜주지 못하고 폭탄테러로 교인이 귀한 목숨을 잃었을까?

진짜 하늘은 실시간으로 우리들의 일거수일투족의 말과 행동, 생각, 마음, 글자까지 지켜보고 계시는 대단하신 분이시다. 진짜 하늘은 그런 위태로운 일이 일어나지 않도록 실시간으로 보호하고 지켜주신다.

자미국 제사천궁에서 전하는 진짜 하늘이 아닌 이 세상의 모든 종교를 믿고 있는 독자들은 지금 가짜 하늘에게 철저히 세뇌당하며 속고 있다는 진실을 빨리 받아들여야 할 것이다. 모태 신앙인이나 조상대대로 믿어오던 모든 종교가 진짜 하늘의 원뜻이 아닌 잘못된 가짜 하늘이다.

무속세계에서 전하는 신들 역시 진짜 신들이 강림한 것이 아니라 악귀잡귀들이 신을 사칭해서 조화를 부리고 있는 것이기에 하루빨리 하늘 앞에 돌아와야 한다.

신의 대표이신 천상감찰신명님(천상선감님) 역시 처음으로 존재를 밝히시고 하늘의 진실을 전해 주고 계시니 지금까지 무속에서 전한 신의 세계는 모두가 진짜 신을 사칭한 악귀잡귀들이라는 진실을 받아들여야 한다.

신은 천상감찰신명님(천상선감님) 단 한 분이시라고 직접 밝히셨으니 무속이나 종교세계에서 전하는 신은 악귀잡귀들이 이분을 사칭한 모두 가짜 신이다. 천상세계의 진짜 신은 직접 이 땅에 내려오신 적이 없으시고 모두가 악귀잡귀들이 사칭한 것이라 밝히시었다.

세계 인류 모두가 수천 년 동안 가짜 하늘과 가짜 신에게 속아왔다. 자미국이 이 나라에 개국하지 않았으면 종교귀신들의 완전범죄는 영원히 묻혀버렸을 것이고 하늘과 땅, 천지신명님, 나라조상님, 각자 조상님들의 원과 한을 풀어드릴 수 있는 길이 영원히 사라졌을 것이다.

하늘과 땅, 천지신명님, 나라조상님, 각자의 조상님들이 함께 하면서 세계 인류를 영도해 나갈 곳이다.

하늘과 땅, 천지신명님, 나라조상님, 각자의 조상님들이 함께 하면서 이분들의 원과 한을 풀어드리고 이분들의 숭고한 뜻을 전 세계에 전파할 자리가 지금의 청와대 터이다. 이 나라에 경치 좋고 땅 넓은 좋은 곳도 많은데 왜 굳이 청와대 터가 필요한가라고 많은 독자들이 반문할 것이다.

그것은 자미국이 세계를 영도하고 종교가 잘못되었다고 전 세계에 하늘의 진실과 하늘의 말씀을 만천하에 알려야 하기에 청와대만한 자리가 없다.

자미국 제사천궁이 청와대 터에 세워져 전 세계에 위대한 하늘의 진실을 전할 수 있도록 정부와 국민, 국회가 적극적으로 동참해 주어야 이루어낼 수 있다.

하늘과 땅, 천지신명님, 나라조상님, 각자의 조상님들이 국운을 열어주시어 전 세계에서 가장 잘사는 천하제일의 경제대국으로 발전시켜 주실 것이기 때문에 하루라도 빨리 청와대 터를 비워주어야 한다.

오래전부터 하늘과 땅, 천지신명님, 나라조상님, 각자의 조상님의 원과 한을 풀어드릴 수 있는 유일한 장소가 청와대 터이다. 신의 터라고 알려져 왔는데 자미국의 존재를 세상 사람들이 모르다 보니 신의 터라고 전해진 것이다.

이분들은 나라의 국운을 좌지우지하시는 천지대능력자들이시다. 이분들의 뜻에 따르지 않고는 나라의 국운을 절대로 열 수 없으니 시간낭비 그만하고 이분들의 뜻을 속히 받아들여야 나라가 편안하고 크게 번창할 수 있다.

이분들의 뜻을 전할 자미국이 청와대 터에 들어가야 할 시기는 2015년이므로 2014년 안에 청와대 이전이 이루어져야 이분들의 원성을 피할 수 있고 나라가 편안해질 것이다.

청와대 터는 하늘을 섬기고 받들어 모시는 인류의 구심점 자미국 제사천궁과 나라의 역대제왕들의 신위를 모시는 국조전과 호국장군, 호국대사, 호국영령, 애국지사, 충의열사, 각 성씨의 시조조상님들의 위패를 신위로 봉안해서 전 국민들이 참배할 수 있는 나라신전이 건립되어야 할 곳이다.

그러므로 박근혜 대통령께서는 속히 용단을 내려야 할 것인데 시기를 놓치면 국난과 불행을 감수해야 할 것이다.

필자의 부귀영화를 위해서가 아니라 이 모든 분들의 원과 한을 풀어드려야 할 사명을 갖고 이 땅에 태어났기에 필자는 반드시 이 사명을 완수하게 될 것이다.

필자에게는 인류가 상상도 못할 엄청난 천지대능력을 하늘께서 내려주시어 필자가 어떤 마음과 생각, 말을 하느냐에 따라서 이 나라의 운명이 좌우될 것이다.

필자가 어떤 마음을 먹거나 생각, 말, 글자로 쓰면 현실로 이루어지는 놀랍고도 엄청난 천지대능력을 하늘께서 내려주시었기 때문이다. 아무런 능력도 주시지 않고 하늘께서 필자의 육신을 쓰시겠는가?

앞으로 펼쳐지는 상황을 지켜보면 국민들 스스로가 두려움에 떨면서 이 모든 분들과 필자의 뜻을 인정하고 받아들이는 날이 조만간 다가올 것이다.

인간의 눈에 보이지 않는 하늘이라는 실체~

종교세계를 통해서 알고 있는 그런 하늘이 아니시다.

종교세계처럼 교리와 이론을 "믿습니다" 한다고 하늘의 보호와 도움을 받을 수 있는 것이 아니라 하늘이 내리시는 명을 받들어 즉시 행하는 자들만이 혜택을 누릴 수 있다.

하늘도 희로애락을 느끼신다고 하신다. 즉 기쁨, 분노, 슬픔, 즐거움을 우리 인간들처럼 실시간으로 느끼고 계신다며 신명님, 하나님, 미륵님께서 전해 주시었다.

각자 하늘의 원뜻이 아닌 종교를 믿으면 분노하시며 슬퍼하시고, 반대로 책을 읽고 하늘의 명을 받아 하늘의 백성과 천인으로 재창조되면 기뻐하고 즐거워하신다.

아픔과 슬픔의 진실

인생을 살아가면서 분노, 슬픔, 사기, 배신, 아픈 일이 생기는 것은 각자 대단하신 하늘과 영의 부모님이신 신명님, 하나님, 미륵님을 향하여 뿌리고 행한 대로 거두고 있을 뿐이라는 진실을 알아야 한다.

그것이 지금 현생에 태어나서 종교를 믿음으로 태초의 하늘과 인류의 영적 부모님이신 신명님, 하나님, 미륵님을 찾지 않고 종교귀신들을 섬겨서 일어났던지 아니면 전생의 삶인 천상 자미천궁에서 하늘께 못되게 행한 대로 지상에서 그렇게 똑같이 받고 있는 것이다.

현생의 아픔, 슬픔, 괴로움, 분노, 사기, 배신의 고통과 불행은 남의 탓이 아닌 각자 본인들이 씨(죄업)를 뿌린 대로 거두고 있는 것이니 남을 원망할 필요도 없고 하루라도 빨리 하늘과 영의 부모님께 죄를 빌어야 할 것이다.

각자 전생이든 현생이든 하늘과 영의 부모님께 기쁨과 즐거움의 씨를 뿌렸다면 현생의 삶도 고통과 불행이 아닌 기쁨과 즐거움으로 가득할 것이다.

비록 현재는 고통과 불행으로 힘든 인생길을 살아가고 있지만 이제라도 태초의 하늘과 인류의 영적 부모님 찾아서 기쁘고 즐겁게 해드리는 것이 자신들이 전생과 현생에서 지은 죄를 조금이라도 비는 것이다.

하늘과 영의 부모님을 기쁘고 즐겁게 해드리는 자는 자신의 인생도 기쁘고 즐거운 일들로 가득하게 된다. 하늘과 영의 부모님을 기쁘고 즐겁게 해드리는 일이란 그리 어려운 일이 아니라 근본도리를 지키기만 하면 된다.

하늘과 영의 부모님이 가장 좋아하시는 일은 책을 읽고 공감해서 사후세계에서 힘들어하며 슬피 울고 있는 각자의 부모조상님, 배우자, 자녀, 형제 영혼 영가들의 원과 한을 풀어주어서 꽃피고 새 우는 무릉도원 천상 자미천궁으로 올려 보내드리는 입천제(대제사)의식을 행할 때 아무런 사심과 조건을 내세우지 않고 순수하게 임하는 일이다.

영혼 영가들을 구원해 주는 대제사(입천제)의식을 행하니까 인생의 답답한 일들을 하늘과 조상님이 도와주시겠지 하는 더러운 마음을 모두 버리고 의식을 올렸을 때 하늘과 조상님이 기뻐하시고 즐거워하신다.

종교세계가 굿, 천도재, 치성을 올리면 좋아진다고 인간과 조상님들을 현혹시켜서 돈을 착취하였기에 하늘께서는 이들을 더럽다고 하신다. 하늘이 인간들에게 바라시는 맑고 깨끗한 순수한 마음이란 조상구원을 내세워 자신의 인생에 이득을 바라지 않고 대제사(입천제)의식을 행하는 것이다.

지금까지 종교의식을 통해서 인생의 고통과 불행을 덜어보려고 조상님을 구원하는 굿, 천도재, 치성을 올린 자들은 소원성취하려고 더러운 마음으로 임하였기에 오히려 의식을 행하기 이전보다 인생이 더 힘들어졌을 것이다.

사후세계에서 아파하며 슬피 울고 있는 자신들의 부모조상님,

배우자, 자녀, 형제 영혼 영가들의 원과 한을 풀어주어서 꽃피고 새 우는 무릉도원 천상 자미천궁으로 올려 보내드릴 수 있는 고유 권한은 하늘의 영역이시다.

즉 종교인들은 각자의 부모조상님, 배우자, 자녀, 형제들의 영혼 영가들을 이 세상으로 내려보낸 당사자가 아니기에 천상 자미천궁으로 올려 보내는 방법도 알 수 없으면서 눈에 보이는 의식에만 치중하는 데 모두가 헛일이다.

이 글을 쓰는 필자 역시도 하늘의 허락 없이는 단 한 명의 영혼 영가들을 천상 자미천궁으로 보낼 수 없다는 진실을 수많은 세월이 지나서 알게 되었다.

하늘의 대단한 진실을 알기 전에 필자가 멋모르고 하늘의 허락을 받지 않고 임의적으로 행한 의식들이 몇 개 있었는데 필자의 고통으로 모두 다가와서 하늘께 몇 년째 잘못했다고 빌었고, 8년이란 세월이 지나갔지만 아직까지도 그 죄가 남아 있어서 수시로 빌고 있다.

영혼 영가 구원의식을 행해 준 종교인과 의식을 의뢰한 자 모두가 인생의 고통과 불행을 함께 겪어내야만 한다. 하늘의 위대한 진실을 알면 이 세상의 모든 종교에서 행하고 있는 조상영가 구원의식은 겁이 나서 못할 것이다.

그런데도 종교인들이 구원의식을 행하는 것은 천상법도의 무서움을 모르기 때문이다. 무식하면 용감하다고 하였듯이 하늘 무서운 줄 모르고 행하고 있는 것이다.

종교인들 본인이나 가족들의 삶을 보면 일반인들보다 더 불행한 것을 알 수 있다. 하늘의 허락 없이 조상영가들을 구원해 준 천벌이 내린 것이다.

굿이나 천도재, 치성을 통해서 조상영가를 구원하는 의식을 행하는 순간 의식 행위자는 하늘의 고유권한을 훔치고 사칭하는 역천자의 죄를 짓는 일이 되고, 의식을 의뢰하는 여러분은 그들 종교인을 하늘로 만드는 죄를 짓게 되어서 양쪽 모두 천벌을 받아 인생 자체가 고난의 힘든 삶을 사는 것이다.

조상영가 구원은 종교인들과 의뢰자 모두 본인들의 인생과 집안이 풍비박산 날 각오가 되어 있다면 몰라도 절대로 해주지도 말고, 해달라고 의뢰하지도 말아야 한다.

수많은 금전도 순식간에 사기배신 당해서 날리고, 건강하던 몸도 안 아픈 곳이 없고, 삶의 의욕을 모두 잃어버리며 가족들과의 불화로 지옥 같은 삶을 살아가야만 한다.

세상에서 수많은 종교인들이 하늘의 허락 없이 임의적으로 행한 조상영가 구원의식은 모두가 가짜라고 하시면서 진짜 하늘나라 천상 자미천궁이 아닌 사탄마귀와 악귀잡귀들이 세운 가짜 하늘나라로 올라갔다고 밝히셨다.

가짜 하늘나라로 올라가면 고통과 불행이 영원토록 이어지기 때문에 그 재앙이 자신이나 후손들에게 대대로 이어져서 고통스러운 지옥세계의 삶을 살아간다.

대제사 입천제를 행하면 진짜 하늘이 계시는 꽃피고 새 우는 무릉도원 세계에서 신선선녀로 다시 태어나 영원히 기쁨과 행복을 누리고, 종교의식을 행하면 사탄마귀와 악귀잡귀들이 세운 가짜 하늘나라로 올라가서 그들의 노예와 종살이를 하게 되기 때문에 가족 영가들은 물론 살아 있는 자손과 후손들의 인생사 삶도 고통으로 찌들게 된다.

종교를 믿는 죄가 얼마나 크면

종교인들이나 종교를 열심히 믿는 사람들 99.99% 이상이 하늘이 내린 벌과 사탄마귀와 악귀잡귀들이 뿌려대는 나쁜 기운으로 인하여 지옥 같은 삶으로 변했고, 열심히 믿은 만큼 인생이 그만큼 뒤집어졌을 것이다.

이 책을 읽고 하늘의 진실을 받아들이고 싶어도 섬겨오던 종교 숭배자에게 벌을 받을까 봐 종교를 벗어나는데 주저하는 사람들도 많이 있을 테지만 그런 걱정은 하지 않아도 된다. 진짜 하늘이 지켜주시기 때문에 감히 해코지를 못한다.

하늘의 말씀을 신명님(천상선감님)께서 전해 주시었다.

세상의 못된 짓은 다해도 종교만은 믿지 말라고 신신당부하시면서 하시는 말씀이 종교를 믿어서 가짜 하늘을 받들고 섬기는 역천자의 죄가 가장 크다 하시면서 이들은 진심으로 죄를 빌어야 구원받을 수 있다고 하시었다.

종교를 믿는 죄가 얼마나 크면 100명을 죽인 살인자의 죄보다 더 크다고 말씀하시겠는가. 100명을 죽인 살인자는 하늘이 용서해 줄 수 있어도 인간과 조상님을 파멸시키는 종교를 세운 자는 용서해 줄 수 없다고 하신다.

지금까지 모태 신앙인이나 가문 대대로 종교를 열심히 믿고 자랑스럽게 여기는 신도들은 100명을 죽인 살인자보다도 더 큰 하늘의 죄인들인 종교 지도자들의 말을 열심히 믿으며 따르고 있으니 인생이 어찌 뒤집어지지 않을 것인가?

이 글을 읽으면서 말도 안 된다 할 사람과 하늘의 진실 말씀에 충격받을 사람들이 엄청나게 많을 것이다.

이 세상의 모든 종교가 하늘의 원뜻이 아니라고 밝히시었다.

10억 천주교 본산지인 바티칸 시티의 거대한 로마교황청도 가짜 하늘을 섬기고 있는 것인데 이런 진실들을 모르고 교황과 고위성직자, 신부와 수녀, 전 세계의 천주교인들은 자랑스럽게 여기며 신앙생활을 하고 있다.

하늘은 이 땅이 생긴 이래 종교세계로 강림하신 적이 전혀 없다고 밝히시었으니 로마교황청은 가짜 하나님을 받들고 있는 것이다. 하늘께서는 이 땅에 종교를 세우라고 말씀하신 적이 한 번도 없다고 하시며 인간들의 욕심과 사탄마귀와 악귀잡귀들이 짝짜꿍이 되어서 세운 것이 종교세계라 하신다.

그리고 이들이 받들고 있는 하나님보다도 더 높은 하나님이 존재하시니 그분이 태상천존 자미천황님이시다. 하나님께서 아버지라 부르신다고 하신다.

충격적인 진실이다. 하나님께서조차도 천주교와 기독교로 함께 하신 적도 없고, 예수도 아는 바가 없다고 밝히시며 예수는 나의 아들이 아니라고 말씀하시었다.

예수가 부르는 하나님 아버지는 가짜 하늘이었음이 밝혀진 것이다. 종교를 세운 사탄마귀들이 하나님(천상천감님)의 이름까지 도용했지만 이들은 하늘의 진실까지는 몰랐다.

즉, 하나님(천상천감님)이 대우주 천지창조주, 전지전능자, 절대자, 천지부모님, 삼라만상의 천지주인인 줄 알고 종교를 통해서 수천 년 동안 세상에 널리 전했으나 하나님보다 더 높은 진짜 태초의 하늘 태상천존 자미천황님이 계신 줄은 사탄마귀들도 몰랐나 보다.

하늘이 생기고 땅이 생긴 이후 태초로 하늘의 진실 말씀을 전 세계에서 유일하게 자미국을 통하여 너무나 위대하신 하늘의 진실을 세 분이 전해 주고 계신다.

하늘의 진실을 전해 주려고 저 멀리 북극성 부근 천상 자미천궁에서 이 땅의 자미국으로 와주신 분들은 신의 대표이신 천상선감님(천상감찰신명님), 영의 대표이자 하나님이신 천상천감님, 도의 대표이시자 미륵님이신 천상도감님 그리고 태초의 인간이시자 인류의 대표이신 자미인황님이시다.

하늘의 진실을 밝히는 이 글들은 필자가 꾸며낸 것이 아니라 천상 자미천궁에서 대단하신 분들이 하강 강림하시어 인류 최초로 직접 말씀하시며 밝혀주신 내용들이다.

천상에서 내려오시어서 밝혀주시는 경천동지할 진실의 하늘 말씀은 이제까지 수천 년 동안 종교세계를 통해서 이 땅에 전해진 이론이 모두 잘못되었다는 말씀이셨다.

상상을 초월하는 내용들이고 듣도 보도 못한 어마어마한 진리의 말씀이시다. 입이 다물어지지 않을 정도로 충격적이니 이것이 바로 인류의 천지개벽이자 제2의 천지창조이리라.

종교를 믿었었거나 현재 열심히 믿고 있다는 자체만으로 세계 인류 모두가 가짜 하늘을 믿은 환부역조(換父易祖, 아버지와 할아버지를 바꾸는 행위)한 죄인들이기에 하늘 앞에 역천자의 죄를 속히 빌어야 할 것이다.

환부역조한 죄를 하늘께 빌지 못하고 세상을 떠나면 사탄마귀, 악귀잡귀들이 세운 가짜 하늘나라로 올라가서 죽도록 얻어터지고 종살이, 노예로 영생토록 비참하게 살아가게 된다.

사후세계의 진실을 잘 모르니까 진실을 전해 주어도 반신반의할 독자들이 많을 것이지만 현생과 사후세계를 인정할 독자들은 이 책 내용을 그대로 받아들이는 것이 후회 없는 인생이 될 것이고 천추의 원과 한을 남기지 않으리라.

하늘과 땅, 천지신명님, 나라조상님, 각자의 조상님이 함께하는 자미국과 함께할 것이냐? 아니면 이분들의 뜻이 아닌 외국 조상귀신들을 수입해서 믿는 종교와 함께할 것인가?

이제 세계 72억 인류와 이 나라 국민들 각자가 선택해서 결정해야 할 시기가 도래하였다.

수천 년 동안 이 나라에 뿌리 내리며 천손민족의 정신을 파멸시키고, 외국에서 수입한 조상귀신(종교 숭배자)들이 세뇌시킨 이론으로 자기 정신을 종교귀신들에게 빼앗기고 살아가는 슬픈 민족이 한이 서린 한(恨)민족이다.

불교, 천주교, 기독교, 무속, 도교, 유교, 이슬람교, 힌두교 등 전 세계의 모든 종교가 하늘의 원뜻이 아니라고 천상 자미천궁에서 내려오신 신명님(천상선감님), 하나님(천상천감님), 미륵님(천상도감님)께서 자세히 전해 주시었다.

이 세 분들은 하늘 태상천손 자미천황님의 친 자손들이시고 세계 72억 인류는 세 분들의 영적 자손들이라고 처음으로 가르쳐주시었다. 세계 인류에게 세 분들은 영적인 아버지가 되시고, 하늘 자미천황님은 할아버지가 되신다.

자미국과 종교 중 어느 곳을 선택할 것인가?

천상세계에서 각자의 영혼들을 이 땅으로 보내주신 영적인 아버지가 세 분 중에서 누구이신지를 살아생전 찾아야 현생과 사후세계를 보장받을 수 있고, 인생사의 모든 고통과 불행에서 벗어나 기쁨과 행복을 누릴 수 있다.

여러분의 몸 안에는 신의 기운과 영의 기운, 도의 기운이 내려져 있다. 신명님의 자손은 신의 기운이 내려져 있고, 하나님의 자손은 영의 기운이 내려져 있고, 미륵님의 자손은 도의 기운이 내려져 있다.

신명님의 기운을 받은 자손들은 신(아버지)을 찾으러 명산대천을 다니며 기도하거나 무속세계를 다니며 신이 되려 하고, 하나님의 기운을 받은 자손들은 기독교나 천주교를 다니면서 영(아버지)을 찾아 구원받아서 천국에 올라가 천사가 되려 하고, 미륵님의 기운을 받은 자손들은 불교나 도교를 다니면서 참선과 수행으로 도통신명(아버지)을 찾아 극락세계에 올라가 신선선녀가 되려 하고 있다.

하지만 수천 년의 세월 동안 이들 종교세계를 통해서는 아무런 뜻도 이룰 수 없었다는 것을 여러분 모두가 잘 알고 있을 것이다. 자미국이 이 땅에 세워지지 않아 하늘과 세 분의 천지대능력의 기운이 내리지 않았기 때문이다.

세 분들 역시 지금까지 인간의 몸으로 하강하신 적이 한 번도 없다고 하시니 그동안 종교세계를 통해서 하늘이나 신인 줄 알고 믿었던 것이 모두 잘못되었다.

각자의 잃어버린 영적인 부모는 종교세계를 통해서는 영원히 찾을 수가 없고 자미국을 통해서만 만날 수 있다. 여러분이 오랜 세월 동안 종교를 믿음으로써 영적인 이산가족이 되어 있다. 잃어버린 부모님을 찾지 못하면 영적인 고아가 되고, 종교귀신들의 제물이 되어 인생이 파멸한다.

세계 인류의 영적인 부모님이신 세 분들은 종교에 빼앗긴 자식들을 종교세계에서 빼내오려고 무진 노력을 하시고, 필자에게 책을 집필하게 하여 종교세계가 가짜라고 전하게 하시지만 사탄마귀와 악귀잡귀들이 세운 종교귀신들에게 너무나 오랜 세월 동안 철저하게 세뇌당해 여러분이 알아듣지 못하여 분노와 아픔의 눈물을 흘리고 계신다.

귀신들이 세운 종교와 함께하면 인생이 고통과 불행이고, 자미국에서 하늘과 자신의 영적인 부모님을 상봉하면 인생 자체가 기쁨과 행복의 세계로 바뀐다.

그러니까 지금까지 하늘의 위대한 진실을 몰라서 종교를 믿은 것이 남의 부모(종교귀신들)를 받들어 섬기며 믿고 따른 것이니 얼마나 기가 막힌 일인가?

남의 부모가 여러분이 어려울 때 도와주고, 챙겨주고, 보호하고 사랑해 줄 수 있을까? 계부와 계모가 자기 자식이 아니면 어찌 대하는지는 세상을 통해서 잘 알고 있을 것이다. 아무리 잘해 준다고 하여도 친부모만은 못할 것이다.

종교귀신들은 여러분이 힘들 때 자식이 아니라서 본능적으로 보호하고 도와줄 아무런 의무감도 없고, 현생이든 내생이든 구원해 줄 어떤 능력도 없다고 하신다. 다만 여러분의 피와 땀인 금전을 끝없이 바치게 하여 거지 인생, 신불자 인생, 피폐한 인생으로 만들어줄 뿐이다.

종교를 믿다가 죽으면 귀신들이 세운 가짜 천국세계, 가짜 극락세계, 가짜 선경세계로 데려가서 귀신들의 종이나 노예로 살아가게 된다는 진실을 알아야 한다. 이제까지 믿었던 종교세계가 이렇게 무서운 곳인 줄 아무도 몰랐을 것이다.

2~3천 년 전에 발행한 성경, 불경, 도경은 하늘이 내려주신 것이 아니라 인간과 귀신들이 만든 경전인 것이다. 그것이 진짜 하늘이 내려주신 경전이라면 굳이 전 세계의 모든 종교세계가 잘못되었으니 바로 세우라고 필자에게 엄청난 천지대능력을 내려주시지는 않았을 것이다.

세 분들은 유불선의 대표이시고 인류 최초로 자미국으로 하강강림하시어 진짜 하늘의 실체와 당신들의 존재를 적나라하게 밝히시며 종교를 통해서 알고 있던 하늘은 진짜가 아닌 가짜 하늘이라고 경천동지할 진실을 전해 주시었다.

인류에게 충격적인 말씀이시다.

그동안 종교 교리와 이론을 착실히 믿었던 것이 잘한 일이 아니라 하늘(할아버지)과 세 분(영적 아버지)들의 뜻과는 정반대로 받아들이는 천추의 원과 한을 이 땅에 남기게 되는 잘못을 범한 죄를 지은 것이다.

결국 열심히 종교를 믿은 것이 자기 진짜 부모님을 버리고 남의 부모인 종교귀신들을 섬긴 것이니 이것이 환부역조한 역천자의 죄이다. 여러분은 이런 진실을 처음 접하게 되어 황당하게 생각할 수도 있다.

하지만 여러분의 영적 부모님이신 세 분들은 원통하고 분통해서 분노의 피눈물을 흘리시며 아파하신다. 자기 부모를 버리고 남의 부모를 섬긴 여러분의 인생은 편안하고 행복하던가?

전 세계 인류가 종교를 세운 외국 조상귀신들에게 수천 년 동안 철저하게 속아 온 것이다. 이들은 결코 인류를 구원해 줄 아무런 능력도 없다는 것이 증명되었다.

구원은 여러분을 이 땅으로 보내주신 하늘(할아버지)과 세 분(영적 부모님)들만의 고유권한이시다. 이분들이 아닌 이상 그 어떤 누구도 인류를 절대로 구원할 수가 없다고 밝히셨다.

구원해 준다는 자체가 거짓이다.

종교귀신들은 자기 자식이 아닌 세 분들의 자손인 인류를 구원할 수 없다. 종교를 통해서 구원해 준다고 말하는 것은 세 분들의 자손을 자기들 귀신세계로 빼앗아 데려가기 위한 술책과 계략일 뿐이니 절대로 속아 넘어가서는 안 된다.

이들이 말하는 세계가 바로 살아 있는 지옥세계이다. 종교를 믿음으로써 인생이 편안하고 행복하다면 몰라도 거의 전부가 종교를 믿음으로써 인생 자체가 고통으로 변했을 것이다. 귀신 지옥세계의 기운을 살아서 미리 느끼고 있기 때문이다.

살아서 행복하지 못하면 죽어서도 행복하지 못하나. 사신의 현생과 내생의 삶을 미리 종교세계를 통해서 실체적으로 보여주는 것임을 알아야 한다.

종교세계가 얼마나 잘못되었으면 100명을 살인할지언정 종교는 어느 것도 믿지 말라고 천상에서 내려오신 신명님께서 가르쳐 주시었을까?

이렇게 무서운 종교세계의 진실을 전해 주어도 믿지 못하겠다면 그것 역시 각자 타고난 운명이거나 하늘과 세 분들의 자손이 아닌 사탄마귀, 악귀잡귀가 이 땅으로 보낸 자식들일 것인데 이들의 자식들이라면 종교세계를 믿는 것이 옳을 것이다.

자미국 제사천궁은 하늘과 세 분들이 보낸 맑고 깨끗한 하늘의 순수한 마음을 가진 자들만 들어올 수 있는 곳이지 더러운 인간세상의 끝없는 태산 같은 욕심과 소원을 이루려는 자들이 들어올 수 있는 곳이 아니다.

천상 자미천궁에서 내려오신 신명님(천상선감님), 하나님(천상천감님), 미륵님(천상도감님)께서도 대단하신 능력자들이신데 세 분들의 능력으로도 어찌 해볼 수 없는 불가능한 하늘의 영역이 있다고 하신다.

그렇기 때문에 세 분들이 이 땅으로 보내신 당신의 자손들을 더 높은 하늘 태상천존 자미천황님의 천인(하늘 사람)으로 재창조하시어 자식들이 종교세계의 고통과 불행에서 벗어날 수 있도록 영적 자식들인 여러분을 불러들이시기 위하여 함께해 주는 것이라 하셨다.

여러분 각자의 정신을 종교귀신들이 전하는 교리와 이론에 빼앗기면 모든 것을 다 빼앗긴 것이고 육신은 그저 껍데기 로봇에 불과하다. 종교귀신들이 세운 교리와 이론을 받아들인다는 것은 곧 자신과 가족을 몽땅 파멸의 길로 인도하는 것이다.

태초의 하늘과 세 분은 이 땅에 인간의 몸으로 다녀가신 적이 없고, 자미국이 아닌 다른 종교세계에서 존재를 밝히신 적이 한 번도 없다고 하시었으니 종교 지도자들이 전하는 말은 가짜이니 믿지 말아야 할 것이다.

태초의 하늘(할아버지)과 여러분의 영적 부모님이 계시는 자미국과 함께할 것인가? 아니면 수입한 외국 종교귀신들을 섬기며 영의 부모님과 영원한 이산가족이 되어 고통과 불행의 세계에서 힘들게 살아갈 것인가?

이제까지 이런 진실을 전해 주는 영적 지도자가 없어서 무서운 종교세계에 머물러 있었다면 지금 이 순간이라도 영의 부모님을 찾지 않고 몰라본 여러분의 죄를 진정으로 뉘우치며 하늘과 영의 부모님께 빌어야 하는 것이 자식 된 근본도리 아니던가?

몰라서 종교를 믿은 것은 진심으로 잘못을 빌면 정상을 참작하시고 용서해 주신다.

그동안 집필한 30권의 책을 읽어본 독자들이 많지만 또 다른 신흥종교 정도로 생각하고 부정하며 기존의 종교세계를 계속 다니는 사람들도 많은데, 이제는 생각을 바꾸어 영의 부모님과 상봉해야 한다.

자미국과 종교, 어디를 선택할 것인지 독자 여러분 모두가 이제 스스로 결정해야 할 것이다. 이산가족이 되어 하늘과 세 분들을 찾지 않고 이분들의 가슴에 못을 박는 종교를 계속 믿으면 여러분의 인생도 아픔과 슬픔, 고통과 불행의 굴레에서 영원히 벗어나지 못하게 된다.

여러분이 종교를 믿어 영의 부모님을 버려서 아프게 하였으니 각자의 인생도 아플 수밖에 없다.

또한 후대 자손 대대로 하늘과 세 분들의 보호와 도움을 받지 못하면 종교귀신들이 뿌려대는 나쁜 기운으로 결국 가문이 멸문지화당하게 되어 대가 끊어질 것이다.

하늘과 영의 부모님이 주신 선물

각자 살아가면서 지금 누리고 있는 권력과 재물, 명예, 건강, 기쁨, 행복, 가족과 본인의 육신조차도 하늘과 영의 부모님이 주신 것이다.

이런 진실을 알지 못해서 종교귀신들에게 감사하다 말하고 있으니 여러분을 이 땅으로 보내주신 태초의 하늘 태상천존 자미천황님과 영의 부모님이신 신명님, 하나님, 미륵님은 피가 거꾸로 솟을 일이다.

이분들의 공로를 가짜 하늘에게 모두 바치고 있으나 이런 진실을 전해 주는 인류의 영적 지도자가 없어서 안타까워하셨다. 이분들의 분노와 슬픔이 하늘을 찌르건만 아무도 말해 주고 바로잡아 주는 자가 없으니 오호통재라~

아, 슬프고도 슬픈 일이도다~

자식이 진짜 부모를 몰라보고 가짜 부모 앞에 줄을 서 있으니 이 일을 어이할꼬? 여러분 영의 부모님들이 슬퍼하고 괴로워하며 분노하실 때 가짜 부모인 종교귀신들은 좋아하며 웃고 있으니 어찌 해야 할까?

또한 이 죄를 살아서는 물론 죽어서 어찌 받을 것인가?

여러분이 살아서 받지 못하면 자손들이 대신 받아야 한다는 진실을 알아야 한다. 여러분 영의 부모님 가슴에 비수를 꽂아 아프게 한 만큼 각자와 가족들도 인생을 살아가면서 똑같이 아픔, 슬픔, 괴로움을 겪게 된다.

각자 살아가면서 누리고 있는 권력과 재물, 명예, 건강, 기쁨, 행복을 내려주신 하늘과 영의 부모님 은혜에 보답하고 죽어야 한다. 이것이 만생만물의 영장인 인간으로 태어난 근본도리를 행하는 것이다.

은혜에 보답하는 길은 잃어버린 하늘과 영의 부모님을 찾는 입천제(대제사), 천인합체(신인합일), 감사죄의식을 올려서 그동안 종교를 믿어 가짜 하늘을 섬긴 잘못을 빌어서 환부역조한 죄를 사면받아 현생과 내생의 삶을 행복하게 보장받고 살아서나 죽어서나 천인의 삶으로 사는 것이다.

각자 자기 자신들이 열심히 노력해서 이루었다고 생각하는 권력, 돈, 기업, 빌딩, 주택, 명예, 건강, 기쁨, 행복, 가족의 소유권자는 영적으로 하늘과 신명님, 하나님, 미륵님이시고 지구 땅덩어리 자체 역시 이분들이 소유권자이시다.

이 세상 모든 것을 다 가졌다며 잘났다고 이분들 뜻에 승복하지 않는 것은 영적 자식으로서 근본도리가 아니다. 오히려 많이 받은 만큼 많이 감사해야 하고 이분들이 큰 뜻을 전 세계로 널리 알리시세끔 동참해야 한다.

엄청난 진실을 가르쳐주어도 부정하고 거부하며 태초의 하늘과 영의 부모님을 찾을 마음이 생기지 않는다면 지금까지 부귀영화 누려오던 귀중한 권력, 돈, 기업, 빌딩, 주택, 명예, 건강, 목숨, 기쁨, 행복, 가족의 소유권이 어느 날 소리 소문도 없이 제3자에게 넘어갈 수 있다.

지금까지는 이런 진실을 전해 주는 인류의 영적 지도자가 없어서 몰랐기에 무시해도 별 탈이 없었을지 몰라도 이제 진실을 전해 준 이상 행하지 않으면 현실에서 그대로 이루어질 것이니 이것이 경고 메시지이다.

모든 것을 다 잃어버리고 나서 후회하지 말고 있을 때 잘해야 한다. 지금 이 순간까지 하늘과 영의 부모님들이 여러분의 소중한 것을 이루어주시고 실시간으로 지켜주시지 않았다면 모두 허공으로 날아갔을 것이다.

이분들의 보호와 지킴이 없었다면 오랜 세월 이루어놓은 성공과 출세가 사탄마귀, 악귀잡귀, 종교귀신들로 인해서 모든 것이 이미 사라져 거지신세로 전락했으리라.

이 글을 읽고 들어오는 것이 자기 자신의 목숨과 재산, 가정, 기업을 지키는 길이다. 귀신들은 여러분이 잘되는 것을 절대로 원하지 않는다. 특히나 종교귀신들은 여러분의 인생을 거지로 만들고 파멸시켜서 종교를 떠나갈 수 없도록 종교의 종과 노예로 만드는 것이 목적이다.

가진 재산을 모두 헌금, 시주, 정성금으로 바치게 해서 잘남의 기를 죽여 놓아야 종이나 노예처럼 마음대로 부려 먹을 수 있다. 여러분의 정신과 재물을 착취해서 종교의 울타리 안에 가두는 것이 종교귀신들이 하는 짓이다.

종교에 미치면 집안 말아먹는다. 오래 믿으면 믿을수록 잘되는 것이 아니라 더 어려워지는 것은 종교귀신들이 뿌려대는 나쁜 기운 때문이다. 무서운 종교귀신들의 속박에서 벗어나 남은 여생을 편히 사는 길이다.

결단은 하루라도 빨리 내릴수록 좋다. 이 글을 읽고 종교에 더 이상 안 나간다고 종교의 지옥에서 벗어나는 것이 아니라 마음 안에 자리 잡고 있는 종교귀신들을 하늘과 땅의 천지대능력으로 소멸시켜야 한다.

이들 종교귀신들을 소멸시키지 않고 살아가면 종교를 떠났어도 여전히 그들의 종과 노예 신세를 면하지 못하고, 고통과 불행이 이어지며 후손대대로 대물림되고, 가족과 자식들의 인생까지 풀리지 않아 고통스럽게 살아간다.

인류의 영적 부모님이신 신명님, 하나님, 미륵님은 당신들의 아버지이신 태초의 하늘 태상천존 자미천황님의 위대하신 존재를 전 세계에 널리 알리시고자 한다.

종교적 하늘이 아닌 대단하신 태상천존 자미천황님의 원과 한을 풀어드리고 종교에 빠져 있는 신명님, 하나님, 미륵님의 영적 자손들을 찾아서 여러분을 구원하시고자 뜻을 세우셨고, 태초의 하늘을 인류의 구심점으로 추대하여 옹립해 드리는 천지대업을 이루셔야 한다.

필자는 이분들의 뜻이 하루빨리 위대하게 세워질 수 있도록 한 부분의 역할을 담당하고 있을 뿐이다.

이분들은 인간처럼 손과 발, 입이 없으시어 여러분에게 직접적으로 하늘의 원뜻을 자세히 전할 수 없으시기 때문에 필자가 역할을 일부분 대신하는 것이다.

그래서 책을 집필하여 만 세상에 이분들의 뜻을 전하는 것이 필자가 해내야 할 몫인 것이다. 최고로 지엄하신 태초의 하늘을 인류 최초로 전 세계에 위대하게 널리 전하시기 위해서는 대한민국 정부의 적극적인 협조가 있어야 한다.

지금은 인간세계 정부의 국가 수반인 대통령이 자리를 차지하고 있는 청와대 터를 하늘과 영의 부모님이 사용하시도록 국가적 차원에서 배려해 드려야 한다. 이것이 이 나라와 국민들이 가장 빠른 시간 내에 잘되는 지름길이다.

하늘을 인류의 구심점으로 추대하여 옹립해 드리면 세계의 중심 국가로 떠오르고, 천하세계를 다스리고 영도하는 강력한 영적 지도자국가로 자리 잡게 된다. 은연중에 인류는 천지대능력을 가진 강력한 인류의 지도자를 기다리고 있었다.

하지만 인류가 이 땅에 태어나고 그런 인물은 눈을 씻고 찾아봐도 찾을 길이 없었다. 당연한 일이고 하늘이 허락하지 않은 일이신데 어찌 그런 인물이 이 땅에 태어나겠는가? 그러나 불행 중 다행으로 그런 기회가 주어지고 있다.

강력한 인류의 구심점~

당연히 영적으로는 신명님, 하나님, 미륵님의 부모님이신 대단하신 태초의 하늘 태상천존 자미천황님께서 인류의 구심점이 되시고, 전 세계 국가적으로는 자미국 제사천궁이 인류의 구심점이며, 세계 72억 인류 중에서는 하늘의 대행자 인황(필자)이 인류의 구심점이다.

독자 여러분이 인정하든 하지 않든 천상계획 설계도에는 이미 그렇게 정해져 있다. 민족과 인류의 구심점은 덕망 높고 유명한 인사가 되어야 한다는 생각을 가진 사람들이 거의 전부이겠지만 하늘이 내려주시는 천지대능력을 갖지 않고서는 민족과 세계 인류를 영도할 강력한 지도자가 될 수 없다.

하늘께서 이 나라와 국민들에게 주신 가장 큰 선물이 자미국이고 필자 인황과 사감이다.

태초의 하늘과 인류의 영적 부모님이신 신명님, 하나님, 미륵님께서 인황과 사감을 통해서 수시로 천상지상 천지신명공사를 집행하시기 때문이다.

정부와 국민들이 자미국을 인정하고 받아들이면 이 나라가 천하 세계의 패권을 거머쥐고 뒤흔드는 강력한 세계 지도자 국가로 위상을 떨치게 되어 국격이 매우 높아지게 된다.

세계의 중심국가로 떠오를 수밖에 없는 것이 세계 인류가 각자 자신의 영적 부모님을 살아생전에 꼭 만나야 구원받을 수 있기 때문이다.

이런 엄청난 진실이 전 세계적으로 알려지면 종교귀신들이 세운 이 세상의 모든 종교는 스스로 무너지게 된다.

수천 년간 깊게 뿌리내린 종교의 노예와 종살이의 속박에서 벗어나 정신적인 해방을 맞이하게 될 것이고, 갈 곳을 잃은 세계 인류가 종교를 떠나서 찾아들어 오게 될 것이니 이것이 이 나라가 천하제일 국가로 다시 태어나는 길이다.

72억 전 세계 인류를 무소불위하신 하늘과 대단하신 영적 부모님의 천지대능력 없이 스스로 승복시키는 일이 어떻게 가능하겠는가? 최신 첨단 핵무기로도 세계 인류를 하나로 통합하여 다스릴 수 없는 것이 현실이다.

대한민국 정부와 국민들이 자미국 제사천궁을 순수하게 인정하고 받아들여서 태초의 하늘을 인류의 구심점으로 추대하여 드린다면 오랜 세월 이 나라가 원하고 바라는 거대한 꿈을 현실로 이루게 될 날이 올 것이다.

너무나도 존귀하시고 대단하신 하늘

정부에서 온갖 비책을 내놓으며 경제 살리기에 안간힘을 기울여 보지만 원초적으로 세계적인 경기가 살아나지 않으면 국내 경기 활성화는 불가능한 일이다.

인류의 마음을 창조하신 대단하신 하늘과 세 분 영적 부모님의 천지대능력이 아니시고는 이 나라의 국운이 열려 경제가 살아나기는 어렵다. 그러니까 인간들의 노력과 능력만으로는 이 나라를 잘 되게 하는 방법은 없다.

우리 인간들의 노력과 능력으로 해낼 수 없는 불가능한 일은 하늘과 세 분 영적 부모님께서 해주시라고 맡기고, 대단하신 태초 하늘의 존재를 전 세계에 널리 전하시려는 영적 부모님들의 뜻을 이루실 수 있도록 대한민국 정부와 국민들은 장소(청와대 터)를 제공해 드리면 된다.

이것이 하늘과 땅, 인간의 상부상조이다. 세계 인류는 자신을 이 땅으로 보내주신 영적 부모님이 누구이신지 몹시 궁금하지만 이를 해소해 줄 수 있는 곳이 없어서 매우 답답해하며 종교세계를 통해서 영적 부모님을 찾고자 하지만 이를 해결해주는 곳은 자미국 제사천궁 외에는 없다.

막연하게 하늘, 하나님, 하느님이 각자 영적 부모님이신 줄 알고 있을 뿐이다. 육신이 살아 있을 때 자신의 영적 부모님을 찾지 못하면 죽어서는 찾기가 불가능한 일이고 유일하게 자미국에서만 가능한 일이다.

너무나 대단하신 하늘이시라서 감히 존호 자체도 함부로 부르지 말라고 하신다. 인류가 종교세계를 통해서 알고 있는 가짜 하늘이 아니라 진짜 하늘이시기에 조심스럽다고 하신다.

9년 전에 지장보살님이 인간의 몸을 빌려 하강하시어 하신 말씀이 있다.

태초의 하늘이신 태상천존 자미천황님의 존호는 종교에서 전하는 하나님이 아니시기에 어느 누구도 감히 함부로 불러서는 안 된다고 신신당부하시었다.

인간이 이 땅에 태어난 역사가 길지만 처음으로 대단하신 하늘의 실체가 밝혀지고 있다.

존귀하시고 지엄하신 태초의 하늘 태상천존 자미천황님의 존재를 만 세상에 알리시고 계신 인류의 영적 부모님들의 노고와 공로가 참으로 대단하시다.

인류의 영적 부모님~

신의 대표이신 천상선감님(신명님), 영의 대표이신 천상천감님(하나님), 도의 대표이신 천상도감님(미륵님)과 태초 인간이시자 인류의 대표이신 자미인황님께서 대단하신 태초의 하늘을 만 세상에 위대하게 전하시려고 하는 마음은 감히 우리 인류가 따라갈 수 없을 정도로 열정이 넘쳐흐르신다.

얼마나 대단하시기에 그러실까 할 정도이시다.

그래서 여러분 독자들은 하늘의 명을 받아 천인이 되기 전까지는 함부로 하늘의 존호를 불러서는 안 된다고 하신다.

천인이 되어서도 아주 정중히 예의를 갖추고 불러야 한다.

태초의 하늘은 너무나도 대단하신 능력자이시라서 우리 인류가 마음속으로 생각하는 것까지 실시간으로 다 알고 계신다고 말씀하시었다.

하늘의 입장에서는 인간들이 마음으로 생각하는 것이 말하는 것과 똑같이 들리신다고 하시었으니 하늘 앞에서는 여러분의 마음이나 생각조차 그 어디에도 숨길 수 없다.

우리 인류의 마음을 창조하신 태초의 하늘이시기에 인간들의 속마음을 모두 알고 계신다.

그뿐만이 아니시라 천지풍운조화, 날씨조화, 기후조화, 천지개벽, 나라의 흥망성쇠, 개인의 길흉화복은 물론 인간, 신, 영, 조상님을 비롯한 천지만생만물의 목숨에 대한 생사여탈권, 인류의 구원에 대한 천지대능력을 실시간으로 집행하시는 불가능이 없는 대단하신 하늘이시다.

이렇게 대단하신 태초의 하늘과 함께하면 인간세상의 모든 근심과 걱정들은 더 이상 존재하지 않을 것이다. 개인은 개인대로, 기업은 기업대로, 나라는 나라대로 하늘과 함께하는 자가 인생의 진정한 최후의 승리자이다.

대단하신 하늘의 존재를 몰라보고 인간의 눈높이 수준에서 종교적 하늘로 폄하하고 과소평가한다면 그것은 인간으로 태어나서 일생일대의 가장 큰 불행이다.

너무나도 대단하시어서 필설로는 다 전할 수가 없기에 오히려 필자가 더 답답할 뿐이다.

그동안 의식을 통해서 전해 주신 하늘의 말씀은 성경이나 불경, 도경을 능가하고도 남을 엄청난 분량이지만 지면을 통해서 전하는 데는 한계가 있다. 10년간 30권의 책을 집필해서 출간했지만 빙산의 일각이다.

필자를 통해서 보여주신 상상초월의 천지조화는 이미 수많은 책을 통해서 발간되었다.

얼마나 대단하시고 존귀하신 하늘이시면 인간세계에 한 번도 하강 강림하신 적이 없고, 존재를 밝히신 적이 없는 신의 대표이신 천상선감님(신명님)께서 강림하시어 태초의 하늘이 태상천존 자미천황님이시라고 밝히셨을까?

또한 영의 대표이신 천상천감님(하나님), 도의 대표이신 천상도감님(미륵님)과 태초 인간이시자 인류의 대표이신 자미인황님께서 차례대로 하강 강림하시어 위대하신 하늘을 만 세상에 전하시고자 저 머나먼 천상세계 자미천궁에서 동방의 작은 땅 자미국으로 와주시었을까?

이는 필자가 자미국을 개국하기 전에 종교와 전혀 다른 세계를 거대하게 세우겠다고 다짐하며 책을 집필하자 당신들의 뜻과 같다고 이분들이 차례대로 하늘의 명도 받지 않으시고 스스로 하강 강림하시었노라고 말씀하시었다.

자식(인류의 영적 부모님 세 분)들이 위대하신 부모님(하늘)의 존재를 지구에서 최초로 밝히는 자미국 제사천궁으로 하강하는데 무슨 아버지(하늘)의 허락을 받고 오느냐고 하셨다. 자식이라면 당연한 일이 아니냐고 하신다.

영적 부모님들이 자미국으로

종교에서 지금까지 수천 년 동안 전했던 하늘이 진짜가 아니고 가짜이니 진짜 하늘을 찾아주시려고 천상 자미천궁에서 먼 길을 마다하시지 않고 자미국으로 와주신 것이다.

태초의 하늘이 머물고 계신 북극성 부근에 있는 천상 자미천궁에서 먼지 같은 지구의 동방 땅 자미국으로 와주셨으니 필자의 행운이고 대한민국 전체의 행운이다.

오랜 세월 종교귀신들이 전한 교리와 이론에 세뇌당해서 오히려 사이비라 부정하고 있지만 인류가 기다리던 대단한 자미국 제사천궁이다.

그렇지 않고서야 수천 년 된 종교세계를 통해서도 밝히신 적이 없는 세 분의 영적 부모님들이 와주시어 대단하신 태초의 하늘과 함께하는 것이 근본도리이고, 인간으로 태어나 가장 착하고 잘한 일이라며 하늘의 높은 진실을 필자에게 가르쳐주실 이유가 없으실 것이다.

상상의 세계로만 그려보던 대단하신 태초의 하늘과 인류의 영적 부모님을 상봉할 수 있는 기회가 자미국 제사천궁에서 주어지고 있으니 대한민국의 축복이다.

전 세계 수많은 나라들이 있지만 동방의 작은 나라 대한민국 수도 서울 자미국으로 천상세계의 천지대능력자분들이 대거 함께해

주시는 이적과 기적이 일어났으니 이제 천하세계를 자미국 하나로 통합하여 영도하고 세상의 중심국가로 우뚝 서는 것은 시간문제일 뿐이다.

동화 속에서나 가능할 것이라 생각되었던 상상초월의 일들이 자미국 제사천궁을 통해서 현실로 이루어질 것이다.

이미 수천 년 전부터 예언되어 온 자미국 세상~

이제 하나하나 현실로 이루어가는 일만 남았는데 여기에는 국가적인 직접 참여나 간접적인 후원이 있어야만 원대한 하늘과 땅, 우리나라 국민들의 뜻이 이루어질 수 있다.

자랑스러운 천손민족으로 우뚝 설 수 있는 기회를 하늘과 땅이 내려주고 계시는데 나라와 국민 모두가 한마음이 되어서 동참해야 할 민족의 천지대업이자 대한민국이 전 세계 1등 경제대국, 군사대국, 인구대국, 영토대국, 수출대국, 관광대국으로 발돋움할 수 있는 유일한 기회이도 하다.

태초의 하늘을 인류의 구심점으로 추대하여 옹립하는 일은 세계지도자 국가로 변신하는 길이고, 약소국가의 서러움에서 벗어나서 강대국으로 진입하는 길이다.

잃어버린 하늘과 인류의 영적 부모님을 찾는 자가 인생의 승리자가 되고, 이 나라가 천하세계를 다스리는 영적 강대국으로 자리잡는 길이다.

하늘의 마음을 얻는 자가 천하를 얻는다고 하였으나 지금까지 하늘이 어디 계신지도 몰랐고, 어떤 절차를 거쳐서 어떻게 만나는 것인지조차 알 수 있는 길이 없어 상상 속으로만 그려왔고 기껏 한다는 것이 도인이나 무속인을 불러서 하늘에 천제를 올리는 것이 전부였었다.

하지만 자미국 제사천궁에서는 상상 속의 하늘이 아니시고 직접 말씀을 들을 수 있는 전 세계 유일한 곳이니 이것이 나라의 복이 아니고 무엇이겠는가?

종교세계를 통하여 오매불망 찾고자 기다리던 태초의 하늘을 육신이 살아서 만난다는 것은 정말 꿈만 같은 일들이다.

종교세계로는 가시지 않는 존귀하신 하늘 태상천존 자미천황님~ 그래서 종교 안에 머물고 있으면 진짜 하늘을 만날 수 있는 마지막 희망마저 사라져버린다.

얼마나 애타게 기다려왔던 태초의 하늘이신가?

살아서 태초의 하늘을 만나야 현생과 사후세계를 보장받을 수 있는 길이 열린다. 얼마나 찾고자 기다려왔던 인류의 영적 부모님들이신가? 이제 인류의 꿈과 희망을 이룰 수 있으니 세계 인류는 어서어서 태초의 하늘과 자신의 영적 부모님이 누구이신지 찾아야 한다.

대단한 자미국이 이 땅에 태동하면서 상상 속으로만 생각되었던 잃어버린 존귀하신 태초의 하늘과 인류의 영적 부모님들을 만날 수 있으니 하늘이 인류에게 내려주신 가장 아름다운 선물 아니겠는가?

대한민국이 전 세계에서 가장 축복받은 나라가 분명하고, 세계 인류 모두의 부러움과 시샘을 함께 받을 나라 건국 이후 최대의 경사스러운 일이다.

인류가 원한다고 대단하신 하늘과 인류의 영적 부모님들이 찾아오시는 것이 아니라 이분들에게 특별히 선택받아야만 가능한 일이었다.

그동안 종교세계에서 얼마나 많은 교주나 종교 지도자가 애타게 찾으며 기다리던 하늘과 부모님들이셨는가?

대한민국의 국운이 열리는 징조는 바로 자미국 제사천궁의 개국이었다. 나약하고 보잘것없는 부족한 필자이지만 존귀하신 태초의 하늘로부터 선택받아 하늘의 대행자와 인류의 대표 인황이란 최고의 관명을 하사 받는 영광을 안게 되었다.

인간이 원한다고 선택 받는 것이 아니라 하늘과 영적 부모님들께 뽑혀야 하고, 수많은 하늘의 시험을 통과해야만 하는 절차가 있는 줄은 전혀 몰랐다.

태초에 인류가 태어난 이후 지금까지 하늘이 내리신 시험을 통과한 자가 단 한 명도 없었다고 하시며 인류 최초로 유일하게 하늘의 어려운 시험을 모두 통과했기에 태초의 하늘로부터 하늘의 대행자와 인류의 대표 인황으로 선택받게 되는 영광이 주어졌다고 말씀하셨다.

인류가 탄생한 이래 아무도 원대하신 태초 하늘의 뜻을 전 세계에 전한 자가 없었다고 하신다. 어마어마한 하늘의 진실을 세계 인류가 받아들여야 할 것이다.

대단한 자미국은 인류의 등불이고, 인류의 영원한 꿈이자 희망이다. 자미국이 있는 대한민국도 이제 세계 속에 중심국가로 우뚝 시게 될 것이니 지켜보기 바란다.

하늘과 땅, 천지신명님, 나라조상님과 함께하면 인생사의 고통과 불행은 영원히 멀어지고 기쁨과 행복의 세계에서 무릉도원의 삶을 누리게 될 것이다.

제3부
다 함께 잘되는 길

天心歌

영의 소원이 먼저 이루어져야
육의 소원이 이루어지는구나!
평생 자아를 찾아주지 않고 존재조차
몰라 본 육의 어리석음에 부끄럽구나!

육과 영이 하늘과 함께해야
육의 소원이 이루어지는구나!
하늘의 명을 받은 자들과 함께하는 것이
하늘의 소원이실 줄은 미처 몰랐네.

하늘의 아픈 마음
하늘의 슬픈 마음
하늘의 맺힌 마음 모두 푸시고
하늘의 소원 이 땅에서 크게 이루소서~

하늘을 얻는 자가 천하를 얻는다 했으니
하늘을 얻으려면
하늘이 원과 한을 풀 수 있도록
하늘의 소원부터 먼저 이루어드리자~

하늘을 만나
하늘이 내리시는 명을 받아들이면
하늘의 사랑과 보호로
현생과 죽음 이후까지 태평성대 세상이 열리리라.

나라의 국운을 여는 길

한 치 앞도 알 수 없는 불확실한 나라의 위태로운 미래와 북한의 수시 도발, 장기간의 국내 경제 불황으로 살아가기가 아주 힘들 것이다.

이런 일들이 왜 일어나고 있는지 국민 여러분은 하늘과 땅의 진실을 알아야 한다.

이 책의 글을 읽는 동안 여러분에게 내려주는 상상 초월의 대단한 하늘과 땅의 어떤 기운을 난생처음 몸과 마음으로 확실하게 느낄 수 있다.

졸리지도 않은데 하품이 끊이지 않고 수시로 나오고, 머릿속 위쪽 부위에서 뭔가 기어가는 듯한 느낌, 머리와 온몸에 전기가 흐르듯 찌릿찌릿하며, 신체 어느 특정 부위가 앗! 따가워~ 할 정도의 바늘로 찌르듯 따끔거리고, 눈물 흘리며 흐느끼거나 대성통곡하고, 몸에 강한 진동이 느껴지고, 아주 통쾌하고 가슴이 뻥 뚫리는 느낌을 받을 것이다.

이런 현상은 하늘과 땅, 신들과 나라조상님, 자신의 반쪽인 신과 영들이 직접 말로 전달할 수 없기 때문에 몸짓 언어(body language)로 의사를 전달하시는 것이니 걱정하시지 않아도 되고 자신의 신과 영들이 실제로 각자의 몸 안에 존재한다는 것을 확인시켜 주는 것이다.

국민 여러분!

나라가 온통 개헌 논의와 지방선거 뉴스로 도배하고 있고, 국민 여러분도 70%가 개헌에 동의한다니 조만간 개헌론이 급물살을 탈 것이다.

현재 국민 여러분의 대표인 국회의원들이 추진하려는 개헌논의는 하늘과 땅, 자신의 반쪽인 신과 영, 개국시조와 역대제왕 등 나라조상님들이 보내는 메시지라는 것을 여러분에게 전해 주려고 하는 것이다.

하늘의 일을 하려고 천상에서 귀한 명을 받고 이 땅으로 태어난 사명자 여러분에게는 오랜 세월 손꼽아 기다려오던 아주 통쾌한 메시지일 것이다.

만생만물의 영장인 인간으로 태어나서 살아생전 무엇을 이루고 세상을 떠나야 하는 것인지 그 내용과 역할을 확실히 찾게 될 것이다.

국민 여러분 마음 안에서 개헌의 메시지가 뜨니까 대통령 권력을 분산시켜 보자는 취지에서 분권형 대통령제, 이원집정부제, 의원내각제, 대통령 중임제를 골자로 개헌하려고 국회에서 추진위원회를 발족시켰다.

기존의 4개 개헌 안건에 영국이나 일본처럼 군림하되 통치하지 않는 군주제 즉 의원내각제적 입헌군주제를 개헌 논의 대상에 포함해 줄 것을 국민 여러분에게 제안한다.

정국이 안정되고 잘살 수 있는 수출대국, 관광대국, 경제대국, 영토대국, 인구대국, 군사대국의 꿈을 현실로 이루어낼 수 있는 유일한 길이 영국이나 일본처럼 의원내각제적 입헌군주제로의 개헌이기 때문이다.

현재의 대통령 중심제는 우리나라 국민들 모두에게 족쇄를 채우고 있으며 무소불위한 권력을 행사할 수 있기에 부정과 독재를 할 수밖에 없고, 막강한 통치권력 앞에 줄을 서지 않을 사람이나 기업은 없을 것이다.

그것이 오랜 세월 관행으로 이어져 내려왔고 결국 국민들 모두가 피해자가 되었다.

국민 여러분들이 이 글을 읽고 조금이라도 공감하고 타당성이 있다고 생각되면 개헌 논의 안건에 포함시켜 주었으면 한다. 국민 여러분과 가정, 기업, 나라 모두가 편하고 잘되는 가장 빠른 지름길이다.

현실적으로는 여야가 대통령에게 집중된 권력을 분산하기 위한 개헌론을 발의하자는 것은 명분 있는 내용임에는 틀림없지만 국민 여러분이 보다 멀리 나라의 미래를 내다보고 나라가 잘되는 기반을 마련하는 대국적인 개헌으로 추진해 줄 것을 당부하는 바이다.

국민 여러분이 뽑아준 국회의원들은 인류 역사에 길이 남을 천지대업에 동참시키려는 하늘과 땅, 천지신명님, 나라조상님들의 큰 뜻이 담겨 있다. 이 글을 읽는 국민 여러분은 수많은 예언서를 보았을 것이다.

장차 대한민국은 세계의 중심국가가 될 것이라 했다. 수천 년 전에 이 예언을 남긴 사람들은 분명 인간이지만 하늘과 땅, 천지신명님, 나라조상님들께서 이미 수백수천 년 전부터 예언자들 인간 육신의 몸 안에 들어가시어 대한민국의 미래에 대해서 예언을 남기신 것이었다.

그런데 이제 그 예언이 실행되는 시초가 2015(을미년)년도로 다가왔다고 하신다. 예언자 인간 육신들은 이분들에게 손과 발, 입만 빌려드린 것이다. 이런 내용을 글로 써서 국민 여러분에게 전달하는 필자 역시도 이분들에게 손과 발, 입을 빌려드리고 있을 뿐이다.

자미국에서 말하는 하늘은 하늘 중에 최고 하늘이시고, 지극지존의 태초 하늘이신 '태상천존 자미천황님'이시다.

지금까지 기독교와 천주교에서 전하는 하나님이나 민속적으로 전해지는 하느님, 옥황상제님보다 더 높은 태초의 대단하신 하늘이시고 삼천대천세계 우주의 모든 하나님, 하느님, 천존님, 천주님, 천지신명님, 석가님, 예수님, 상제님, 성모님, 공자님, 노자님을 창조하시고 모두 통솔하시며 거느리시는 최고로 위대하신 높은 하늘이시다.

인류가 이 땅에 태어나고 처음으로 이 나라를 세계 중심국가로 세워주시기 위한 어마어마한 천지대업을 이 땅에서 이루고자 하신다.

우리 인간으로서는 감히 상상도 못하는 일이다.

국민 여러분들이 뽑아준 국회의원들도 천지대업에 적극 동참시키려고 하신다.

현재의 고위공직자 신분, 국회의원 신분, 기업, 재물, 명예, 건강도 하늘과 땅, 천지신명님, 나라조상님들께서 주신 것이라고 말씀하셨다.

처음 들어보는 말에 어리둥절할 수도 있지만 이분들은 오래 전부터 이 나라를 세계의 중심국가로 세우시려고 계획하고 계시었는데 이 뜻을 받들어 천상지상 공무를 집행할 대행자 인물이 하늘의 공부과정(시험)이 끝날 때까지 오랜 세월을 애타도록 기다리셨다 하신다.

현실적으로는 받아들이기가 참으로 이해가 되지 않는 내용인 줄 알지만 이것이 국민 여러분에게 처음이자 마지막으로 전하는 메시지란다.

하늘과 땅이 내려주신 천지대능력은 우리 인간들이 상상할 수 없을 정도로 무소불위하시고 어마어마하시다.

개헌의 방향은 이 나라를 세계의 중심국으로 세울 수 있는 입헌군주제(선진 영국이나 일본처럼)로 개헌하는 것이다. 영국이나 일본이 시행하고 있는 의원내각제적 입헌군주제를 그대로 도입할 것인지 수정 보완할 것인지는 국민 여러분과 국회의원의 재량에 맡긴다.

입헌군주제를 도입하여 시행하는 것은 나라의 정신적 지주를 세우는 일이고 하늘과 땅의 도움을 받아 우리나라가 잘사는 길로 가고자 하는 것이다.

필자 개인적인 욕망을 이루기 위한 것이 아니라 국가 전체의 운명을 바꿀 수 있는 중차대한 일이고, 이런 기회는 필자의 육신이 살아 있는 동안에만 하늘이 이루어주신다고 말씀하셨기 때문이다.

나라의 미래는 입헌군주제가 시행되면 30년 안에 국민 1인당 GNP 50만$ 시대를 열어 최고의 부자나라가 될 수 있다. 수출대국, 관광대국, 경제대국, 영토대국, 인구대국, 군사대국을 꿈이 아닌 현실로 이루게 될 것이다.

나라의 경제를 살리는 길은 멀리 있지 않고 어렵지도 않으며, 의원내각제를 겸비한 입헌군주제로 개헌을 추진해서 정신적 지주를 세우고 청와대를 이전하는 일이다.

민족의 정신적 구심점 옹립

이 나라의 당면한 현실 정치에서 입헌군주제는 논의 대상조차도 될 수 없고, 가당치도 않은 황당한 일이라는 것을 필자는 너무나 잘 알고 있다.

하지만 제정일치(祭政一致), 신정일치(神政一致)의 시대가 이 나라에서 열린다고 오래전부터 예언되어 있었다. 19대 국회가 나라의 정신적인 지주를 세우는 입헌군주제로 개헌이 성사되도록 지지해 주기 바란다.

국민 여러분이 지역구 의원들에게 찾아가서 입헌군주제 개헌의 당위성을 강력하게 밀어붙여 준다면 나라의 장래가 활짝 열릴 것이다.

애당초 개헌논의 대상으로 국민 여러분도 거론한 적이 없는 입헌군주제이기에 상당수 국민 여러분이 받아들이기가 껄끄러울 수도 있다.

그러나 오랫동안 입헌군주제를 실시하고 있는 선진국 영국이나 일본을 비교해 보면 많은 참고가 될 것이다.

이들 나라는 세계를 힘으로 침략하여 많은 나라를 빼앗은 강대국이고 아직도 세계 54개 나라가 영국의 연방국가이다. 영국왕실과 일본왕실이 국민들의 정신적 지주이자 구심점이 되어 있기 때문에 국정 혼란 사태가 발생하지 않아 경제적, 군사적 강대국으로 발전하였다.

우리나라도 하나의 거대한 기업이라고 생각해 볼 때 기업의 총수가 4~5년마다 정기적으로 바뀐다면 기업이 몇 년이나 존속할 수 있을까?

공기업의 부채가 얼마인지 잘 알 것이고 결국 공기업의 방만한 경영에 대해서 철퇴를 내렸지만 무책임한 경영 방식과 현재의 이 나라 국정운영 방식이 무엇이 다른가?

공기업 대표들은 기업의 손익구조가 어떻게 발생되든 상관없고 임기만 채우고 떠나면 되기에 책임경영을 할 수 없다. 만일에 삼성그룹이 세습의 대물림이 아닌 4~5년마다 실질적 사주인 회장이 바뀌었다면 이 나라를 대표하는 글로벌기업으로 발전하지 못했을 것이다.

원전납품 비리 같은 대형부정 사건과 공금횡령 사건들이 수없이 일어나서 기업은 망했을 것이다. 실질적인 주인이 없는 공기업은 부정의 온상인 것이다. 기업자금 빼먹기 바쁘기에 민영화가 시급히 이루어져야 한다.

이 나라에 민족과 인류의 정신적 지주를 옹립하는 것이 나라가 잘되는 비결이다. 그동안 민족과 인류의 정신적 구심점이 되어 줄 만한 어른이 없었다.

민족과 인류의 정신적 구심점을 추대하려면 인간의 눈높이에 맞는 전직 대통령이나 사회저명인사, 이씨 조선 왕족의 후손이 아니다. 영적으로는 태초의 하늘이시고 육적으로는 이 글을 쓰는 필자이다.

하늘은 몰라도 필자를 민족과 인류의 구심점으로 추대하여 달라는 것은 말도 안 되고 내 자존심에 허락이 안 되는 일이지만 어느 누가 대신 말해 줄 수 있는 일이 아니라서 스스로 말할 수밖에 없다.

하늘과 땅이 선택하시고 인정해 준 하늘의 대행자를 국민 여러분이 추대하여 옹립해야 한다. 그 이유는 민족과 인류의 정신적 구심점으로 허울 좋게 자리만 차지하고 있는 것이 아니라 필자에게 내려주신 천지원력으로 이 나라의 운명을 전 세계 최고로 발전시켜 나가야 하기 때문이다.

자미국 제사천궁의 진실을 잘 모르는 대다수 국민 여러분의 눈에는 필자가 사이비 종교교주처럼 보이는 사람도 있겠지만 필자의 육신을 통해서 하늘과 땅이 천지신명공사를 보시기에 필자가 국민적 합의를 이루어 민족과 인류의 정신적 구심점으로 추대받아 옹립되어야 나라의 국운이 크게 열려서 전 세계 1등 국가로 우뚝 서게 된다.

이는 필자가 잘나서도 아니고 하늘과 땅이 필자의 육신을 빌려서 하늘의 뜻과 땅의 뜻을 인류 최초로 이 나라와 국민 여러분과 함께 이루어주시고자 하신다. 필자의 소원을 하늘이 왜 들어주시느냐고 궁금할 것이다.

수천 년 동안 종교세계에서 전하는 모든 하늘은 진짜가 아니라 가짜라는 진실을 과감하게 알리고, 진짜 태초의 하늘은 태상천존 자미천황님과 태상천존 자미황후님이시라고 온갖 시련 속에 널리 전하고 있기 때문이다.

필자는 위대하신 하늘을 만 세상에 대단하게 널리 알려서 하늘의 원과 한을 풀어드리고, 오랜 세월 약소국가의 서러움에 눈물 흘리는 이 나라를 인류 최고의 나라로 만들려고 아주 오랜 전부터 설계하면서 구체적으로 구상해 왔다.

필자에게 무소불위한 천지원력이 없다면 아마 이런 황당한 말을 하는 필자 자체가 대국민을 상대로 사기 치는 것이고, 미친놈이자 정신병자가 분명할 것이다.

하지만 16년 동안 하늘과 땅이 필자에게 보여주신 어마어마한 천지대원력은 필자 개인을 위해서 쓰라고 주신 능력이 아니라는 것을 잘 안다.

이것은 진짜 하늘을 종교세계 안에서 찾아 헤매다니는 사람들에게 하늘이 계시다는 진실을 만 세상에 전하고, 하늘이 보내주신 천상의 자손(영)들이 이 나라 이 땅에 전 세계에서 가장 많이 살고 있지만 종교귀신들에게 세뇌되어 고통받고 있으니 이 나라에 살고 있는 하늘의 자손들을 구원하라는 사명을 이루어내야 하기 때문이라 생각한다.

하늘과 땅의 능력이 얼마나 대단하시냐 하면 하늘의 대행자 인간 육신이 어떤 글을 쓰거나 말만하면 상상을 초월하여 현실로 실제 이루어지게끔 수많은 이적과 기적을 수시로 일으켜서 보여주시었다.

상상을 초월하는 무소불위하신 천지대능력자.

2013년도 9월부터 10월까지 말 한마디나 핸드폰 문자만으로도 병원에서 치료가 안 되는 수많은 사람들의 오랜 시병을 고쳐주었다면 믿으시겠는가? 하늘께서는 나의 육신을 통해서 1999년 초부터 상상을 초월하는 수많은 천지풍운조화를 부려서 실제로 보여주고 있으시다.

2000년도 초에 6개월 동안 이어진 가뭄에 200mm의 단비를 내리게 하여 모내기를 하게 했고, 장대같이 쏟아지는 비를 한 시간 동안 멈추게 하는 이적, 한반도로 올라오는 태풍을 2004년부터 2009년까지 막아주어 5년 연속 대풍년이 들게 하는 풍운조화를 내려주셨다.

기억할 것이다.

대풍년이 들어서 농민들이 벼 수매가격이 너무 낮다고 시위하며 볏가마 불태우고 벼를 베지 않고 트랙터로 논을 갈아엎는 장면을 TV방송으로 보고 풍운조화공사를 중단했다.

캐나다 동계올림픽에서 피겨여왕 김연아 우승, 이명박 대통령과 박근혜 대통령 당선, 이외에도 다 열거할 수 없을 정도로 수많은 천지조화가 있었다.

수많은 이적과 기적은 기도를 통해서 일어나는 것이 아니고 글을 쓰거나 말만하면 그냥 즉시 일어났다.

왜냐하면 천지대능력자이신 하늘께서 인간 육신 필자를 통해서 직접 행하시기 때문에 가능한 일이었다.

일반인들은 정말 말도 안 되는 황당하고 허무맹랑한 이야기라고 일언지하에 부정할 수 있지만 하늘의 천지조화는 그대로 현실에서 이루어진다.

하늘의 대단하신 무소불위의 천지대능력은 10년 동안 집필한 30권의 책 속에 자세히 수록되어 있다. 인간의 육신을 통해서 하늘의 대능력을 왜 수없이 보여주셨을까?

이 나라 국민들은 물론 세계 인류 모두가 하늘의 천지대능력이 무소불위하시고 대단하시다는 것을 보여주시어서 인간 육신 필자부터 인정하고 굴복하라는 뜻이었다.

의원내각제적 입헌군주제

하늘의 소원이 무엇일까?

축생이 아닌 만생만물의 영장인 인간으로 태어나서 하늘의 명을 받은 하늘의 백성과 천인들 그리고 이미 육신을 버린 국민 여러분의 당대부터 시조까지 모든 조상님들.

그리고 국민 여러분의 몸 안에 하늘이 넣어주신 신이나 영들과 함께 인생사 고통과 불행의 질곡에서 벗어나 근심과 걱정 없는 무릉도원 세상의 신선선녀처럼 살아가는 것이 하늘의 소원이시라고 하신다.

하늘의 명을 받아 자미국 제사천궁의 백성과 천인으로 재탄생하여 하늘과 함께하면 국민 여러분과 가정, 기업, 나라 모두가 편안하고 잘 풀린다.

물론 너무나 황당하여 선뜻 받아들이시기가 쉽지는 않겠지만 하늘의 간절한 오랜 소원을 우리가 먼저 이루어드려야 국민 여러분의 소원도 현실로 이루어질 수 있다.

하늘과 함께하지 않고, 하늘의 소원을 뒤로하면서 이 나라와 국민의 소원(나라가 편하고 경제가 풀려서 잘사는 길)만 이룰 수 있는 길은 절대로 없다는 것을 인고의 세월을 넘나들면서 수없이 체험했다.

의원내각제적 입헌군주제를 시행하여 국회에서 내각책임 총리를 선출하고, 총리가 현재의 대통령 직무를 수행하게 헌법이 개정되어야 한다.

내각총리의 임기를 2년으로 하고 분기별로 국정수행 능력을 평가하여 부적합하다면 임기에 상관없이 불신임권을 발동하여 표결에 붙여 몇 개월 안에라도 해임하면 된다.

그러면 부정부패와 독선은 영원히 사라질 것이며 5년마다 대통령선거로 나라 전체의 국론이 분열되는 사태와 국정공백이 발생하지 않을 것이다. 국회에서 총리를 선출하니까 선거비용도 절약되는 장점도 있다.

통치자가 누가 되든 나라가 안정되고 삶의 질이 개선되어 잘살면 된다. 독재정치를 하던 민주정치를 하던 등 따습고 배부르게 해주면 정치 잘 한다고 할 것이다.

자본주의 경제를 과감하게 받아들인 중국 등소평의 흑묘백묘론 즉 흰 고양이든 검은 고양이든 고양이는 쥐만 잘 잡으면 된다는 유명한 일화는 많이 회자되고 있다.

수많은 대통령 출마후보 중에서 한 사람의 꿈을 이루어주다가 국민들 모두가 마음 고생한 적이 한두 번이 아니었다. 역대 대통령들의 불행과 부끄러운 모습을 많이 보아왔으니 이제 더 이상 이런 일이 재발되어서는 안 될 것이다.

서슬 퍼런 절대권력 앞에, 제왕적 대통령 앞에 부패하지 않는 정권과 줄 서지 않는 기업은 없다.

그래서 이제는 새로운 정치제도를 도입해서 시행해야 한다. 선진 영국이나 일본처럼 의원내각제적 입헌군주제가 이제 뿌리 내려야 할 시기이다.

일본이나 영국의 경우 의회에서 총리가 불신임을 받으면 즉시 물러나고 새 총리를 선출하지만 정국이 전혀 혼란스럽지 않다.

일본을 상징하는 정신적 구심점이자 지주인 일본천왕이 있기 때문이고 영국도 여왕이 정신적 구심점으로 군림하고 있기에 국정 혼란사태가 일어나지 않는다.

참고로 일본은 신앙적으로 아마테라스 오미가미라는 천조대신(天照大神)을 섬기고 있다.

하늘이 내리신 인물을 이 나라와 인류의 정신적 구심점으로 추대하고 옹립해야 한다. 국민 여러분도 대통령 중심제의 폐해를 누구보다 잘 알고 있을 것이다.

대통령 1인 중심의 권력집중, 독단, 독재, 무소불위의 권력으로 인한 부정부패, 부정축재로 나라 전체가 엄청 혼란스러운 상황을 수없이 겪었다.

대통령 한 사람의 야망을 채워주기 위하여 국민 여러분 모두가 발목 잡혀 엄청난 피해를 당한 경우가 많았다. 대통령 재임기간 동안은 현행범이 아닌 이상 형사 소추를 받지 않는다는 신분보장 때문에 대통령의 무능이나 부정과 독선을 눈으로 보고도 어찌해 볼 도리가 없었다.

그래서 이제는 5년 단임 대통령제, 4년 중임대통령제는 폐지되어야 한다. 대통령 1인에게 권력이 집중되는 것을 막기 위하여 권력을 나누는 분권형 대통령제로 개헌하자는 것이 현재의 개헌 흐름이지만 이 역시 서로 대립하며 국정혼란과 국정공백만 초래할 뿐이다.

이론상으로는 권력을 분산하면 독선과 부정부패가 없어질 거라고 생각할 테지만 책임 있는 국정운영을 못하게 되어 더욱 혼란스러워질 것이다.

이론과 현실은 너무나 달라서 많은 시행착오를 불러와 국정이 마비되는 최악의 사태를 초래한다.

나라정치에 대해서는 전문가는 아니지만 하늘세계, 사후세계, 신명세계, 영혼세계, 조상세계에 대해서는 타의 추종을 불허할 만큼 많은 것을 알고 있다.

국민 여러분이 당대는 물론 죽어서도 자식들과 가정, 기업이 승승장구하여 잘되기를 원한다면 하늘과 함께하는 것이 성공과 출세의 최고 비결이다.

나라경제가 왜 이리 어렵고, 국정은 왜 혼란스러운지 그 진실은 무엇일까?

인간이 들어가선 안 될 신의 터에 나라의 대통령이 머무르는 청와대가 들어가 앉아 있기 때문이다. 나라경제를 살리고자 정부에서 모든 방법을 동원해 보아도 풀리지 않고 있다.

그것은 우리의 경제 문제뿐만이 아니라 세계 경제와 맞물려 있기 때문이다.

세계 경제가 풀리지 않고 이 나라 경제만 풀릴 수는 없다. 청와대가 이전하면 나라가 안정되고 세계 경제가 풀려서 이 나라 국내 경제도 함께 풀리게 된다.

청와대를 이전하는데 어째서 세계경제가 풀리느냐고 반문할 것이다.

하늘께서 천지대능력으로 세계경제, 국가의 부흥과 몰락, 천재지변, 기후와 날씨, 생로병사, 길흉화복, 전생과 현생의 운명까지 실시간으로 모두 좌지우지하고 있으시기 때문이다.

신의 터 청와대에 대한 진실

캐나다 동계올림픽에서 피겨여왕으로 김연아가 탄생한 것, 싸이가 세계적인 선풍을 몰고 월드 스타가 된 것, 연예인이나 스포츠(골프, 축구, 야구, 기타) 선수들이 두각을 나타내어 전 세계에 코리아를 알리고 한류 열풍을 몰고 온 것은 타고난 소질과 이들이 열심히 잘해서 스타가 된 것이라고 국민 여러분 모두가 알고 있을 것이다.

하지만 이 모든 것이 장차 이 나라를 전 세계의 중심국가로 부상시키기 위한 하늘과 땅의 천상지상 공무집행이었다. 현재는 자미국의 존재를 세상에 알려봐야 알아듣는 세계 인류가 없기 때문에 대한민국을 먼저 알리기 위한 것이었다. 이런 사실을 이 나라 국민 아무도 모른다.

청와대는 가급적 가장 빠른 시일 내에 다른 곳으로 이전해야 한다.

국민 여러분이 인정하든 안 하든 청와대 터의 원주인은 하늘과 땅, 천지신명님들이 함께할 자미국 터이다. 그래서 신의 터라는 말이 오래전부터 전해 내려오고 있는 것인데 이제 청와대 터를 자미국 제사천궁이 써야 할 시기가 도래하였기에 터의 원주인에게 돌려주어야 할 것이다.

청와대 터는 오래전부터 자미국 제사천궁과 나라신전이 들어

설 터였기에 역대 제왕들이 불행한 길을 걸었으며 역대 대통령 퇴임 후에도 말로가 안 좋았던 것이다. 육신이 없으시어 직접적으로는 말씀을 하지 못하시지만 인간 육신을 빌려서는 수시로 의사를 전달하고 계신다.

수많은 재앙을 내려서 대통령들이 스스로 청와대 터를 비우고 떠나기를 바랐는데 인간들이 알아듣지 못하자 이제 마지막으로 인간 육신의 몸을 빌려 메시지를 전달하신다.

그동안 구전으로 신들의 터라서 재앙이 내리는 것이라는 말은 들어보았지만 그 말들에 대해 확신이 서지 않아 믿을 수 없어서 무시하였을 것이다.

어느 대통령이든 청와대 터에 들어가면 불행하다고 하시면서 신들은 이제 박근혜 대통령은 청와대 이전에 대한 가부를 명확히 밝히라고 하시었다.

청와대에서 또다시 상상을 초월하는 나라의 비극이 일어나는 것을 다시 한 번 더 확실히 보여주어야만 신들의 뜻을 받아들이고 무서움을 인정할 것이냐고 진노하시면서 최대한 빨리 비우라고 하신다.

현직 박근혜 대통령님과 국민 여러분이 역대대통령들 아무도 해내지 못한 청와대 이전에 대한 결단을 내려야할 사명자로 뽑힌 거 같다.

이제 마지막으로 결단을 조속히 내려야 할 차례이고 신들의 오랜 원과 한을 풀어드리는 역사적인 일이니 기쁜 마음으로 청와대 이전을 빨리 결정해야 할 것 같다.

자미국 제사천궁과 나라신전이 들어서야 할 현재의 청와대 터는 하늘과 신들이 함께하실 자리이기에 인간 대통령들에게 고난의 역사가 100년 동안 계속 이어지고 있는 것이라 하신다.

하늘과 신들께서 청와대 터의 원주인이시니 당신들의 자리를 어서 비우고 떠나라며 역대 대통령들에게 상상을 초월하는 불행을 일으키셨단다. 그래서 일본총독 8명이 비운에 죽었거나 감옥에 들어갔고, 역대 대통령들 모두에게 엄청난 불행한 사건사고가 일어나게 했다고 하신다.

이승만 대통령 망명, 육영수 여사 총격 사망, 박정희 대통령 시해, 전두환 대통령과 노태우 대통령 투옥, 전두환 대통령 동생 전경환 구속, 김영삼정부 IMF 사태로 경제 붕괴, 김영삼 대통령과 김대중 대통령 아들 구속, 노무현대통령 자살, 노무현 대통령 친형 노건평 구속, 이명박 대통령 친형 이상득 의원 구속 등의 불행한 사건사고들이 일어났다,

이런 불행한 일들은 당사자 대통령들에게는 물론 국민 여러분에게 큰 충격과 국가적 망신, 국격 훼손 등의 유무형 피해를 안겨주었다.

청와대 터는 인류의 구심점인 자미국 제사천궁을 세워 하늘을 모시고, 민족정신의 구심점인 나라신전을 세워 나라조상님(국조전)들의 위패를 신위로 모시고 봉안해서 이분들의 공로를 위로해 드리기 위해서 전 국민들이 경건하게 참배할 장소이지 대통령이 거처할 자리가 아니다.

이 나라 국민 여러분 모두가 외국에서 수입한 조상귀신을 섬기는 종교의 굴레에서 벗어나 하늘과 나라조상님 전에 감사히 참배해야 할 신의 터이자 자미국 제사천궁 터이다.

외국 조상귀신들이 들어와서 여러분과 나라조상님들을 굴복시켜서 종교귀신들의 종과 노예로 삼았는데도 이런 진실을 몰라보

고 분개하지도 않고 종교귀신(숭배자) 앞에서 지금도 충성과 복종하고 있다.

여러분의 각자 조상님과 나라를 세워주시어 현재 대한민국 국적을 갖게 해주신 개국시조와 나라조상님들의 피눈물과 공로를 저버리고 이분들을 귀신이라며 길거리로 내몰고 외국에서 수입한 종교귀신들을 믿고 있는 국민 여러분은 어느 나라 민족이고 어느 조상님들의 핏줄인가?

이분들의 가슴에 대못을 박은 자들은 하늘과 땅이 응징하신다고 하시었다. 그것이 자신의 조상님과 나라조상님을 버리고 외국 조상귀신을 수입해서 믿고 있는 여러분의 인생이 엉망진창으로 뒤집어진 원인이라고 하신다.

자식들이 부모가 능력 없고 마음에 안 든다고 여러분을 길거리로 내쫓았다면 그 분노의 심정을 어찌 폭발하겠는가? 지금 종교를 믿고 있는 자들이 이와 똑같다고 하시며 하늘과 땅, 자식들에게 그대로 응징받게 될 것이라 하신다.

종교를 믿는 것은 가짜 하늘을 섬기는 것이고, 여러분 조상님과 나라조상님을 길거리로 내쫓고 있는 죄를 짓는 일이다.

지금이라도 뉘우치고 빌어야 한다.

이제까지 민족의 구심점도 없었고, 인류의 구심점도 없었는데 청와대 터에 민족과 인류의 구심점을 동시에 건립해야 이 나라가 편안하고 잘된다.

하늘의 마음을 얻는 자가 세상을 얻는다

나라조상님들이란 9,213년 전에 러시아 바이칼 호수 부근에서 12환국을 최초로 개국하신 안파견 초대 환인천제님 외 6위, 배달국을 세우신 거발한 초대 환웅천황님 외 17위, 고조선을 세우신 왕검 초대 단군천황님 외 46위 등 72위 개국시조 조상님들과 국민 여러분의 각 성씨 시조조상님들.

그리고 역대 제왕님들, 호국장군님들, 호국영령님들, 애국지사님들, 충의열사님 등 이 모든 분들을 나라조상님들이라 말하며 이분들을 위패로 봉안하여 나라신전에 모시어서 민족의 정신적 구심점으로 세워드리고, 전 국민들이 진정으로 외국에서 수입한 종교귀신들을 믿었던 지난날의 부끄러움을 알고 뉘우치며 눈물로 참배해야 한다.

하늘과 땅, 신, 나라조상님들이 나라가 잘되는 일을 보셔야 하는데 이 나라 정부와 국회, 국민 여러분 모두가 협조하지 않아 할 일 없이 놀고만 있다 하신다.

이분들이 해내셔야 할 일들이 태산 같다고 하시며 우리들의 눈과 귀에는 보이지도 않고 들리지도 않아 무시당하고 계신다. 육신은 없지만 신명세계와 사후세계에 실제 존재하시며 인간 육신들이 할 수 없는 많은 일을 하고 계신다는 것을 인정받고 싶어 하신다.

국민 여러분 모두가 적극 동참하시어 이분들의 원과 한을 풀어 드리고 국민 여러분도 하늘과 땅이 주시는 천복지복도 많이 받기 바란다.

하늘과 자미국 제사천궁의 뜻에 적극적으로 동참하는 것이 이 나라 이 땅에 태어난 천손민족으로서 자랑스럽게 사명을 완수하는 길이며 하늘과 땅의 자손으로서 지켜야 할 근본도리이자 의무일 것이라고 본다.

나라의 눈물어린 염원을 하늘과 땅이 받아들이시게 하려면 청와대 터에 인류의 구심점 자미국 제사천궁과 나라신전을 하루라도 빨리 세워드려야 할 것이다. 민족과 인류의 구심점을 신의 터 청와대 자리에 세우는 것이 이 나라가 가장 빠른 시일 내에 잘되는 지름길이기 때문이다.

필자는 이 모든 분들의 무소불위하신 천지대능력으로 직접 천지신명공사를 집행하여 수많은 이적과 기적을 일으켜보았기에 이분들의 대단하신 능력을 확신한다.

우리나라 국민들이 원하고 바라는 경제 살리기와 남북통일을 조속히 이루기 위해서는 국민 여러분이 하늘과 땅, 신들과 나라 조상님들의 뜻에 적극 동참하여 청와대 터에 자미국 제사천궁과 나라신전을 세우고 국론을 통일하는 민족의 천지대업에 다 함께 동참해 주어야 이루어진다.

이 엄청난 내용을 어떻게 받아들이느냐고 충격받을 국민 여러분도 있을 것이고 너무 황당하고 미친 짓 아니냐고 말할 사람도 있을 것이다.

하지만 이분들은 이런 날이 오기를 상상 불가의 아주 오랜 세월 동안 학수고대하며 기다려오셨다고 하신다. 국민 여러분의 당대부터 시조까지 조상님들도 같은 마음이라고 하신다.

이 글을 쓰는 필자 역시도 이분들의 뜻을 수시로 대변하고 전달하는 역할자에 불과할 뿐이다.

필자 역시 이분들에게 손과 발, 입을 빌려드릴 뿐이고 국민 여러분도 마찬가지라고 하신다. 천지능력은 무소불위하시고 대단하시나 인간 육신이 없으시기 때문에 반드시 육신을 가진 대행자와 국민 여러분이 함께 이분들의 손과 발, 입이 되어드려야 나라 경제를 살릴 수 있다.

하늘의 마음을 얻는 자가 세상을 얻는다고 하였으니 하늘의 마음을 얻는 길은 입헌군주제 시행과 청와대 이전을 통해서 인간, 조상, 신, 영들이 하늘과 함께하여 무릉도원 세상에서 근심과 걱정 없이 신선선녀처럼 살아가는 것이다.

인간 육신을 가지고도 자기 마음대로 일이 되지 않아 고통스런 삶을 살아가고 있다.

하지만 육신이 없는 신, 영, 조상님들은 더더욱 힘이 드는데 위대하신 하늘께서만이 우리 인간, 신, 영, 조상님들의 삶을 바꾸어주실 수 있다.

인간 육신만 행복해서는 진정한 행복이 아니고 육신이 없는 하늘과 땅, 신, 영, 조상님들이 모두 다 행복하게 살아야 무릉도원 세상이 열린다.

이들 모두가 행복하게 사는 길이란 하늘을 만나 하늘이 내리시는 명을 기쁨으로 받들어 행하는 것이다.

하늘께는 죄송한 표현이지만 하늘을 여왕벌에 비유하면 수만 마리의 말벌들은 여왕벌 한 마리만 옮기면 스스로가 따라오듯이 대단하신 하늘의 존재가 이와 같으시다.

이 나라 정부와 국회, 국민 여러분이 위대하신 하늘과 함께하면 나라의 운명이 상상을 초월할 정도로 바뀌게 된다.

하늘은 인류의 마음을 창조하신 분이시고 천변만화의 대단한 능력을 갖고 계신 절대자이시기에 세계 각 나라가 스스로 감동하여 이 나라를 인류의 정신적 구심점으로, 세계 중심국가로 받들게 천지조화가 일어날 것이다.

구구절절이 옳은 내용이지만 시기상조, 시간촉박, 현실 정치에 부적합하다고 할 국민 여러분도 있을 것인데 부정적인 생각 잠시 내려놓고 하늘과 땅의 천지대업에 기쁜 마음으로 다 함께 참여해야 한다.

입헌군주제 개헌과 청와대 이전에 대하여 적극 찬성, 찬성, 중립, 반대, 적극 반대로 국민 여러분 모두가 의견이 각기 다를 것이지만 나라의 미래와 하늘과 땅, 신과 나라조상님들의 오랜 원과 한을 풀어드리는 좋은 일이니 개인적으로 반대할 수도 있겠지만 대의를 위해서 한 발 양보해야 한다.

하늘과 땅, 신, 영, 조상님들의 뜻이 이루어져야 이 나라와 국민 여러분이 원하고 바라는 행복하고 좋은 세상이 열리게 된다. 이분들의 소원을 무시하고 우리 인간들의 소원만 이루어 잘사는 방법은 이 세상에 없다.

정치적인 문제든 기타 어떤 사유로든 입헌군주제로 개헌되지 못할 경우를 대비한 차선책이다. 차선책으로 청와대 터에 자미국제사천궁과 나라신전을 세울 수 있도록 국가차원에서 배려해 주어야 한다.

이런 제안마저도 외면한다면 이분들이 수천 년 전부터 계획해 놓은 모든 일들이 수포로 돌아가 무산되면 그 원성과 분노를 이 나라와 국민들은 감당해 내기가 어려울 것이다.

영과 육이 편해야 천만사통

자아(自我)의 외침에 대해서 얼마나 알고 있을까?

현재까지 죽지 않고 살아 있도록 밤낮으로 고생한 여러분의 자아에 대해서 한번쯤이라도 고마워하거나 찾으려고 노력한 적이 있었던가? 자아의 존재와 4차원의 세계에 대해서 어떻게 생각하시는지?

좀 고리타분하고 고차원적으로 들릴 것이다. 그러면 자신의 정신 또는 영혼(육신이 산 자는 정신 또는 생령이고, 죽은 자는 귀신 또는 사령)이라고 표현하면 쉽게 이해가 될 것이다. 이 정신과 영혼이란 존재인 자아가 여러분에게 전하고 싶은 말을 들어본 적이 없을 것이다.

하늘과 땅의 정기를 받아 역사적인 사명을 띠고 이 땅에 여러분 육신의 몸으로 고귀하게 태어난 자아의 외침을 이제는 들어봐야 한다.

살아오는 동안 인간 육신 여러분이 잘되도록 보이지 않는 세계에서 수많은 헌신을 해온 자아를 이제는 찾아주고 위로해 주며 감사해야 한다.

인간 육신이 성공해서 현재의 위치에 오르기까지에는 여러분의 부모조상님부터 시조 조상님에 이르기까지 사후세계에서 하늘과 땅, 천지신명님 전에 자아가 피나는 공덕을 쌓은 정성 덕분이었다. 하지만 천상세계에서 하늘로부터 특별한 사명을 받고 이 땅에 여러분의 육신으로 태어난 자아의 정기가 가장 큰 역할을 해왔던 것이다.

그러나 인간 육신을 가진 여러분은 자신의 몸 안에 있는 자아와 대화를 나눌 수 없는 것이 현실이다.

그저 인간 육신의 삶만 있다고 생각하며 한 세상을 재물, 권력, 명예를 마음껏 누리다가 죽으면 그만이라는 생각으로 살아가고 있을 것이다. 다시 말하자면 죽음 이후의 다음 세상은 인간의 눈으로 보이지 않기 때문에 존재하지 않을 것이란 막연한 생각 때문이다.

하지만 죽음 이후의 사후세계는 실제로 존재하고 있기에 여러분의 자아는 육신이 죽기 전에 하늘로부터 받은 특별한 명이 무엇인지 간절히 알고자 몸부림치고 있다. 여러분의 자아는 육신이 죽으면 귀신 또는 사령이고 자녀들에게는 조상님이란 신분으로 불리게 된다.

여러분의 자아는 육신이 죽어서 귀신, 사령, 조상님으로 불리는 것을 매우 꺼려하며 두려워하고 있다. 육신의 죽음을 두려워하는 존재는 인간이 아니라 각자의 몸 안에 함께 살아가고 있는 자아(신과 영)란 존재이다.

여러분의 자아가 하늘이 내리신 명을 받아 인간 육신을 출세하도록 피나는 노력을 기울여서 크게 성공시켜 주었으니 이제는 자신의 반쪽인 자아를 찾아주어 그동안의 노고를 위로하고 감사함을 전하는 것이 근본도리이자 의무이다.

자신을 사랑하라는 말을 많이 들어보았을 것이다. 자신이란 말은 자아 즉 자기의 신이나 영을 말한다. 자신이란 말을 수없이 쓰면서도 정작 그것이 천상에서 내려온 신과 영이란 진실을 아는 자 없었고, 이들과 대화를 나눌 수 있게 해주는 인류의 영적 지도자가 이 땅에 없었다.

하지만 불행 중 다행으로 여러분의 자아와 대화를 나눌 수 있고, 이 땅에 태어난 사명이 무엇인지 알아내고, 죽어서 어디로 갈 것인지, 나는 누구인가의 실체를 적나라하게 밝혀주는 전 세계 유일한 곳이 자미국 제사천궁이다.

사실 일상생활에서 자신, 자아, 정신, 영혼이란 말은 쉽게 하면서도 이 영적존재들과 소통을 할 수 없는 것이 나약한 인간들의 한계였다.

왜냐하면 그것은 우리 인간들의 영역이 아니라 하늘의 고유영역이기 때문에 자아인 자기 신이나 영들과 대화를 할 수 없는 것이다.

영이 함께 편해야 가정이 편하고 나라가 잘된다.

자기 신이나 영을 불러내어서 인간 육신과 대화를 할 수 있게 해주는 곳은 전 세계에서 하늘이 함께하고 있는 자미국 제사천궁뿐이다. 고승이나 도승, 신명제자, 목사, 신부, 심령술사, 보살, 무당, 도인들도 하늘의 고유영역이기에 자아를 불러내어 대화할 수 있는 것은 절대 불가능하다.

그러나 이 땅에 하늘을 내신하고 하늘의 뜻을 실시간으로 유일하게 전하는 존재는 하늘의 대행자(男)와 하늘의 수행자(女)뿐입니다.

하늘께서 두 인간 육신을 통하여 천지대능력을 내려주시어 인간, 조상, 신, 영들을 고통과 불행에서 구해서 잘살게 해주고 계신다. 인간 육신만 잘살면 되는 것이 아니라 국민 여러분의 조상, 신, 영들과 함께 모두가 잘 살아야 한다. 이것이 하늘의 소원대로 사는 길이다.

인력으로는 안 된다는 말을 많이 들어보았을 것이지만 그러면 정답은 이미 나와 있지 않은가? 하늘의 천력(天力)과 신의 신력(神力)이라면 이룰 수 있다는 말이다.

남과 여가 만나서 합궁해야 자식이 태어나고, 이런 음과 양의 결합이 천지개벽을 이룬다.

음전기와 양전기가 만나서 천둥번개 벼락이 치고, 전깃불도 음선과 양선이 만나야 불이 켜진다. 즉 우리 인간의 눈에 보이지 않는 하늘, 신, 영, 조상님들은 음이라 하고, 눈에 보이는 우리 인간들은 양이라 한다.

그리고 인간 남녀 각자 역시 또다시 음(영)과 양(육)으로 이루어져 있다. 승마기사가 남자면 암말을 타야 하고, 여자라면 수말을 타야 하듯이 음과 양은 서로 상부상조하고 공존공생해야 한다. 전 세계에서 하늘과 통할 수 있고 대화할 수 있는 곳은 자미국 제사천궁뿐이다.

다시 말해서 이 나라 정부가 자미국 제사천궁과 손을 잡고 국정을 운영한다면 나라가 약소국가의 서러움에서 빨리 벗어나 경제대국, 군사대국, 영토대국, 수출대국, 관광대국의 꿈을 이루어 지구상 최고의 잘사는 나라로 발전할 수 있다.

국민 여러분과 이 나라가 잘 되는 길은 하늘과 땅이 함께하는 자미국 제사천궁에 있다.

천상의 고급신명과 하나되는 길

현생과 사후세계까지 하늘의 보호와 사랑을 받으려면 자미국 제사천궁과 영원히 함께해야 한다. 여러분 육신은 성공하고 출세했지만 여러분의 자아인 신과 영은 철저히 무시당하고 있다. 이제는 여러분의 신과 영도 육신과 함께 성공하고 출세시켜 주어야 할 것이다.

여러분의 자아이자 반쪽인 신과 영을 찾아주지 않으면 고통스런 세상을 살아가야 하고 죽어서는 배고픔과 추위에 떨면서 허공중천 떠도는 귀신이 되어야 한다.

실시간으로 여러분의 일거수일투족의 말과 행동을 모두 지켜보고 있기에 계속 무시하면 자신의 자아인 신과 영들이 반란을 일으킨다.

그것이 부정비리 폭로와 고소고발, 당선무효 확정판결, 관재구설수, 각종 사건사고, 질병 등이다. 인간 육신만 행복하면 안 되고 하늘, 땅, 천지신명님, 나라조상님과 국민 여러분의 신과 영 그리고 여러분 조상님의 당대부터 시조까지 모두가 다 같이 행복해야 한다.

하늘이 내리신 명을 받고 이 땅에 태어난 여러분 육신과 자아~! 이제 대한민국의 역사를 천지개벽시키는 민족의 천지대업을 국민 여러분의 영과 육이 동참해야 할 때가 다가왔다. 여러분 육신이 성공하고 출세하여 행복해졌으면 이제 조상님과 자신의 자아도 함께 행복하게 만들어주어야 육신의 삶이 행복하고 무탈할 것이다.

이제 여러분 육신은 성공하고 출세하여 더 큰 소원과 목표를 향하여 일하겠지만 조상님과 몸 안에 있는 국민 여러분의 자아인 신과 영의 오직 한 가지 소원은 살아생전 하늘을 만나 꽃피고 새 우는 무릉도원 천상 자미천궁으로 입궁을 살아서 보장받는 것 하나뿐이다.

인간 육신과 조상님, 자아의 소원은 각기 다르다.

육신을 가진 여러분의 마지막 소원은 재벌이나 대통령이 되는 것이 최고의 소원이시겠지만 여러분의 당대부터 시조까지 모든 조상님은 근심과 걱정 없는 꽃피고 새 우는 무릉도원 천상 자미천궁에 올라가서 신선선녀로 다시 태어나 영생을 누리며 행복하게 사는 것이다.

자아인 신이나 영은 하늘이 내리신 명을 받아 죽어서도 귀신이 되지 않는 하늘 사람 즉 천인(天人)으로 다시 태어나는 것이 유일한 소원이다. 그것은 여러분 인간 육신은 100년도 못 살고 죽어야 하기에 하늘이 내리시는 명을 받지 않고 죽으면 허공중천 구천세계를 수억만 년 떠도는 슬프고 비참한 귀신의 신세를 면할 수 없기 때문이다.

여러분은 추위와 배고픔의 고통 속에 수억만 년 동안 허공중천을 떠돌아다닐 예비귀신이다. 그리되면 무릉도원 천상 자미천궁으로 오르지 못하여 신선선녀가 될 수 없으므로 천추의 원과 한으로 남는다.

여러분의 자아인 신과 영을 편안하고 행복하게 해주는 길은 오로지 하늘의 명을 받아 하늘 사람 천인(天人)으로 다시 태어나는 길 하나뿐이다.

하늘이 내리시는 명을 받아 천인이 되는 일은 국회의원, 장관, 시도지사, 총리, 대통령이 되는 것보다 더 위대하고 대단한 성공과 출세이다. 현생의 100년은 물론 죽음 이후 사후세계까지 수억만 년의 세월 동안 하늘께서 영원히 사랑하여 주시고 보호해 주시기 때문이다.

만생만물의 영장인 인간으로 태어나서 가장 큰 영원한 성공과 출세는 재벌과 대통령보다 더 위대한 천인(天人)으로 재탄생하는 길이다.

하늘의 윤허를 받아 천상의 고급신명과 하나 되는 천인으로 재탄생하면 수명 하나를 더 얻어 장수할 수 있고, 신비스러운 하늘의 정기가 온몸으로 내리며 육신과 영혼을 24시간 실시간으로 보호받고 살게 해주신다.

또한 하늘께서는 재벌 총수나 대통령의 위상과 신분보다 하늘의 명을 받은 천인을 최고 상위반열로 여기시고 죽어서 누릴 수 있는 천상 자미천궁의 높은 벼슬을 하사하여 주신다.

재벌 총수나 장관, 총리, 대통령은 100년 미만의 짧은 세월 동안 재물과 권력, 명예는 크게 누릴 수 있지만 하늘의 명을 받지 못하고 죽으면 허공중천 떠도는 불쌍한 귀신 신세에 불과하므로 하늘께서는 거들떠보시지도 않는다.

하지만 현재 신분에서 천인이 되면 하늘이 주신 날개를 다는 것과 같고, 더 높은 꿈을 이루는데 하늘과 땅의 도움을 더 많이 받을 수 있다.

하늘께서는 각자가 누리고 있는 태산 같은 재물과 대통령이라는 최고의 권력도 천인이 되지 않은 이상 하나도 인정해 주시지 않는다. 현생의 재물과 권력, 명예 때문에 하늘 앞에서도 자만, 거만, 교만을 내세울 수 있어서 오히려 하늘이 내리시는 명을 무시하여 죽어서 수억만 년 동안 허공중천 구천세계를 떠도는 불쌍한 귀신 신세로 전락하게 된다.

종교를 믿는다고 구원받는 것이 아니라 살아서 천인이 되어야 구원받을 수 있다는 진실을 알아야 한다.

성공하고 출세한 여러분은 대다수가 권력, 재물, 명예를 모두 겸비한 자들이다.

하지만 필자는 하늘, 땅, 신, 영의 세계에 대해서는 전 세계 최고로 대단한 천지능력과 함께 수많은 천계와 신계의 비밀을 알고 있으니 여러분이 갖고 있는 권력과 재물이 필자에게 주신 하늘의 천지능력과 하나로 합쳐진다면 무소불위의 천지조화가 여러분과 가정, 기업, 이 나라에서 일어날 것이다.

몸 안의 신이나 영들의 외침

몸 안에 있는 신이나 영들은 어떤 상황이 일어나면 인간의 육신을 떠난다. 여러분은 자신의 자아(신이나 영)를 잘 지키며 늘 함께하고 있는가?

여러분의 자아(신이나 영)는 육신과 함께 편안하며 잘 지내고 있어야 하는데 육신을 떠나 방황하며 남의 몸에 들어가서 울부짖고 있지는 않은지?

진짜 하늘을 만나려고 종교세계를 다니고 있는가?

인간 육신 여러분이 자아에 대해서 전혀 관심을 갖지 않았던가? 여러분의 자아가 육신과 마음 안에 함께하고 있는지, 떠나갔는지, 도망갔는지, 잃어버렸는지 찾아줄 수 있는 전 세계 유일한 곳이 자미국 제사천궁이다.

지금 남 좋은 일 시키고, 남(귀신)의 인생을 살고 있지는 않은지 한번쯤은 하늘로부터 검증받아야 할 것이다. 자신의 자아를 잃어버리고 도둑(온갖 귀신)들이 육신과 마음 안에 들어와서 국민 여러분을 지배통치하고 있지 않은지 하루속히 밝혀내야 편안한 삶을 살 수 있다.

생각이 너무 많은 사람들은 진짜 자아가 아닌 귀신들이다. 사람들 99% 정도가 자신이 아닌 남(귀신)들이 들어와 살고 있다. 어떤 종교든지 한 번이라도 다녔거나 현재 다니고 있는 사람들은 거의 100% 진짜 자신이 아닌 수많은 종교귀신들이 숨어들어와 정신을 지배하고 있다.

자미국 제사천궁과 함께하면 귀신들로부터 자유로워지고 여러분의 성공과 출세를 오래 유지할 수 있다.

현재 살아서는 재물과 권력, 명예를 겸비한 특수한 신분으로 인생에 아쉬울 것이 없어서 하늘의 존재를 찾을 필요성이 없을 것이다.

그러나 어느 날 갑자기 육신이 죽어지면 가장 절실히 필요한 존재가 사후세계의 생사를 주관하시는 태초의 하늘로 바뀌게 될 것이다.

그러나 여러분이 죽어서 하늘을 부른다고 만날 수 있는 하늘이 아니시고 응답도 없다는 점이다. 살아생전에 자미국 제사천궁을 통해서만 여러분의 말씀에 하늘이 응답하신다.

이 글의 내용은 무소불위하신 천지대능력을 갖고는 있지만 육신이 없어서 여러분에게 직접 뜻을 전하실 수 없는 하늘과 땅, 천지신명님, 나라조상님, 각자의 조상님과 자아인 신과 영들이 수천수만 년 전부터 이 땅에서 이루고자 수많은 고승, 도승, 이인, 기인, 수도자, 신명제자, 예언자들 육신의 몸을 통하여 이미 예언해 놓으신 것이다.

오랜 숙원인 천상계획 설계도대로 이 땅에 자미국 제사천궁을 세워 하늘의 소원과 이 모든 분들의 원과 한을 전해 주고 이루어 드리기 위해서 쓴 내용이다.

이 나라를 전 세계 최고로 잘사는 중심국가로 만들어주려 하여도 신들의 터인 청와대 자리를 내어주지 않으니 할 일이 없다고 하신다.

인간들의 노력만으로는 큰일을 이룰 수 없다는 것을 잘 알고 있을 것이다.

정부와 국민 여러분이 이분들의 능력과 노고를 인정하고 치하해 드려서 앉을 자리와 명분을 만들어 드려야 천지대능력을 가지신 하늘과 땅이 움직이신다.

인간들은 일하면 노임을 받지만 이분들은 노임 대신 인정과 감사함을 받고자 하신다.

이 모든 분들의 원과 한이 풀리고 오랜 숙원을 이루시었을 경우 누가 그 혜택을 누리게 되는 것일까?

바로 이 나라 정부와 국민 여러분이다. 이분들은 자신들의 존재감을 이 나라 정부와 국민 여러분이 진정으로 인정하고 감사함을 올려드리면서 자미국 제사천궁과 나라신전에 찾아와서 참배해 주면 그것으로 만족하시는 분들이다.

하늘과 이 모든 분들의 소원(존재감이 알려지는 것)이 이루어지시면, 물질적인 혜택은 우리나라 정부와 국민 여러분이 누리는 것이 되니 이 나라와 백성들을 사랑하시는 하늘의 마음이 그 얼마나 대단하신가?

하늘의 존재를 진정으로 인정하고, 하늘을 찾아 하늘의 명을 받은 인간, 조상, 신, 영들이 하늘과 영원히 함께하는 것이 하늘의 소원이시다.

하늘과 함께하는 삶이 바로 지상낙원, 지상천국, 이상향의 세계, 무릉도원 세상이다. 이 모두는 하늘의 대행자 필자가 간절히 원하고 바라는 소원이기 때문에 하늘께서 이루어주시는 것이라 말씀하셨다.

인류가 이 땅에 태어나 대한민국 정부가 출범하고 최초로 이분들의 메시지를 국민 여러분에게 자세하게 전달할 수 있어서 속이 후련하고 통쾌하다고 하신다.

필자에게도 며칠 동안 새벽까지 잠도 못자고 장문의 글을 쓰느라 애썼다고 치하하시면서 신의 터 청와대 자리에 자미국 제사천궁과 나라신전을 대단하게 세워주신단다.

자미국 제사천궁과 나라신전(국조전)은 하늘께 선택받아 하늘이 내리시는 명을 받은 전 세계의 인간, 조상, 신, 영들이 함께하여 기쁨과 행복 누리는 무릉도원 세계이다.

살아서 피땀 흘려 이룬 재물 · 권력 · 명예를 지키고 죽어서 사후세계까지 하늘의 사랑과 보호를 받으려면 살아생전 하늘이 내리시는 명을 즉시 받들어야 한다.

그리고 사후세계에서 하늘을 만나지 못하여 힘들어 슬피 울고 있는 여러분의 조상님을 외면하면 여러분도 하늘과 조상님으로부터 외면 받아 슬픈 인생으로 전락한다.

살아서 하늘을 만나지 못하면 죽어서는 절대로 하늘을 만날 수 없다.

나라가 잘되고 잘사는 길은 멀리 있는 것이 아니라 이분들의 뜻을 하루라도 빨리 이루게 해드리는 것이 지름길이다. 국민 여러분과 이 나라 모두가 잘되는 길을 선택하려면 묻지도 말고, 따지지도 말고 즉시 행으로 옮기라고 하신다.

여러분의 생로병사, 흥망성쇠, 길흉화복을 좌우하시는 분들이 하늘, 땅, 천지신명님, 나라조상님, 각자의 몸 안에 신과 영들이시니 이분들의 뜻을 대변하고 전하는 자미국 제사천궁의 천지대업에 동참하는 것이 성공과 출세를 오래 유지하는 최상의 비법이자 비결일 것이다.

국민들로부터 자랑스럽게 참배 받아야

상상을 초월하는 글을 읽은 소감에 대해서 평점을 할 것이니 가감 없이 솔직히 스스로 체크해 보기 바란다. A적극 찬성, B찬성, C중립, D반대, E적극 반대 중에서 국민 여러분은 어디에 해당하는가?

A와 B에 해당하는 여러분은 자기의 신과 영이 함께하고 있다는 증거이고, C는 자아가 들락날락하고 있는 상황이며 D · E는 자아가 떠나버렸거나, 남의 몸으로 들어가서 여러분은 자신이 아닌 제 3의 존재(사탄, 마귀, 악귀, 잡귀, 귀신)들에게 빙의되어 귀신의 삶을 살고 있을 것이다.

그 이유는 여러분, 조상님, 자아인 신과 영이 하늘과 함께하여 잘되는 보람되고 가장 기쁜 일인데 중립, 반대, 적극 반대하는 독자라면 몸 안에 있는 영적 존재가 하늘의 창조가 아닌 제3의 존재들인 것이다.

자식이 부모님을 공경하고 예우해 드림은 근본도리이자 의무이고, 여러분의 신과 영혼의 생사여탈권을 집행하시는 하늘과 함께하여 잘 살자는 일에 반대한다는 것은 자아(신과 영)가 아닌 남(귀신)이 몸 안에 함께하고 있기 때문이다.

C, D, E의 판정을 받은 여러분은 이 땅에 탄생할 때 하늘이 넣어주신 신이나 영과 함께하고 있어야 하늘이 내리신 명을 기쁘게

받들고 사명을 완수할 수 있는데 여러분의 잘못으로 자아(신과 영)가 떠나버려서 빈껍데기 귀신의 삶을 살고 있을 것이며 이로 인해서 인생이 힘들 것이다.

가정불화와 우환, 동료 간에 의견 충돌, 사업부진, 우울증, 불면증, 부정비리폭로, 고소고발, 당선무효 확정판결 같은 불행한 일이 일어난다. 이것은 어떤 사유로 인간 육신을 떠나간 자신의 자아(신과 영)가 인간 육신에게 어서 찾아달라고 몸부림치는 시위인 것이다.

자신의 육신과 마음 안에 사탄, 마귀, 악귀, 잡귀, 귀신들이 무단 침입해서 주인(자아)을 내쫓았으니 사악한 무리들을 내쫓아달라고 전하는 메시지이다.

전 세계에서 유일하게 자미국 제사천궁에서만 국민 여러분의 잃어버린 자아를 찾아줄 수 있다.

여러분에게 민족과 인류 역사에 길이 남을 입헌군주제 개헌과 청와대 이전에 적극적인 지지를 당부하고, 세상에는 공짜가 하나도 없다 하시면서 이분들의 뜻에 기쁜 마음으로 적극 동참하는 국민 여러분은 앞으로 탄탄대로를 걷게 될 것이며, 천복만복이 자손 대까지 이어질 것이다.

여러분을 성공하고 출세시켜 잘 살게 해주신 것도 민족과 인류의 천지대업에 동참시키시려고 하늘과 땅이 해주신 것이고, 나라 경제를 살리는 길과 국민 여러분이 잘되는 길은 여러분의 노력에 달려 있는 것이 아니라 자미국 제사천궁과 함께하며 사는 것이 유일한 길이다.

처음이자 마지막으로 나라가 가장 빠른 시일 내에 잘되는 천재일우(千載一遇)의 기회를 주신다고 하셨다. 이 나라 정부와 국회, 국민 여러분이 받아들이고 안 받아들이고는 각자의 선택이자 자유일 것이다.

입헌군주제로 개헌하는 것이 가장 이상적인 방법이기는 하지만 이 나라 정부와 국회가 국민정서나 정치적인 어떤 이유로 불가능할 경우 하늘과 땅, 신들과 나라조상님들의 자리인 청와대 터에 자미국 제사천궁과 나라신전(국조전)이 세워질 수 있도록 국민 여러분 모두가 지지해 주어야 한다.

위대하신 태초의 하늘과 여러분의 시조조상님들이 우리나라 전체 국민들로부터 자랑스럽게 참배받으시는 나라 건국 이래 최고의 경사스러운 일이다. 수천 년 동안 외국에서 수입한 조상귀신들에게 천대받으신 국민 여러분 조상님들의 원과 한을 풀어주는 대단한 일이다.

처음에는 황당하고 가당치도 않아서 부정적인 생각이 많이 들 수 있다. 그러나 시간이 지나면서 그럴 수도 있겠구나 하면서 긍정적인 마음으로 바뀔 것이다. 글 내용을 다시 읽어보고 싶고 머리에서 어떤 문구가 맴돌아 가슴에 확 꽂히며 바로 이것이다,라고 할 것이다.

수천 년 전 예언이 현실로 이루어질 수 있는 마지막 기회이다. 민생민물의 영장인 인간으로 내어나서 하늘과 함께하여 국민 여러분과 이 나라가 잘되어 기쁨과 행복 누리며 사는 길은 하늘의 소원을 먼저 이루어드리는 길이다.

하늘이 내리신 사명을 완수하는 가장 보람되고 이 나라 역사에 위대한 일을 하는 것이며 인간, 조상, 신, 영들이 다 함께 하늘을 찾아서 하늘의 사랑과 보호 속에 하늘과 영원히 함께하며 잘 사는 것은 하늘의 소원을 이루어드리는 기쁜 일이고 국민 여러분 모두의 행복이며 근본도리이자 의무이다.

자미국 제사천궁과 함께하는 것이 현생과 죽음 이후 사후세상까지 최고의 성공과 출세 길이다. 여러분을 포함해서 조상님, 신, 영들의 모든 근심과 고민 걱정이 사라지고 기쁨과 행복 누리는 행복한 무릉도원 세상이 당대는 물론 자손 대대로까지 이어져 활짝 열리게 될 것이다.

여러분은 지금까지 하늘로부터 받은 보호와 사랑에 대해서 이제는 돌려드릴 때가 되었다.

여러분의 시조조상님부터 당대 본인에게 이르기까지 벌어주신 돈이 얼마이고, 자손의 대가 끊어지지 않고 현재까지 목숨이 생존해 있는데 대한 감사함을 어떤 방법으로든지 하늘에 올려야 할 것이다.

국민 여러분과 나라조상님들이 하늘의 크신 사랑에 보답하는 길은 의원내각제를 겸비한 입헌군주제 개헌과 청와대 자리에 자미국 제사천궁이 들어설 수 있도록 여론의 힘을 모아주는 것이 가장 큰 보답일 것이다.

어제 오늘의 일이 아니라 수천수만 년 동안 하늘과 땅, 천지신명님과 나라조상님들의 소원을 국민 여러분은 부정적으로 생각하며 무시해 왔다.

이 모든 분들의 원과 한을 풀 수 있는 청와대 자리를 하루라도 빨리 비워주어야 나라에 국난이 더 이상 발생하지 않게 될 것이다. 어느 누구도 청와대 이전을 공식적으로 촉구한 사례는 없었다. 아마도 하늘의 대행자 인황이 공식적으로 촉구한 것이 처음일 것이다.

대통령과 국회의원들 모두에게 입헌군주제 개헌과 청와대 이

전 문제를 공개적 서한으로 촉구하였다.

이것이 하늘과, 땅, 천지신명님, 나라조상님, 인황과 사감의 조상님들의 간절한 뜻이기에 반드시 대통령과 국회의원, 국민 여러분들의 마음을 움직여 입헌군주제 개헌과 청와대 이전 문제를 동시에 이루어지게 하실 것이다.

오늘 2014년 3월 11일 이후부터 퇴임한 전직 대통령 구속이나 현직 대통령에게 불행한 사건사고가 발생한다면 대통령이나 국민들은 청와대 이전을 더 이상 미루지 말고 조속히 이전해서 나라와 인류의 구심점을 세우는 터로 쓰도록 국민적 합의를 이루어내야 할 것이다.

국민 여러분 모두에게도 정신적 지주는 반드시 필요하다. 영적이든 인적이든 민족의 정신적 지주가 오랫동안 없었기에 이 나라에 세계 각 나라에서 수입한 수많은 조상귀신(종교)들이 판을 치고 있는 것이다.

종교세계에서 추구하는 구원, 영생, 도통에 대한 문제는 자미국 제사천궁에서 동시에 해결이 가능해졌으니 이 나라에 더 이상 종교가 존재해야 할 필요성이 사라졌다.

외국에서 수입한 남의 나라 종교귀신들을 믿어서 더 이상 자신의 조상님과 나라조상님, 몸 안에 각자의 영들을 분노케 하면 안 된다.

종교를 믿으면 자기 발등을 자기가 찍는 꼴이 되어서 자신과 가족의 인생 자체가 송두리째 멸망하게 된다는 하늘과 땅의 진리를 받아들여야 한다.

상하신분이 정해지기에 대제사를 서둘러야

이러지도 저러지도 못하는 번거로운 제사와 차례를 언제까지 지낼 작정인가? 사람이 죽어서 혼령이 되어 가장 원하고 바라는 것이 무엇인지 여러분은 얼마나 알고 있는가? 돈과 권력, 명예는 육신이 없기 때문에 아무 소용없다.

넓은 선산에 호화 무덤이나 호화 납골묘를 조성하고 제사와 차례, 시제 때마다 자손들이 찾아와서 지내주는 것이라고 대다수 사람들이 생각하고 있을 것이지만 전혀 다르다. 혼령들이 원하고 바라는 가장 큰 소원이 호화 무덤과 호화 납골묘, 제사와 차례, 시제가 아니다.

천상세계에 있다는 천국, 천당, 극락, 선경, 무릉도원 세계로 올라가고 싶은 것이 가장 간절하고 큰 소원인데 혼령들의 이런 뜻을 지금까지 이루어준 곳이 아무 곳도 없었는데 태초 이후 처음으로 자미국 제사천궁에서 대제사를 올려 이들 혼령들의 간절한 소원을 이루어주고 있다.

대제사를 올리면 가장 높고 높은 천상 자미천궁에 올라가서 신선과 선녀로 다시 태어날 수 있기 때문이다. 신선과 선녀로 천상에서 다시 태어나 근심과 걱정 없이 기쁨과 행복 누리며 황금으로 지어진 거대한 궁전에서 매일같이 풍성하게 호의호식하며 영생하는 천상의 삶을 사는데 인간세상의 호화 무덤과 호화 납골묘, 제사와 차례, 시제를 뭣 하러 받으시겠는가?

그리고 천상세계로 한 번 올라가면 이 땅에는 다시 내려올 수 없고 이승의 삶에 대한 기억 자체가 점차 사라진다. 여러분이 전생을 기억하지 못하는 것처럼 말이다. 너무나 아름다운 황홀진경의 무릉도원 세계라서 고통스러웠던 이 세상에 다시는 내려오기 싫어하신다. 그러므로 산소와 납골묘, 제사와 차례는 아무 소용이 없게 된다.

천상으로 올라가는 순간 여러분과 조상님들 모두가 산소와 납골묘, 제사와 차례문화의 오랜 속박에서 벗어나기에 일평생 두 번 다시 제사와 차례를 지내지 않아도 된다. 여러분의 부모조상님들을 영원히 출세시키는 가장 좋은 의식이 자미국 제사천궁에서 올리는 대제사이다.

천상세계의 진실을 잘 모르는 혼령들은 이런 뜻을 받아들이기가 혼란스러워 호화 무덤과 호화 납골묘, 제사와 차례에 연연할 수 있으나 이 책을 읽고서 인간 자손과 조상님들 모두가 고정관념을 바꾸고, 하루라도 빨리 이승과 구천을 떠나야 조상님도 편하고 자손들도 잘된다.

사후세계 진실도 잘 모르면서 언제까지 제사와 차례문화에 얽매여 있을 것인가? 천상세계에 늦게 올라가면 상하서열이 엄격하기 때문에 계급이 높지 않은 이상 같은 등급이라면 먼저 올라간 조상님들이 자연적으로 상전이 되기 때문에 이 땅에 살고 있는 여러분이 서둘러야 한다.

군대를 다녀온 남자들은 알겠지만 고참 선임병들에게 줄빳다 맞을 때는 같은 계급일지라도 군번 순서대로 서열이 매겨지는 것처럼 생각하면 된다. 우리 사회에서도 고참 선임자들의 위치는 무시하지 못하는 것과 똑같다.

자미국 제사천궁에서 대제사를 올려서 천상 자미천궁으로 올라간 날짜 순번대로 서열이 자동적으로 부여되기에 여러분 부모조상님들의 천상세계 신분과 서열을 생각한다면 이것저것 계산하지 말고 속히 서둘러서 대제사를 행해야 할 것이다.

인간, 영, 신, 조상님들이 현생과 사후세계까지 삶을 보호받고자 종교를 믿고 굿, 천도재, 도통수련, 기수련, 제사, 치성을 올려보았지만 아무도 이루지 못하고 실패하였다. 자미국이 이 나라에 생기기 전까지 인간, 영, 신, 조상님들이 이런 의식을 해서라도 뜻을 이루어보고자 했다.

하지만 수천 년 동안 시도했어도 뜻을 이루지 못한 것은 진짜 하늘을 만나게 해주시는 신명님, 하나님, 미륵님과 소통하는 자가 없었고 이분들 역시 이 세상에 당신들의 뜻을 대변할 참신한 인물이 없어서 존재를 나타내지 못하셨기 때문이다.

종교 숭배자, 종교 창시자, 종교 교주, 종교 지도자, 스님, 보살, 무당, 목사, 신부, 도인, 도사, 심령술사들이 행할 수 있는 영역 밖의 일이었기에 불가능했던 것이다.

인류의 구원, 영생, 도통은 영의 부모님들이 태초의 하늘과 함께 해주시지 않으면 절대로 불가능하다는 진실조차도 종교 종사자들은 전혀 알지 못해서 지금도 인간들의 눈높이 수준에 맞도록 흉내만 내는 의식에만 치중하고 있다.

인간, 영, 신, 조상님들이 구원, 영생, 도통의 뜻을 이루고자 수많은 세월 동안 종교세계 안에서 찾아다니며 기다려오던 곳이 지금의 자미국 제사천궁인데 너무나 전통풍습과 종교교리와 이론에 세뇌되어서 빨리 받아들이지 못하는 거 같다.

죽은 자들의 뜻을 이루게 해주는 전 세계 유일한 대제사.

육신을 버린 이후 혼령들의 가장 간절한 소원은 살아생전 죽어서 좋은 세계가 있다고 들었는데 그곳을 어떤 방법으로 찾아가야 하는지 제일 궁금해한다.

분명 어딘가에 반드시 방법이 있기는 있을 것인데 모두가 비슷비슷해서 어디가 진짜인지 구분하기가 어려워 종교세계 이곳저곳 기웃거리고 있다. 그래서 조상님들도 자손 잘 만나야 한다는 말이 생겨난 것이다.

마음으로 아무리 가르쳐주어도 자손들이 무시해 버리면 조상님들은 방법을 알고 있어도 자손들이 말을 듣지 않기에 애간장을 태우고 있는 것이다.

육신을 잃어버린 혼령들의 오직 한 가지 소원은 신선과 선녀가 되어 근심과 걱정 없이 기쁨과 행복 누리며 영원히 살아갈 수 있는 천상세계로 올라가는 것 하나뿐이다.

이 뜻을 하루속히 이루고자 조상님들이 자손들과 함께 제사와 차례를 지내면서 기독교, 천주교, 불교, 무속, 도교에 들어가서 열심히 교리와 이론을 믿고 따르며 수많은 의식을 행했지만 뜻을 이루지 못했다.

여러분 부모조상님 혼령들의 뜻을 하루 만에 유일하게 이루게 해주는 의식이 하늘을 감동시키고 평생 한 번만 지내는 천하제일의 대제사가 입천제이다. 또한 산 자들의 뜻을 이루게 해주는 의식을 천인합체의식이라 한다.

살아서 천인합체의식을 행하고 살면 어느 날 갑자기 죽더라도 별도의 대제사를 자미국에서 올리지 않아도 죽음과 동시에 천상자미천궁으로 입천이 자동적으로 이루어져서 남자는 신선, 여자는 선녀로 다시 태어나게 된다.

그래서 자미국에 들어오면 산 자와 죽은 자의 뜻을 동시에 이룰 수 있기에 더 이상 종교세계를 다니지 않아도 되고, 제사와 차례, 굿이나 천도재, 치성을 일평생 별도로 행하지 않아도 되니 이것이 인류의 천지개벽이리라.

가짜 하늘과 모든 종교의 교리와 이론, 전통풍습의 굴레에서 완전히 벗어나 무릉도원 세상에서 살아갈 수 있으니 이것이 하늘과 땅이 원하고 바라시는 일이다.

자미국 제사천궁의 진실이 이 나라와 전 세계에 널리 퍼지면 수천 년 동안 인류의 정신을 지배해 왔던 종교세계는 모두 무너져서 문을 닫게 될 것이다. 하늘세계, 사후세계의 진실을 정확하게 전해 주는 인류의 영적 지도자가 없어서 종교 이론이 맞는지 틀리는지 알 수가 없었다.

여러분이나 이 나라에 자미국 제사천궁의 출현은 아주 획기적이고 충격적인 신선한 일이며 불행 중 다행스러운 일이다. 더 이상 거짓 종교세계에 속지 않아도 되니 이것이 이 나라와 인류의 기쁨이자 행복이다.

구원할 능력도 없는 거짓 숭배자와 선지자들이 그동안 여러분과 조상님들을 마음껏 속이며 유린해 왔던 것이다. 종교지도자와 종교 귀신들의 종이나 노예로 생활하면서 금전, 정신, 육신 모두를 착취당해 왔던 것이다.

하지만 여러분은 이들에게 속고 있는 줄조차도 모르고 살아가고 있으며 종교 지도자들 역시 자신들이 전하는 사상이 맞는다고 착각 속에 빠져 있기에 속은 것에 대해서 억울하다는 생각조차 못하고 있다.

구원, 영생, 도통은 대단하신 하늘과 신명님, 하나님, 미륵님의 고유권한이신데 감히 종교 지도자들이 하겠다 하니 어찌 이루어지겠는가? 지금 종교세계에 몸담고 있는 수많은 종사자들도 이 글을 읽고 당황스러울 것이다.

교리와 이론을 열심히 믿고 따르며 찬양한다고 구원받는 것이 아니라 무속에서 굿하고, 절에서 천도재 많이 올리고, 도통주문 열심히 외우고, 제사와 차례 지극정성으로 올린다고 천당이나 극락, 선경세계로 올라가고 도통하는 것이 아니었다.

종교 지도자들의 말을 믿고 도통시켜 준다고 해서 거액의 금전을 성금으로 바친 사람들은 가정이 파탄 나고, 신용불량자로 전락하는 등 그 피해가 말할 수 없을 정도로 크다.

매년 또는 수시로 행하는 굿, 천도재는 하루 위로잔치 수준이지 절대로 구원이 될 수 없다는 하늘의 높은 진실을 필자는 자미국에서 수많은 의식을 통해서 알았다.

하늘의 대행자이자 인류의 대표 인황이 원하고 바라니까 하늘과 신명님, 하나님, 미륵님께서 하강 강림하시어서 행해 주시는 것이었다. 하늘과 땅이 함께해 주시는 대제사는 천하제일이고 하늘을 감동시키는 유일한 의식으로, 하늘로부터 잘했다고 인정받는 최선의 길이라 하셨다.

인류가 오랜 세월 동안 그렇게 갈구하던 구원, 영생, 도통은 우리 인간이 해낼 수 있는 영역이 아니었던 것인데 지금도 진실을 인정하지 않고 종교인들이 수많은 인간, 영, 신, 조상님들을 현혹시키고 있으니 그 죄를 어찌 감당하려는가?

거대한 종교를 세운 종교 창시자, 종교 교주, 종교 지도자들에 대한 하늘과 땅의 심판이 이제 이 나라 안에서 본격적으로 집행될 것이니 관심 갖고 지켜보기 바란다.

천제(기업부흥 번창제)

천제를 올릴 대상은 개인 사업자나 중소 및 대기업 사업자 모두에게 해당되는데 천제를 올리려면 우선 대제사(입천제)와 천인합체 의식을 행한 사람만이 할 수 있다.

장사든 사업이든 하려면 우선 귀신들의 해코지부터 막아놓고 해야 한다. 여러분의 사업을 망치는 공금횡령과 기업비밀을 빼내는 사악한 인간과 귀신들부터 척결하고 시작해야지 안 그러면 남 좋은 일만 시킨다.

인간의 몸 안에 들어와 있는 귀신들을 인간의 눈높이로는 알아볼 수도 잡아낼 수도 없는 것이 나약한 우리 인간의 한계이기 때문에 강력한 하늘의 보호막이 필요하다. 수호신 역할을 해주실 분들이 천상에서 자미국으로 하강 강림하여 주신 대단한 능력자이신 신명님, 하나니, 미륵님이시다.

기업의 규모가 크면 클수록 인간들이 많으니 귀신들 또한 그만큼 많기 때문에 정기적으로 하늘의 보호를 받을 수 있는 천제를 정기적으로 올려야 사악한 인간과 귀신들을 막아낼 수 있는 것이지 인간의 능력으로는 불가하다.

돈에 관해서는 본인 이외에는 형제, 친척, 친구 그 어느 누구도 못 믿는 세상이 되었기 때문이다. 가장 가까운 사람들을 믿었다가 배신당해서 기업이 파산한 사례는 수없이 많다. 조금만 한 눈을 팔면 거액의 금전이 송두리째 날아가고 기업의 중요한 비밀이 경쟁

업체로 새나간다.

회사 내 도둑을 인간 눈높이에서도 여러분이 철저히 지켜야 하겠지만 하늘의 보호와 천상으로 입천하여 능력이 생긴 여러분 조상님(천손)과 천인합체한 자신의 천인들로부터 보호를 받는 것이 가장 안전하다.

하늘과 조상님, 신명님, 하나님, 미륵님, 자신의 천인으로부터 24시간 실시간으로 보호를 받아야 사악한 인간과 귀신들이 장난치는 것을 막아낼 수 있다.

인간으로 인한 배신과 귀신들의 해코지는 인간의 능력으로 막아내기에는 한계가 있다. 믿었던 임직원으로부터 배신당하면 회사는 거덜 나고 문을 닫아야 한다. 세상이 너무나 험악해서 가족조차도 못 믿는 세상으로 변해가고 있다.

유명한 일화가 있다.

과거 3공화국 때 기업인들이 대통령에게 전달한 통치자금을 중앙정보부장이 일정 부분 가로챈 드라마가 방영되었지 않은가? 이런 배달 사고는 비일비재하다. 시퍼런 무소불위의 권력자인 대통령의 통치자금에도 손을 대는 마당에 기업자금에 손을 대는 것이 무엇이 어렵겠는가?

인간의 마음은 돈 앞에서는 하루에도 수없이 변한다.

관리감독을 철저히 하지 않으면 기업은 얼마 버티지 못하고 쓰러진다. 기업자금 횡령하는 금융 사고는 언제든지 발생하기에 인간의 능력으로는 막아내지 못한다. 그래서 인간은 부족하고 나약하기 때문에 절대 능력자이신 하늘의 보호와 도움이 실시간으로 필요한 것이다.

인간의 마음을 창조하신 분이 하늘이시니 그 마음을 배신하지 못하게 막아주실 수 있는 능력 또한 하늘의 권한이시기에 우리 인류는 대단하신 하늘의 존재를 인정하고 받들어야 기업을 운영하는 데 어려움이 따르지 않는다.

기업의 발전을 도모하는 것도 마찬가지이다. 각자의 이상과 목표는 크고도 크겠지만 그것을 이루는 것 또한 하늘의 능력과 보호와 도움을 받지 못하면 영원히 이룰 수 없다. 계획으로 시작해서 계획으로 끝난다.

가장 무모한 기업인은 혈기 왕성한 자신의 마음만 믿고 기업을 운영하는 사람들이다. 수많은 암초가 도사리고 있지만 인간은 한 치 앞도 내다보지 못하는 미물과도 같은 나약한 존재이기에 천제를 올려서 하늘의 보호를 받고 기업을 운영해야 한다.

성공한 기업도 마찬가지이다.

기업을 지키는 것 또한 여러분의 노력이 있어야 하겠지만 하늘의 보호와 지킴이 없이는 절대로 오래 존속할 수 없다. 기업을 세우는 데 오랜 시간이 걸렸겠지만 망가지는 데 걸리는 시간은 단 하루면 충분하다.

방화, 화재, 인명사망, 기업비밀 유출, 공금횡령, 각종 사건사고 등 기업이 무너질 수 있는 돌발 상황은 언제든지 일어날 수 있기에 하늘의 절대적인 도움을 받고 기업을 운영해야 한다.

뿐만 아니라 여러분의 신변에도 비행기 및 자동차사고, 급살, 돌연사, 심근경색, 뇌출혈, 암, 납치, 살해, 자살, 단명, 가족 사망 등 불행한 위험이 항상 도사리고 있다.

대기업일수록 의무적으로 6개월마다 천제를 올려서 기업을 보호받아야 하고, 중소기업은 1년에 한 번은 필히 천제를 올려야 기업의 안녕과 발전에 도움이 된다. 공기업이든 사기업이든 마찬가지로 모두 해당되고 천제는 고사 차원이 아닌 하늘과 신에게 올리는 위대한 대제사이며, 하늘과 신께서 기업운영의 비밀과 지혜도 들려주신다.

수많은 그룹사의 총수들이 검찰에 구속되는 모습과 단명하여 일찍 떠나는 기업인, 정치인, 관료, 고위공무원, 유명한 인물들을 방송에서 보면서 안타까운 마음이 든다.

자미국에 들어와서 하늘을 만났다면 저런 불행은 없었을 텐데 하고 말이다.

자신들의 부정비리는 인간들은 몰라도 하늘과 신은 여러분이 언제 어떤 부정을 저질렀는지 모두 알고 계시기에 숨길 수가 없다는 사실과 반대로 하늘과 신의 보호를 받으면 어떤 잘못도 덮어주신다는 것도 알았다.

검사와 판사가 형량을 집행하는 것도 하늘과 신의 어떤 기운을 받아서 집행된다는 것도 보았다. 과거든 최근이든 여러분이 저지른 부정비리는 세상에 차례대로 다 까발려지게 되어 있다. 미리 찾아와서 덮어달라고 하늘과 신에게 빌지 않으면 언제 터질지 모르는 시한폭탄을 안고 살아가는 것과 같다.

기업을 부흥 번창시키는 일과 기업의 성공을 지키는 일 모두가 인간의 능력만으로는 불가능한 영역이니 천제를 올려서 하늘과 신의 절대적인 보호와 도움을 받으면 기업의 풍파와 사주가 검찰에 구속되는 일은 없을 것이다.

그리고 기업의 상호 변경이나 신규 상호는 기존의 역술가를 찾아가지 말고 하늘과 땅의 대단한 기운을 받을 수 있는 상호로 지어야 한다. 필자를 통해서 짓는 것이 기업 운영에 상당한 도움이 될 것이다.

이름에 대한 태초의 비밀

상호, 작명, 개명, 아호, 신생아 이름을 지으려면 좋은 기운을 가진 명인에게 지어야 하지만 일반인들은 이런 진실을 모르기에 역술인에게 짓고 있다.

신께서 이름에 대한 진실을 필자에게 자세히 가르쳐주시었는데 무섭고도 놀라운 말씀이었다. 아무에게나 이름을 짓지 말라는 것이었다.

그 연유인즉 이름을 지어준 사람의 운명을 따라간다는 어마어마한 말씀이셨다. 상대방이 선천적이든 후천적이든 불구자라면 이름을 지어간 사람도 그의 기운을 받아서 똑같은 운명으로 흘러간다는 경천동지할 말씀이셨다.

상호, 작명, 개명, 아호, 신생아 이름을 지어주는 역술인이 경제 형편이 어려운 사람, 가정사가 복잡한 사람, 우환이 잦은 사람, 부부싸움을 자주하는 사람, 심성이 올바르지 못한 사람, 큰 질병을 앓고 있는 사람, 천벌을 받은 사람, 고소 고발당한 사람, 사건사고가 자주 일어나는 사람, 흉몽이나 가위눌림 등으로 고생하는 사람, 가족 중에 비명횡사 당한 사람, 자살한 가족이 있는 역술인에게 이름을 지으면 나쁜 기운이 이름에 그대로 전달된다는 무서운 말씀을 해주시었다.

그러시면서 이름을 짓는 순간 여러분이 원하든 원하지 않던 이름을 지어준 사람이 부모가 되어서 평생 동안 그 사람의 나쁜 기운들이 이름으로 전달된다는 무서운 말씀을 전해 주시면서 아무에게나 이름을 지으면 안 된다고 하시었다.

아마도 인류 최초의 무서운 진실일 것이다. 세상 그 어디에서도 들어 본 적이 없는 말씀이고, 우리 인간으로서는 감히 상상도 못해 본 일이다.

역술인들이 들으면 기분 나빠할 일이지만 인간들이 알지 못하는 이름에 대한 최초의 비밀을 가르쳐주시었다.

그리고 또 다른 진실은 한문 이름이든 한글 이름이든 음양오행과 수리에 맞추어서 짓기 때문에 다 똑같아 별반 차이가 없다고 하시면서 하늘과 땅, 신의 기운이 내리는 이름인지 아닌지가 좋은 이름 여부가 결정된다고 하신다.

평생 불러주어야 할 이름!

평생 입는 옷이나 마찬가지인데 너무나 쉽게 생각하고 이름을 역술원에서 짓고 있다. 사람도 인생을 잘 살려면 하늘과 땅, 신의 보호와 도움을 수시로 받고 살아가야 인생의 운이 막히지 않고 무탈하게 살 수 있다.

하지만 세상 사람들은 이런 진실을 전혀 모르고 있다.

어떻게 어디 가서 짓는 것이 잘 짓는 이름인지 알 수가 없기 때문에 방법을 찾을 수가 없었다. 이름에 대한 엄청난 비밀은 처음이기에 여러분이 어떻게 받아들일지?

필자의 뜻에 공감하는 사람들만 상호, 작명, 개명, 아호, 신생아 이름을 의뢰하면 되고 부정하는 사람들은 지금처럼 기존의 역술원에 가서 싼 이름을 지으면 된다.

필자가 짓는 이름은 전 세계 최고의 명품 이름이다.

홍길동이라는 이름을 여러 역술인이 지었다고 하여도 필자가 홍

길동이라 지으면 하늘과 땅, 신의 기운이 실시간으로 내려가기에 특별한 명품 이름이 된다.

거지에게 이름을 지으면 거지의 기운이 흐르고, 사기꾼에게 지으면 사기꾼의 기운이 흐르고, 장애자에게 지으면 장애자의 기운이 흐르고, 큰 병을 앓고 있는 환자에게 지으면 질병의 기운이 흐르게 되어 여러분도 같은 운명이 된다.

필자가 이름을 지으면 왜 명품 이름이 되는 것인가?

하늘의 대행자이고, 인류의 대표 인황이란 관명을 하사받았기 때문이고, 하늘과 땅의 기운을 필자를 통해서 인류에게 내려주신다고 말씀해 주시었기 때문이다.

천지기운을 필자를 통해서 내려주신다고 하시었기 때문에 필자가 말하거나 글을 쓰면 그대로 현실에서 이루어진다. 말로만으로도 질병의 통증을 소멸시킨다면 여러분 독자들은 믿지 않을 것인데 사실이다.

어쨌든 필자에게 명품 이름을 지을 사람들은 방문해서 상담부터 받아보고 결정하면 되고 전화로 작명 비용 문의는 사절한다.

대신에 기존에 작명가나 역술원에 가서 짓는 일반적인 이름에 비해서는 상당히 고가이므로 이를 수긍하고 인정할 특별한 사람들에게만 한정적으로 지어준다.

등급별로 작명비에 차등이 있다.

VIP용

하품, 중품, 상품, 특품

명품 VVIP용

하품, 중품, 상품, 특품

평생 동안 아니 죽어서도 남길 명품 이름이다.

작명비가 비싸면 비싼 것만큼 그 값어치가 있고, 여러분 역시 비싼 이름을 지었다는 커다란 자부심이 살아서는 물론 죽어서도 갖게 될 것이다.

평생 동안 하늘과 땅의 좋은 기운이 흐르는 이름이 될 것이고, 하늘의 대행자이자 인류의 대표 인황이 지어준 명품 이름이라 대단한 보람과 자부심을 평생 갖고 살아갈 것이다.

하늘의 대행자이자 인류의 대표 인황이란 전무후무한 최고 높은 신분의 브랜드 가치도 있고, 여러분에게 이름의 부모가 되기에 인생을 살아가면서 평생 동안 신비의 천지기운을 받고 살아가게 되므로 결코 비싼 것이라 할 수 없다.

명품 이름을 짓게 되면 기감을 잘 느끼는 예민한 사람들은 그때부터 신비의 좋은 기운이 자신의 몸으로 내리는 것을 느낄 사람들도 많을 것이고, 수호신이나 부적 같은 역할도 해준다.

자식을 사랑한다면 신생아 이름도 명품 이름으로 지어주는 것이 부모의 진정한 사랑일 것이다. 이름이 나쁘지 않아 개명할 필요가 없는 사람들은 아호를 지으면 좋다.

자미국과 인황의 브랜드 가치는 날이 갈수록 고공행진을 할 것이고, 전 세계적으로 널리 알려질 것이기 때문에 일평생 기념과 자부심으로도 남을 것이다.

용한 신명제자를 찾을 사람들

세상을 살다 보면 인생사에 얽히고설킨 일들과 우환, 알 수 없는 병명과 질병, 이해되지 않는 불가사의한 사건사고들과 단명, 급살, 줄초상 등으로 원인을 밝히고자 전국의 최고 유명한 보살, 무당, 도인, 도사, 철학관 등을 찾아다니는 사람들이 많지만 열 곳을 찾아가서 물어보아도 속 시원한 대답을 듣지 못해서 답답해하는 경우가 참으로 많다.

모두가 해주는 말이 다 틀리다 보니 어느 말이 진짜인지 알 수가 없다. 신명제자들도 신이 내리는 강신무가 있고, 배워서 하는 열두거리 제자가 있다. 당연히 배워서 하는 제자는 신의 기운이 없어서 사람들의 답답한 원인이 어디에 있는지 알 수도 없고 그것을 풀어줄 수도 없다.

반면 자미국의 신명제자는 천신 줄을 타고내린 특별한 제자이기에 기존의 제자들과는 비교할 수 없을 정도로 영험하고 용하므로 이제 전국을 찾아다니며 시간 낭비할 필요가 없게 되었으니 인생사의 답답한 일들은 걱정 안 해도 된다.

이제 자미국을 통하면 풀지 못할 인생사의 비밀이 없게 되었으니 상담이 필요한 사람들은 미리 예약 방문해야 한다.

신 가물로 신을 받아야 하는지 걱정하는 사람, 매년 눌림굿을 하고 사는 사람, 장사 및 사업 운이 막혀서 풀고자 하는 사람, 가정에 우환이 끊이지 않는 사람, 선거출마 당락여부, 사주팔자, 운세, 정치운, 관운, 재운, 사업운, 승진운, 결혼, 별거, 이혼, 이성교제, 신규 사업 및 이전, 투자자문, 환청, 환영, 악몽, 흉몽, 꿈 해몽, 출산, 관재구설, 유산문제, 송사사건, 사기배신, 투자실패, 고소고발, 배우자의 불륜 등 인생사 전반에 대하여 40대의 자미신녀(女)가 신의 원력을 받아서 상담한다.

일반적인 신명제자들이 뽑아내지 못하는 점사도 신처럼 뽑아내니 속이 후련할 것이다. 필자가 점 잘 보는 점사 기운을 넣어주어서 전국 최고로 점괘를 뽑는다. 자미국은 모든 것이 대단하기에 전국 아니 전 세계 최고이다.

잘살 수 있는 길은 어디에 있고, 막힌 인생을 푸는 방법은 무엇인지 자세히 알 수 있다. 매사 하는 일마다 안 되는 사람들은 그 명쾌한 해답을 찾을 수 있다.

전국에서 자미국의 자미신녀를 능가할 정도로 점을 잘 보는 제자는 없다. 하늘의 말씀과 뜻을 태초로 전하고 세우는 대단한 곳이기에 자미신녀에게도 점 잘 보는 특별한 신력(神力)을 내려주시므로 막힌 가슴이 시원하게 뻥 뚫릴 정도이다.

그러나 막힌 가슴이 시원하게 뻥 뚫렸다고 여러분의 인생이 풀리는 것은 아니다.

각사의 인생이 답답하게 막힌 것은 스스로가 천륜을 거역하고 조상의 문, 신의 문, 하늘의 문을 막아놓았기 때문인데 여러분이 어느 문을 막아놨기에 인생의 문이 막힌 것인지는 스스로 알 수도 풀어낼 수도 없다.

그래서 조상의 문을 여는 대제사(입천제)를 올려야 하고, 신의 문을 여는 천인합체를 해야 하며, 하늘의 문을 여는 감사죄(감사+죄사면)를 올려야 한다.

여러분 중에는 조상님의 문만 열어도 인생이 잘 풀려서 잘될 사람이 있고, 신의 기운이 너무 강해서 반드시 신의 문을 열어야 풍파가 멈추고 인생이 잘 풀릴 사람이 있다.

또한 하늘이 내리신 특별한 명을 받고 이 나라에 태어난 사람들은 조상의 문, 신의 문을 연 다음에 하늘의 문까지 열어야 잘 풀릴 사람이 있다.

이제까지 수많은 굿을 하고 신 내림을 받아 많은 치성을 올린 사람들과 교회와 성당, 절에 다녀보고, 도를 닦아 보아도 인생에 아무런 변화가 없다는 것은 조상님의 문, 신의 문, 하늘의 문을 제대로 찾아서 열지 못했다는 증거이다.

신녀를 통해서 점만 봐서는 아무런 도움이 없다. 그러나 신녀의 점괘가 용하게 잘 맞는다면 3개 중에서 최소한 한 개의 문이라도 열어야 한다.

자미국에는 인생사에 필요한 부분이 모두 준비되어 있고, 각 분야별로 영적인 상담이 가능하다.

신점을 통해 운명을 볼 사람, 작명할 사람, 수련할 사람, 신통과 영통할 사람, 소원성취 기도발원 올릴 사람, 질병을 치료할 사람 등에게 꼭 필요한 곳이 자미국이다.

교회, 성당, 절, 무속, 도판을 모두 돌아다녀 보아도 인생의 해법을 찾지 못하고 답답해하는 사람들이라면 자미신녀를 통해서 어느 문이 막혀서 열어야 하는지 상담을 해봐야 한다.

자미국은 의식을 두 번 행하라고 하는 곳이 아니고 자신에게 맞는 문을 제대로 열어주는 곳이기에 속을지라도 조상의 문, 신의 문, 하늘의 문 어느 곳이든지 한 번쯤은 반드시 열어봐야 인생의 답답함이 풀린다.

인생의 답답함과 풍파는 우리 인간들에게 보이지 않는 어떤 세계의 문이 닫혀 있다는 것을 가르쳐주기 위함인데 대다수 신의 제자들은 이런 진실을 모르기에 한 가지 이론을 내세우며 무조건 굿을 하라고 하는 것이다.

굿을 하고 다른 신명제자를 찾아가서 물어보면 또다시 굿을 하라고 하는 것이 무속세계의 현실이자 특징이다. 신의 기운이 없는 사람들과 하늘이 내리시는 명을 받지 않아도 될 사람들은 조상님의 문만 딱 한 번 열어주면 인간세상 살아가는 데 아무런 문제도 없고 막힐 일도 없게 된다.

신의 문과 하늘의 문은 아무에게나 모두 열어주시는 것이 아니라 특별히 선택받은 사람들이라야 한다. 신의 문을 연다고 무속처럼 신의 제자가 되어 보살, 무당으로 불리는 것이 아니라 천인이 되어 일반인처럼 살아간다.

무속세계에서는 신의 기운이 있으면 모두 신 내림을 통하여 제자의 길로 인도하지만 자미국에서는 신의 문을 연다고 하여도 절대로 신당을 차리고 손님을 상담하는 무속제자의 길로 인도하지 않는다. 무속의 신 내림과 다르다.

자미국이 세워지고 나서 몇 년 사이에 전국의 교회, 성당, 사찰, 암사, 도교 등이 경매 매물로 무수히 쏟아지고 있으며 손님을 받아 점을 보던 보살, 무당, 도인, 도사들은 50%가 문을 닫고 식당에 일하러 다니고, 노래방 도우미로 전업하거나 파지 주우러 다니는 밑바닥 인생으로 전락하였다고 한다.

자미신녀는 앞으로의 세계가 자미국 중심세상이 된다는 것을 알고 무속의 길을 접고 하늘과 신의 뜻을 받들어 자미국에서 신녀로 다시 태어나 무속세계의 오랜 잘못을 만 세상에 알리는 역할을 하려고 들어왔다.

15년 동안 직업으로 삼았던 무속의 길을 접고 자미국에 들어왔을 때는 자미국이 어떤 곳이라는 것을 확실히 알았기 때문인데, 마음 결정하고 그날 밤 꿈에 자미국의 어마어마한 미래를 선몽으로 또렷이 보여주었다고 한다.

앞으로 펼쳐질 자미국의 미래 세상에 대해서 꿈으로 필자 인황이 나타나서 자세하게 설명까지 하면서 모두 보여주었다고 말했다. 그것은 거대한 미래 타운 무릉도원 설계도였는데 2006년 10월에 집필한 책에 '미리 가본 금강산 자미천궁'의 내용 그대로였으니 필자도 놀라웠다.

용인 에버랜드보다 더 큰 세계 최대의 놀이공원, 36홀의 골프장, 거대한 황금궁전, 세계연방 자미국 국회의사당, 스키장, 요트장, 세계 각 나라 정상들이 머물 거대한 초호화 호텔, 카지노, 비행장 등을 건설하기 위하여 터파기 기초공사하는 장면과 조감도에 1번~30번까지 각 코스별 건물 배치도 모습을 모두 보았다고 2014년 3월 15일 날 말하였다.

7년 전에 집필한 자미국의 미래에 대해서 책을 읽어보지도 않은 자미신녀가 선몽으로 꿈을 꾼 것은 장차 현실로 자미국이 세워진다는 하늘과 신의 메시지였던 것이다.

자미국을 기존의 종교세계처럼 생각하는 사람들이 거의 대다수인데 전혀 다른 세계이다. 종교세계와는 감히 비교할 수 없는 엄청난 고차원적인 세계이다.

인류 최초로 거대하고 대단하게 펼쳐지는 새로운 자미국 세계에 대해서 독자 여러분이 얼마나 빨리 인정하고 적응할지 알 수는 없으나 인정하고 적응이 빠르면 빠를수록 여러분 인생에 많은 도움이 될 것이다.

2~3천 년부터 이 땅에 깊게 뿌리내린 모든 종교를 능가하는 곳이 자미국이기 때문에 늦게 인정하고 적응하면 그만큼 어마어마한 금전적, 정신적으로 많은 손해를 입는다.

책 앞부분부터 끝까지 다 읽어본 독자들은 어느 정도 종교세계의 무서운 진실과 위대하신 하늘의 진실을 깨달을 것이다. 그런데도 자미국이 싫은 사람들은 기존에 다니던 자신의 눈높이에 맞는 종교세계나 무속을 다니면 된다.

이미 종교나 무속을 다녔던 사람들은 그곳이 얼마나 무서운지 잘 모른다. 오래 다녔던 종교에 사기배신 당하고 싫어서 안 다닌다고 마음 놓고 살아가는 사람들이 무수히 많다. 그런데 하늘이 주신 맑고 깨끗한 보물(영)이 그곳을 다니면서 완전 쓰레기로 변해 버렸다는 하늘의 비밀은 모를 것이다.

싱싱한 배추를 소금물에 절이고 온갖 양념을 넣어 발효시킨 김치로 변했다고 하신다. 여러분의 영들은 이 땅에 내려올 때 싱싱한 배추 그 자체처럼 영들이 맑고 깨끗했는데 종교와 무속세계를 다니면서 김치가 되었다고 하신다.

김치를 물에 빤다고 배추가 되겠는가?

하늘이 내리신 명을 거역하고 종교와 무속에 다니면서 김치로 변해 버린 여러분을 구해 주시고자 자미국에서 천상지상 공무를 집행해 주시고 계신다.

여러분의 인생사 답답한 사연을 눈높이 수준에 맞추어서 상담해 주라고 점사를 주관하게끔 자미신녀를 보내주신 것 같다.

대통령, 시도지사, 국회의원, 기초자치단체장 등 선거에 후보로 나갈 사람들은 자아도취에 빠져서 낙관하지 말고 과연 하늘의 마음을 얻을 수 있을 것인지, 도와주신다는 것인지 말씀을 들어보고 어느 정도 가능성이 있을 때 선거에 출마를 해야지 안 그러면 당사자 후보와 가족, 주변 사람들 모두에게 정신적, 금전적으로 막대한 피해를 안겨준다.

이런 선거에서는 조상의 문, 신의 문, 하늘의 문을 동시에 열어야 승산이 있다. 세 곳의 문을 열어야 하는 것은 천지인이 삼합을 이루어야, 세 곳에서 음양으로 인간의 마음을 바꿀 수 있도록 움직여주시기 때문이다.

여론 조사에서 10% 내외 정도의 차이라야지 터무니없이 지지율 격차가 크게 벌어졌을 때는 세 곳의 문을 열어봐도 아무 소용없고 다음 번 선거를 대비해야 한다. 일단 한 곳이라도 문을 열면 가시적인 당락의 결과를 미리 예측 가능하니까 출마 예상자에게 도움이 될 것이다.

세 곳의 도움을 받으면 지지도가 상승하고, 상대방 후보에게 치명적인 부정비리사건이나 악성루머가 터져서 지지표가 이탈하는 이변이 일어나고, 선거유세 중 말실수로 유권자의 마음이 돌변하는 변수가 나타난다.

정치인들의 청탁뇌물수수, 공무원들의 인허가비리, 기업인의 횡령배임과 세금탈루, 일반인들이 사건사고와 고소고발 등으로 검찰에 구속 수감되는 일들이 비일비재하게 일어나는데 왜, 자신에게 그런 불행이 일어났는지, 해결방법은 무엇인지 자미신녀를 통하면 해법을 알 수 있다.

이미 정답은 나와 있지만 수많은 사연들이 있기 때문에 직접 만나서 상담을 통하여 들어보는 것이 속 시원할 것이다. 또한 갑작스런 차사고와 급살로 인한 비명횡사, 암, 뇌경색, 심근경색, 큰 질병으로 인한 사망, 줄초상, 우울증으로 인한 자살은 왜 일어나는 것인지 명쾌한 해답을 찾을 수 있다.

자신에게 갑자기 일어나고 있는 모든 불행한 사건사고는 이미 영들의 세계에서 먼저 이루어졌기 때문에 여러분에게 현실로 일어나는 것이지만 인간들은 눈에 보이는 것만 믿기 때문에 큰 불행을 겪고 나서야 후회하게 된다.

소 잃고 외양간 고친다는 속담이 있는 것처럼 소 잃어버리기 전에는 외양간을 고치지 않는 것이 인간의 습성이니 불행을 당하고 큰 피해를 입는 것 역시 자신의 탓이다. 그래서 호미로 막을 일을 가래로도 못 막게 실기를 한다.

유비무환이라는 말은 알고 있지만 현실로 행하는 사람들이 몇이나 될 것인가? 조상님의 문, 신의 문, 하늘의 문을 열어놓고 살면 실시간으로 항상 보호해 주시고 지켜주시기 때문에 아픔과 슬픔 같은 불행들은 일어나지 않는다.

육신을 가진 인간들은 나약하고 부족하기 때문에 수시로 영들의 세계에 계신 조상님, 신, 하늘의 절대적인 보호를 받고 살아가야 영들의 세계에서 일어난 불행한 일들을 이분들께서 천지원력으로 막아주셔야 현실에서 일어나지 않는다.

대제사(大祭祀)는 대죄사(大罪赦)이다.

즉, 인간과 조상님들이 종교와 무속을 믿으면서 귀신을 섬겨 하늘의 족보를 바꾼 대죄(大罪)를 빌고 사면(赦免)받아 하늘과 땅의 백성으로 다시 태어나는 진귀한 의식인 것이다. 즉, 조상님들은 하늘의 백성인 천손으로 태어나고, 인간은 땅의 백성인 자미국의 국민으로 다시 태어나는 의식이 대제사이다.

용화진인(龍華眞人)이란?

이 나라뿐만이 아니라 세계 인류는 아주 오래전부터 위대한 인물을 기다리고 있으며 예언서를 통해서 그 인물이 누구인지 알려고 비기를 해석하고 있으며 종교를 세운 창시자들은 자신이 예언 속의 인물이라며 신도들을 현혹해서 굴복시키고, 수많은 재물을 갈취하였다.

사칭한 대상이 미륵출세, 재림예수, 정도령이다.

그러니까 종교를 세운 각자가 자칭 미륵이고, 재림예수이며, 정도령이라고 오랜 세월 호도하며 수많은 사람들의 정신을 지배하였다.

그러나 필자는 새로운 사실을 발견했다.

이 세상 어느 누구도 미륵, 예수, 정도령이 될 수 없다는 것을 알았다.

세 분은 하늘의 진실을 전하러 오신 미륵님이신 천상도감님, 재림예수가 아니라 하나님이신 천상천감님 그리고 정도령이 아니라 신명님이신 천상선감님을 말하는 거 같다.

그런데 천상에서 오신 이 분들은 어느 한 인간의 몸에 상주하고 계신 분이 아니시라 천상과 지상 자미국을 내왕하시면서 하늘의 진실을 전해주시고 계신다.

하늘의 진실을 받아서 세상에 전하는 역할이 자미국을 창시한 인황과 사감이지만 그렇다고 필자 인황과 사감 자체가 미륵, 재림예수, 정도령 그 자체가 될 수는 없다.

천상에서 내려오신 세 분이 필자 인황과 사감을 통해서 이 세상에 오랜 세월 동안 펼쳐진 모든 종교세계는 태초의 진짜 하늘을 능멸하는 가짜 하늘세계였다.

이런 위대한 진실을 만 세상에 알리고자 육신이 살아 있는 동안만 필자를 도구로 쓰실 뿐이다.

독자 여러분의 눈높이로는 이런 진실에 대해서 검증할만한 능력이 없다. 하늘의 진실과 인간세상의 진실은 너무나도 차이가 많기 때문이다. 인간들이 전한 말은 하늘과 직접 소통한 것이 아니기에 추상적이다.

예언이 전부 틀린 것은 아니지만 중요한 사실은 하늘의 말씀인가 그것이 가장 핵심이다. 세 분이 필자를 통해서 그동안 인류가 종교세계에서도 전해들을 수 없었던 엄청난 진실을 책으로 세상에 알리시고 있는 것이다.

필자 인황과 사감 역시 살아생전의 대변자 역할자이고 세 분의 도구에 불과할 뿐이라는 것을 알았다. 세 분이 대단하신 태초의 하늘이 실제로 존재하고 계심을 만 세상에 알리는 도구로 쓰시고자 필자를 선택해주신 것뿐이다.

그러므로 미륵출세, 재림예수, 정도령 출현이란 말은 이제부터 하지 말아야 한다.

다만 자미국을 창시한 필자 인황이 인간의 눈높이 수준에서는 진인이 될 수는 있을 것이다. 진인(眞人)이란 천상에서 신의 명령을 받은 지상의 지배자란 뜻이기 때문이다.

왜냐하면 필자를 인황, 지황, 하늘의 대행자, 하늘의 대변자, 인간 대표, 인류의 대표라고 말씀하시며 명을 내려주시었기 때문에 진인이라 한 것이다.

인간과 인류의 소원은 하늘의 대행자 인황을 통해서 하늘에 올리는 소원만 들어주신다고 하시었으니 여러분의 눈높이 수준에서는 필자가 진인일 것이다.

여러분 개인의 소원은 물론 기업인, 나라의 소원, 인류의 소원을 모두 필자를 통해서 하늘에 천고를 올려야 현실로 이루어질 수 있기 때문이다.

즉 천상의 신으로부터 황명을 받은 인황, 지황, 하늘의 대행자, 신의 대변자, 인간 대표, 인류의 대표, 제사장이 필자 용화진인이니 인간의 눈높이 수준에서는 비록 잠시 동안이지만 수천 년 동안 종교세계와 예언서를 통해서 애타게 기다리던 인물이 용화진인일 수 있기 때문이다.

인류의 구심점과 인류의 영도자가 영적으로는 아주 높고 높으신 태초의 하늘이시지만 여러분 인간의 눈높이 수준에서는 눈에 보이는 필자가 인류의 구심점이자 영도자이다.

용화라는 뜻은 미륵님이 여실 무릉도원 세계를 말하고 태평성대가 이어지는 후천세상을 뜻한다.

필자의 육신을 통해서 신명님이신 천상선감님(자미선감님), 하나님이신 천상천감님(자미천감님), 미륵님이신 천상도감님(자미도감님)께서 태초 이후 처음으로 인류를 구원하시는 천상과 지상의 천지신명공사를 집행하고 계신다.

필자가 장차 한국을 경제대국, 영토대국, 군사대국, 인구대국, 수출대국, 관광대국으로 발전시키고 천하제일 1등 국가로 만들어 세계 인류를 영도하겠다니까 황당하다고 말하는 독자들이 거의 대다수였었다.

전 세계의 종교를 자미국 하나로 통합하고, 천하세계를 단일국가 자미국 하나로 통합하여 다스린다는 것은 말도 안 되고 실현 불가능한 것이 엄연한 현실이다. 하지만 진짜 하늘을 널리 알리시고 세우러 오신 천상의 대단하신 능력자들께는 불가능한 이야기가 아닌 현실이다.

초강대국들인 미국, 중국, 러시아, 영국 같은 경제대국, 군사대국, 인구대국들도 천하통일을 못하였지만 자미국은 하늘과 땅의 천지원력으로 이루어 낼 수 있다.

그래서 천손민족의 거대한 꿈을 현실로 이루고자 하늘과 땅의 천상지상 천지신명공사를 집행할 수 있도록 현재의 대통령 집무처인 청와대 터를 비워달라는 것이다.

새로운 신흥종교를 펼치려는 것이 아니라 전 세계를 자미국 하나로 통합해야하기에 세계 인류의 시선을 일시에 집중시킬 수 있는 청와대 터가 필요한 것이다. 더불어 이 나라에 천상세계 신명정부가 세워져야하기에 입헌군주제를 채택해서 국력을 모아주어야 할 것이다.

이번에 국회에서 입헌군주제로 개헌하여 영적으로는 하늘이신 자미천황님과 육적으로는 자미국 필자를 입헌군주로 추대하여 옹립해야 한다. 이 나라의 입헌군주가 된다는 것은 하늘과 함께하는 것이기에 세계 군주가 되는 것과 똑같다.

이리되면 대한민국은 수천 년 간의 오랜 약소국가의 서러움에서 완전히 벗어나 천하를 호령하는 위대한 천손민족으로 다시 태어나게 된다. 어마어마한 이런 뜻은 이미 천상설계도에 그려져 있기에 반드시(Must) 현실화 될 내용이다.

필자 개인의 능력으로는 어림도 없는 정말 꿈만 같은 일이고 절대로 현실로 이루어 질 수 없는 불가능한 일이다. 그러나 천상 대능력분들이 하강하시어 필자의 육신을 빌려서 행하시면 이야기는 달라진다. 이 나라 천손민족의 꿈을 현실로 이루어주실 수 있는 대능력자들이시기 때문이다.

필자는 이분들의 대능력을 수없이 체험하고 천지대원력을 받아서 수많은 천지신명공사를 집행한 당사자이다. 아니 필자가 직접 집행하였다기보다는 이분들이 직접 필자의 육신을 빌려서 집행하셨다고 하는 말이 더 옳을 것이다.

이것이 천상의 뜻을 이루게 해드리는 것은 물론 이 나라가 하늘로부터 가장 큰 복 받는 지름길이다.

하늘의 원력을 받고 이상향의 세상을 살아갈 수 있는 자미천인, 자미신인, 자미도인으로 다시 태어나는 길이 자미국에 있다. 현재까지는 천인만 탄생시키고 있으나 신인, 도인도 차례대로 탄생시키실 것 같다.

자미는 태초의 하늘을 뜻하며 하늘의 성씨이고 필자의 아호이다. 또한 자미는 천체의 중심이기에 모든 별들이 북극성(자미)을 중심으로 운행하고 있다. 영적으로는 자미천황님이 중심이고 육적으로 자미인황님이 중심이다.

그러므로 각자 영의 부모님의 인도를 받아서 하늘의 선택을 받으면 천인, 신인, 도인으로 재탄생할 수 있을 것이다.

예를 든다면 여러분

영의 부모님이 하나님인 경우는 자미천인으로

영의 부모님이 신명님인 경우는 자미신인으로

영의 부모님이 미륵님인 경우는 자미도인으로 각각 재탄생할 수 있다는 뜻이다.

그러니 천상에서 오신 대단하신 분들의 뜻을 전하는 자미국과 필자를 무시하고 부정하는 혹세무민, 사이비, 사기꾼이라는 말은 절대로 하지 말기 바란다.

자손대대로 천벌과 신벌이 내려 갈 것이고 여러분의 인생은 운이 막혀 살아서 지옥세계의 고통스런 삶을 살아 갈 수밖에 없다. 그래도 황당하다고 생각되면 무시하고 부정하여라. 실시간으로 현실에서 불행한 일들이 일어날 것이다.

선천세계에 전해진 종교세계는 모두 가짜 하늘을 전하는 잘못된 세계였고, 처음으로 하늘과 땅이 자미국 제사천궁을 통해서 인간과 인류를 구원하시고자 함께 해주시고 계시니 늦지 않게 속히 들어와야 할 것이다.

살아있는 인간 중에서 가장 착한 자는 인황과 사감뿐이라고 말씀하시었다. 물론 착함의 기준은 하늘의 잣대와 인간의 눈높이 잣대는 사뭇 다르다.

인간세상 법도처럼 선행을 많이 하고 불우이웃을 돕는 것이 착함의 기준이 아니고 진짜 하늘이 내리시는 명을 이유대고 토 달지 않고 정중하게 받들어서 현실로 즉시 행하는 자가 착함의 잣대이기 때문이다.

인간 세상에서 착하다고 알려진 선행의 잣대는 하늘이 인정해주시지 않는다. 그것은 인간들에게 보여주어서 세상으로부터 명예를 얻기 위함이지 진심이 아니기 때문이다. 다만 착한 척하는 위선자의 모습 일뿐이다.

정말 착하다면 사후세계에서 고통 받고 슬피 울고 있는 자신의 부모조상님들을 대제사(입천제)를 즉시 행해서 천상 자미천궁으로 입천시켜 고통과 불행, 근심과 걱정 없이 사는 신선과 선녀(천사)로 태어나도록 구원하라 하시었다.

돌아가신 자신의 부모조상님들을 구해주는 대제사는 행하지 않는 자들이 세상에서 나 보란 듯이 불우이웃을 돕고, 양로원, 고아원, 국군장병 위문품 전달, 현충원 호국영령 참배하였다고 신문방송에 등장하는 모습이 위선자들의 못난 모습이다.

피는 물보다 진하다고 하였거늘 각자 자신들의 육신을 이 땅에 태어나도록 산고의 모진 고통을 참으면서 잉태해주고 저 세상으로 돌아가신 부모조상님들을 구해주지 않는 자들을 하늘이 어떻게 착하다고 하시겠는가?

하늘은 육신의 핏줄인 돌아가신 부모조상님들을 구해주는 자들을 가장 착하고 예쁘다고 하셨다. 사후세계로 돌아간 여러분의 부모조상님들이 어찌 지내시는지 안부도 여쭙지 않고, 고통의 지옥세계와 허공중천에서 매일같이 피눈물 흘리며 자손의 손길을 애타게 기다리는 원한 맺힌 심정은 아랑곳 하지 않고, 핏줄 구하려는 마음도 없는 자들이 눈앞에 불쌍하게 보인다고 피 한 방울 섞이지 않은 남들을 돕고 있다.

이것이 선행이자 착함이라고 말할 것인가?

살아생전 교회와 성당 열심히 다니며 하나님과 예수님 믿었으니 죽어서 천당, 천국세계에 올라갔을까?

절에서 사십구재, 백일제, 천도재 많이 올려드렸으니 극락세계 올라갔을까? 지노귀굿과 수많은 조상굿을 했으니 선경세계로 올라갔을까?

하늘세계, 사후세계 법도를 모르는 자들이 마음대로 천상세계를 무상출입하며 오고갈 수 있다는 것인가?

하늘과 여러분의 조상님들은 자손의 못난 위선자 모습을 보시며 기가 막혀 하시고 피 눈물을 흘리신다.

천상세계 주인(태초의 하늘이신 태상천존 자미천황님)의 황명(윤허) 없이는 그 어떤 조상 영혼 영가든지 단 한발자국도 들어갈 수 없고, 만약 들어갔다면 천상세계 무단침입 죄를 물어 지옥보다 더 무서운 천옥에 갇혔을 것이다.

여러분 집에 낯선 사람이 주인 허락 없이 몰래 집에 들어오면 오서오시라고 받아 줄 것인가? 인간들은 어째서 사람이 죽으면 스스로 천상세계로 올라간다고 믿는 것인지 상식적으로 도저히 이해가 안 된다.

하늘이 바보천치이신가? 미물인 벌이나 개미새끼들도 제식구가 아닌 남이 자기 집에 들어오면 물어 죽이는데 하늘을 바보로 취급하는 것인가? 사탄마귀, 악귀잡귀, 귀신들이 천상 자미천궁에 들어오면 아무런 심사도 없이 하늘이 받아 주실까?

꿈도 꾸지마라.

모두 엄중히 심판하시어 철저히 걸러내신다.

무릉도원의 세계를 이 땅에서 현실로 펼쳐갈 인류의 영적지도자이고 하늘의 분신이자 화신이 용화진인 인황이다.

이 책을 읽는 독자들은 종교나 세상에서 들어보지 못한 너무나 충격적인 내용들이라서 한편 놀랄 것이다. 이 많은 진실들을 어떻게 알았느냐고 말이다.

이 땅을 다녀간 석가, 예수, 성모, 공자, 노자, 상제, 마호메트도 알지 못하는 대단한 하늘의 진실을 어찌 이리도 위풍당당하게 자세히 밝힐 수 있는지 의아해 할 것이다. 그리고 이들의 이론이 모두 하늘의 원뜻이 아닌 가짜 하늘세계 이론이라고 당차게 주장함에 당황스러워할 것이다.

그 사연인즉슨 종교세상에서 지금까지 전하던 하늘은 가짜이고, 진짜 하늘은 태상천존 자미천황님이시라고 만 세상에 알리고 세우고자 천상에서 내려 온 천지대원력자이신 신명님, 하나님, 미륵님, 자미인황님께서 필자를 하늘의 대행자로 만드시고자 9년 동안 수시로 사감의 육신으로 하강 강림하시어서 직접 가르쳐주시었기 때문이었다.

이분들의 뜻을 전달하느라 사감이 피나는 노력을 많이 했다. 입천제, 천인합체, 감사죄, 천은보사의식, 천지회, 초하루와 보름의식과 때로는 평상시에도 사감 육신을 빌려서 하늘의 대행자 공부를 한도 끝도 없이 시켜주셨다. 이는 하늘의 뜻을 만 세상에 전하는 대행자(도구)로 쓰시고자 함이시었다.

자미국의 필자 인황은 인간세계 1인자이고, 사감은 하늘세계, 영들의 세계를 가장 잘 통하는 전 세계 1인자로서 육신이 없는 하늘, 신, 영, 조상님들의 말씀을 하나도 놓치지 않고 하시는 말씀 그대로 받아서 전하는 대단한 영 능력자이다.

필자가 하늘의 대행자이자 인류의 대표 인황이기에 이 땅에 다녀간 성자들인 석가, 예수, 성모, 공자, 노자, 상제, 마호메트보다 하늘의 진실과 사후세계 진실을 더 많이 알아야하고, 천지대능력 또한 더 뛰어나야 세상의 모든 유불선 종교와 전 세계 각 나라를 자미국 하나로 귀속시켜 통합할 수 있기 때문이다.

그래서 필자를 통하여 하늘과 땅의 대단하신 천지풍운조화, 날씨조화, 기상조화, 인간조화를 수십 년 동안 한없이 보여주신 것이었다. 이 모든 신비한 조화가 진짜 하늘을 널리 알려서 세우고자 하시는 천상의 뜻이었음을 만 세상에 알린다.

그리고 원효결서가 말하는 천지개벽 후의 세계를 한 구절 인용

하여 본다. 원효대사(서기 617-686)

천기귀인 유재일월 진인어세 재물일도
天氣歸人 有哉日月 眞人御世 宰物一道

창룡칠숙 비언천체 자미개원 십구정미
蒼龍七宿 備言天體 紫微開垣 十九丁未

시유세파 홍지대전 감불한석 기어명인
始有世播 鴻志大展 敢不閑石 奇於名人

장지은사 금도옥면 보필만당 일천방면
張之隱士 金島玉冕 補弼滿堂 一千方面

광음동류 천정지박 무등개오
光陰同流 天鄭之朴 無等開悟

해설

"하늘의 기운이 진인에게 내려 음양이 같이 흘러가는 금강 무등 세계를 이루고, 진인(신의 대변자)이 나와서 세상을 다스리니 모든 것이 하나의 길로 통일되어 다스려진다.

하느님이 그린 그림과 그 약속이 미리 예정되어 있어서 그 희망의 말씀을 땅으로 내려 보내 후천개벽을 일으켜 땅을 하나로 통일하여 한 나라(자미국 지상 자미천궁)로 만든다.

이 비결은 19번째 정미년(1967년)에 비로소 세상에 알려지게 되어 그 큰 하느님의 뜻이 크게 뻗어나가리라.

그러므로 하느님의 말씀이 적혀있는 이 돌은 바다 속에 누워있는 한가한 돌이 아니다. 천지개벽에서 살아남은 사람들이 일천방면인 세계만방으로부터 달려와서 뛰어난 명인이자 예시자인 진인을 보필하여 상하공명하여 상응상수하니 마침내 지천태의 후천세계 태평성대가 크게 열린다."

책을 맺으면서

제사와 차례, 성묘문화의 혁명.

민족의 오랜 전통과 풍습이 유교의 뿌리였는데 이것은 진정한 하늘의 원뜻이 아니라는 점이다. 충효와 효도사상을 전파하는 수단은 될 수 있어도 이것이 진정한 혼령들을 위한 길은 아니라 더 힘들게 하는 것이었다.

돌아가신 부모조상님께 살아생전 못다 한 효도를 하려고 지극정성으로 제사와 차례를 지내고, 산소를 가꾸는 것은 자손의 도리가 분명하지만 망자에게는 하등의 도움이 되지 않는다는 높은 진실을 알아야 한다.

자식이 부모님을 위해서 행하는 제사와 차례문화는 분명 아름답고, 당연한 도리임이 분명한데 이것은 인간의 눈높이로 각자 자신들이 이렇게 하면 부모조상님이 기뻐하실 것이라고 만들어놓은 잣대일 뿐 망자에게는 도움이 안 된다.

육신이 죽어서 보이지도 않고 들리지도 않는 혼령으로만 계신 부모조상님들과 대화 자체가 통하지도 않고, 살아생전과 달리 무엇을 원하고 바라는지도 모른다. 사후세계가 편안하신지? 고통스러운지 알 수가 없다.

1년에 제사와 설, 한식, 추석의 명절차례를 통해서 조상님의 음덕을 기리며 복을 비는 사람들이 많다. 종손이 되어 제사를 모시면서 도리를 다하는 양 생각하고 있다.

자손이나 후손들이 아무리 잘한다 하여도 부모조상님을 이 땅으로 보내주신 영적 부모님이신 신명님, 하나님, 미륵님의 보호와 사랑을 따라갈 수는 없다. 각자들이 부모조상님의 혼령을 위로하겠다고 제사와 차례, 성묘, 굿, 천도재, 치성을 올리지만 다 부질없는 일이다.

여러분이나 종교인이나 부모조상님의 마음을 잠시 위로는 해드릴 수는 있을지라도 혼령들이 간절히 바라고 원하는 하늘나라로 보내줄 수는 없다는 점이다. 제사와 차례, 성묘에 연연하며 부모조상님을 잘 모신다고 생각하겠지만 그것은 자기 마음의 만족이지 혼령들의 만족이 아니다.

여러분이 죽어서 사후세계를 가보지 않았는데 어찌 부모조상님의 마음을 헤아릴 수 있단 말인가? 전생과 현생에서 지은 죄가 얼마인데 죽어서 자손들이 좋은 세계로 올라가란다고 조상님들 마음대로 갈 수 있다면 얼마나 좋을까?

그러면 하늘세계, 사후세계는 아무런 법도가 없이 죄 많은 혼령들이 마음대로 오고갈 수 있는 무법천지 세상이란 말인가? 인간세계는 인간세계대로 법도가 있고, 사후세계는 사후세계대로 법도가 있다.

100년도 못 사는 인간세계에서도 오고감에 상대방의 허락을 받아야 하고, 가정집을 방문하더라도 주인의 허락을 받아야 들어갈 수 있거늘 우주의 주인이 계신 천상세계를 누구 마음대로 오고갈 수 있단 말이던가?

하늘의 진실을 모르는 종교인들이 하늘세계는 이럴 것이다 추측하며 잘못 전해서 혼령들이 혼란스럽다. 하늘세계는 분명 지엄한 법도가 있고 절대자 하늘이 계신다. 벌이나 개미 같은 미물의 세계에서도 상하서열이 정해져 있고, 같은 식구가 아닌 다른 존재가 들어오면 물어 죽이는 법도가 있다.

하물며 추상같이 높으신 절대가가 계신 하늘나라에 신분조차 모르고 죄 많은 혼령들이 어떻게 올라갈 수 있다고 믿고 있는 것인지 참으로 신기하다. 덕담이기는 하지만 사후세계 법도를 몰라도 너무나 모르는 것 같다.

천상세계 무단침입 죄로 지옥보다 더 무서운 천옥에 들어가는 지름길이니 인간들이 조상님들에게 함부로 좋은 세계 올라가라고 덕담하는 말을 하면 안 된다. 멋모르고 조상님들이 천상세계를 무단 침입하는 죄를 지을 수 있기 때문이다.

여러분이 사랑했던 부모조상님, 배우자, 자녀, 형제를 위해서 지금까지 지내오던 제사와 차례, 성묘는 자미국 제사천궁이 개국함과 동시에 이제 막을 내릴 때가 다가왔다.

살아 있는 가족들이 혼령들을 위해서 아무리 위로하고 효도한다고 해봐야 아무 소용이 없다.

부모나 되어야 자식의 마음을 알 수 있듯이 부모조상님의 혼령을 이 땅으로 보내주신 영의 부모님이신 신명님, 하나님, 미륵님께서나 보살펴주실 수가 있다. 인간세상의 자손들이 돌아가신 자기 부모조상님에게 아무리 효도하며 잘해봐야 영의 부모님을 따라갈 수는 없다.

말도 통하지 않아서 여러분과 부모조상님 모두가 서로 힘만 들 뿐이다. 육신이 없는 혼령들은 영의 부모님들이나 보살펴주시고 구원해 주실 수 있는 것이지, 인간 자손들이 제사와 차례 · 성묘를 통해서는 절대로 잘 보살펴 드리는 일이 아니다.

자신들이 제사와 차례, 성묘를 통해서 부모조상님의 혼령을 보살펴드린다고 생각하는 자체가 하늘이나 영의 부모님 역할을 하겠다는 것이니 잘못된 것이다.

진정으로 부모조상님들이 사후세계에서 편하게 지내시도록 해드리려면 대제사(입천제)를 올려서 하늘과 영의 부모님께 보살펴달라고 빌어야 한다. 그러면 부모조상님들의 사후세계 고통은 순간에 끝난다.

이것이 진짜 효도하는 길이다.

단 한 번의 대제사를 올려드림으로써 부모조상님들은 영들의 무릉도원인 천상 자미천궁으로 오르게 된다. 명당자리에 연연하고 있는 인간과 혼령들은 천상 자미천궁보다 더 좋은 명당자리는 이 세상에 없으므로 속히 포기하고 대제사를 올려서 신선선녀로 태어나기 바란다.

그리고 조상님들에게 제사와 차례, 성묘를 지낼 때 절하며 복을 달라고 비는 사람들이 참으로 많지만 귀신의 신분인 부모조상님들에게는 그런 능력 자체가 없다.

한 치 앞도 알 수 없는 사후세계에서 자신의 앞가림도 못하고 사후세계 법도를 모르는 귀신이 되었는데 자손들에게 어찌 복을 내려줄 수가 있겠는가? 혼령들이 복을 내려줄 수 있다면 귀신이 아니라 하늘이나 신이다.

자손들이 원하는 복을 내려 주려면 산소에 귀신으로 머물러 있게 할 것이 아니라 천상 자미천궁으로 보내드려서 하늘로부터 복을 받아오시게 해드려야 한다.

천기 14(2014)년 3월 21일

지은이 제사장 용화진인

대제사가 꼭 필요한 사람들

▶하늘과 신의 기운이 궁금한 사람들.
▶고소 고발당해서 소송을 당하고 있는 사람들.
▶자신의 몸 안에 누가 있는지 궁금했던 사람들.
▶조상님들을 진정으로 구원하고자 했던 사람들.
▶하늘의 백성과 천인으로 탄생하고 싶은 사람들.
▶조상님들의 기운에서 자유로워지고 싶은 사람들.
▶굿이나 천도재를 아무리 해도 소용없었던 사람들.
▶꿈에 죽은 사람이나 아기가 자주 나타나는 사람들.
▶주문수행으로 도통하려고 열심히 도를 닦고 있는 사람들.
▶하늘과 자신이 누구인지 알고자 찾아다니고 있는 사람들.
▶사기배신과 사건사고, 단명, 비명횡사가 일어나는 사람들.
▶몸 안에 어떤 영적 존재가 함께 살고 있는지 궁금한 사람들.
▶구원받아 천당과 극락세계로 오르고자 종교를 믿는 사람들.
▶알 수 없는 어떤 기운으로 인생을 힘들게 살아가는 사람들.
▶머리가 늘 무겁고, 신경질이 잦고 눈물을 자주 흘리는 사람들.
▶매사 하는 일마다 되는 일이 없고, 질병으로 고생하는 사람들.
▶진짜 참 하늘을 찾고자 산천과 종교세계를 찾아다니는 사람들.
▶머리가 무겁고 폭언을 일삼으며 눈물을 자주 흘리는 사람들.
▶현생과 죽음 이후까지 마음을 의지할 안식처가 필요한 사람들.
▶종교세계, 무속세계, 도교세계를 다니며 크게 실망한 사람들.
▶수시로 굿이나 천도재, 기도, 미사, 예배에 매달리는 사람들.
▶우울증, 불면증, 가위눌림, 악몽, 환청, 환영, 병명 없는 질병으로 고생하는 사람들.

기타 상담 대상

도박 중독, 술 중독, 주사, 폭음, 부부싸움, 악몽, 흉몽, 가위눌림, 바람기 소멸 등.

나는 누구인가? 왜, 만생만물의 영장인 인간으로 태어났으며 죽어서 어디로 갈 것인가? 사망한 부모, 형제, 배우자, 자녀들은 어느 사후세계에 있을까?

조상님이 여러분에게 전하는 메시지는 무엇인가?

한 치 앞도 알 수 없는 죽음 이후 불확실한 미래에 대한 공포와 두려움에서 벗어날 수 있는 해법의 열쇠!

상담이 꼭 필요한 대상자는 진짜 하늘을 찾아다닌 자, 신을 찾아다닌 자, 하나님을 찾아다닌 자, 미륵 부처님을 찾아다닌 자, 천지신명님을 찾아다닌 자,

도통하려고 도를 닦는 자, 육신의 사후 좋은 세계로 가려는 자, 조상님을 구원하러 다니는 자, 알 수 없는 질병으로 고통받는 자, 매사 일들이 꼬이기만 하고 풀리지 않는 자, 우울증과 불면증으로 고생하는 자, 사건사고가 연이어 터지는 자, 관재구설과 망신살이 뻗친 자 등등이다.

기존 종교세계처럼 교리나 이론을 전파하며 세뇌하는 곳이 아니고 하늘과 땅으로부터 뽑히고 선택받아 책을 감명 깊게 읽고 공감한 사람들만 들어올 수 있는 아주 특별한 곳이다. 책을 읽고도

공감이 가지 않아 하늘을 만나지 못하면 살아서나 죽어서나 천

추의 원과 한으로 남게 될 것이다.

자미국은 이 세상의 수많은 천주교, 기독교, 불교, 무속, 도교, 유교 등 종교세계를 통해서 이루지 못했던 구원, 영생, 도통, 신통을 이루어주는 전 세계 유일한 곳이다.

[제사 및 천제] 필자 용화진인 인황과 사감 직접 상담

대제사(입천제)

천인합체

천제(기업부흥 번창제)

자미국 제사천궁

상담예약전화 02)3401-7413